Contemporánea

Adolfo Bioy Casares nació en Buenos Aires el 15 de septiembre de 1914. Desde niño se interesó por la literatura, que descubrió en la biblioteca familiar donde abundaban los libros de autores argentinos y extranjeros, en especial ingleses y franceses. Publicó algunas obras en su primera juventud, pero su madurez literaria se inició con la novela *La invención de Morel* (1940), a la que siguieron otras como *Plan de evasión* (1945), *El sueño de los héroes* (1954), *Diario de la guerra del cerdo* (1969), *Dormir al sol* (1973) y *La aventura de un fotógrafo en La Plata* (1985), así como numerosos libros de cuentos, entre los que destacan *La trama celeste* (1948), *Historia prodigiosa* (1956), *El lado de la sombra* (1962), *El héroe de las mujeres* (1978) e *Historias desaforadas* (1986). Publicó asimismo ensayos, como *La otra aventura* (1968), y sus *Memorias* (1994). En colaboración con Silvina Ocampo, su esposa, escribió la novela *Los que aman, odian* (1946), y con Jorge Luis Borges varios volúmenes de cuentos bajo el seudónimo H. Bustos Domecq. Los tres compilaron la influyente *Antología de la literatura fantástica* (1940). Maestro de este género, de la novela breve y del cuento clásico, fue distinguido con el Premio Cervantes de literatura en 1990. Murió en su ciudad natal el 8 de marzo de 1999.

Adolfo Bioy Casares

La otra aventura y otros escritos

DEBOLS!LLO

Papel certificado por el Forest Stewardship Council®

Primera edición en Debolsillo: febrero de 2025

© Adolfo Bioy Casares / 1968, *La otra aventura* / 1970, *Memoria sobre la pampa y los gauchos* /
1971, *Diccionario del argentino exquisito* /1991, *Unos días en el Brasil (Diario de viaje)* /
1999, *De las cosas maravillosas*
© 2022, Herederos de Adolfo Bioy Casares de la Obra completa de Adolfo Bioy Casares
© 2022, 2025, Penguin Random House Grupo Editorial, S.A.U.
Travessera de Gràcia, 47-49. 08021 Barcelona
Texto definitivo fijado por Daniel Martino en su edición (2012-2014)
Diseño de la cubierta: Penguin Random House Grupo Editorial / Raquel Cané
Imagen de la cubierta: © Pedro Luis Raota
Fotografía del autor: © Alicia D'Amico

Penguin Random House Grupo Editorial apoya la protección de la propiedad intelectual. La propiedad
intelectual estimula la creatividad, defiende la diversidad en el ámbito de las ideas y el conocimiento,
promueve la libre expresión y favorece una cultura viva. Gracias por comprar una edición autorizada de
este libro y por respetar las leyes de propiedad intelectual al no reproducir ni distribuir ninguna parte
de esta obra por ningún medio sin permiso. Al hacerlo está respaldando a los autores y permitiendo
que PRHGE continúe publicando libros para todos los lectores. De conformidad con lo dispuesto en el
artículo 67.3 del Real Decreto Ley 24/2021, de 2 de noviembre, PRHGE se reserva expresamente los
derechos de reproducción y de uso de esta obra y de todos sus elementos mediante medios de lectura
mecánica y otros medios adecuados a tal fin. Diríjase a CEDRO (Centro Español de Derechos
Reprográficos, http://www.cedro.org) si necesita reproducir algún fragmento de esta obra.
En caso de necesidad, contacte con: seguridadproductos@penguinrandomhouse.com

Printed in Spain – Impreso en España

ISBN: 978-84-663-7819-2
Depósito legal: B-21.289-2024

Impreso en Novoprint
Sant Andreu de la Barca (Barcelona)

P378192

La otra aventura
(1968)

Nota preliminar

Este libro reúne prólogos y artículos. Entre los primeros, el titulado «La Celestina» apareció en la edición de la tragicomedia publicada por la casa Estrada; «Ensayistas ingleses», en el tomo así denominado de Clásicos Jackson; «Agudeza y arte de ingenio» y «La novia del hereje» corresponden a libros que un editor encargó, para luego descartar de su plan de publicaciones. A lo largo de muchas noches del invierno del cuarenta y tantos preparamos con Borges una edición anotada del tratado de Gracián. En corregir, sobre un maltrecho ejemplar de La Cultura Argentina, *el texto de* La novia del hereje, *trabajó en el último año de su vida el doctor Lucio López, gran amigo de mis padres. Porque admiro la novela y porque me siento en deuda con Lucio López, hace poco entregué ese ejemplar a un segundo editor, que aparentemente lo ha extraviado;* habent sua fata... *En cuanto a los artículos, bastará decir que la revista* L'Herne *publicó «Letras y amistad» en el número dedicado a Jorge Luis Borges y que los demás aparecieron en* La Nación.

No recuerdo quién escribió, ni dónde, La otra gran aventura son los libros —*ni tampoco sé muy bien cuál era la primera, ¿las mujeres? ¿la vida misma?— pero me atrevo a recoger la frase porque la encuentro adecuada para el título de este volumen.*

A. B. C.
Buenos Aires, julio de 1968

La Celestina

Como decían las antiguas poéticas, la belleza y la verdad son las principales cualidades de la obra literaria; pero el misterioso agrado es su vida misma. Este elemento, aunque último y decisivo, no es puro: lo informan, además del goce estético, sentimientos que la incalculable trama de las circunstancias ordena y matiza. La retórica del tiempo afecta imparcialmente al libro y al lector. A la vuelta de pocas generaciones, la escena más trivial posee los méritos de la lejanía, del augurio o de la nostalgia. En el transcurso de un siglo las obras cambian de género. Lo que era una novela se convierte en un texto crítico o didáctico. Los agrados de la erudición reemplazan a los de la lectura desinteresada; más que materia de lectura, el libro llega a ser materia de estudio; más que de estudio, de estudios. Aun los años de la vida humana, el progreso de nuestra corta experiencia, bastan para modificar la interpretación de una página. Por ejemplo, en la virtuosa juventud desdeñaremos, como lugares comunes, las invectivas de Sempronio contra las mujeres; pero ¡ay! llega el día que nos parecen dignas de recordación.[1] Somos insaciables de cuanto nos confirma o nos alude.

Por eso, del metódico análisis del argumento, del estilo y de los personajes, resulta, con frecuencia, una critica insatisfactoria. ¿Cómo explicar, por ejemplo, que Melibea y Pleberio, hacia el final de la obra, nos emocionan? Si estudiamos el estilo de estas últimas páginas llegaremos, tal vez, a la conclusión de que no es el más adecuado para comunicar, en toda su vehemencia, el patetismo elemental del amor y de la muerte. Abundan las enumeraciones, abunda la erudición; no faltan, siquiera, los proverbios. Desde lo alto de la torre, en el momento de arrojarse, Melibea piensa en el dolor que va a ocasionar a su padre; lo expresa de este modo: «¡Gran sinrazón hago a sus canas, gran ofensa a su vegez; gran fatiga le acarreo con mi falta; en gran soledad le dexo!». Recordando a otros hijos que fueron crueles con sus progenitores, continúa: «Bursia, rey de Bitinia, sin ninguna razón, no aquexándole pena como a mí, mató a su propio padre. Tolomeo, rey de Egypt, a su padre e madre e hermanos e muger, por gozar de una manceba. Orestes a su madre Clistenestra. El cruel emperador Nero a su madre Agripina por solo su plazer hizo matar». Poco después Pleberio debe anunciar a su mujer el violento fin de Meli-

---

[1] «Considera qué sesito está debaxo de aquellas grandes é delgadas tocas» (*La Celestina*, I). *Etcétera.*

bea; sus primeras palabras son: «¡Ay, ay, noble muger! Nuestro gozo en el pozo». En todo esto, para la impasible teoría, hay, sin duda, un error que disminuye la intensidad de las escenas más trágicas; lo cierto es que las leemos apresurados y conmovidos. Quizá algunas frases concretas, perdidas en las morosas enumeraciones, son bruscamente eficaces; o quizá, a esta altura de la obra, nuestra participación en el argumento y en la suerte de los personajes ya es tan íntima, que palabras como *padre*, *hija*, *muerte*, *amor*, *congoja*, nos estremecen.

Para Menéndez y Pelayo, «lo menos importante en *La Celestina* es el asunto y plan de la fábula». Otro crítico descubre un lunar, quizá imaginario, en el argumento: no existiría razón alguna para que estos dos enamorados, tan cabalmente perfectos, alcanzaran un porvenir dramático; nada impedía que se casaran; nada impedía que fueran felices: ni el odio de Montescos y Capuletos, ni la afrenta del rey Marcos, ni el destino de Eneas. No estoy seguro de que el reparo sea justificable. En el *Argumento* de toda la obra y, principalmente, en el primer acto, en una conversación de Calisto con Sempronio, se insinúan diferencias de linaje y de fortuna entre los protagonistas. Diríase que el autor ha previsto la objeción y delicadamente ha dejado en el texto los elementos para rebatirla.

La arquitectura de *La Celestina* es muy simple, muy juiciosa, muy bella. A través de la patética escena en que Melibea sorprende una conversación de sus padres, que todavía la creen pura, y de las breves y radiantes páginas del acto decimonoveno, con la espera y el amor en el jardín, hasta la muerte de los enamorados, la emoción del lector está magistralmente dirigida. Por su concepción, por su idea general, por la suerte de dibujo que nos deja en la memoria, este cuento de amor, que empieza cuando Calisto, en pos de un halcón extraviado, penetra en una huerta y se enamora de Melibea, y concluye cuando ésta se arroja desde lo alto de una torre, tiene la antigua y secreta frescura de las leyendas y de los símbolos.

Sobre las personas del libro escribió con perspicacia Juan de Valdés: «La de la Celestina está a mi ver perfetíssima... y las de Sempronio y Parmeno: la de Calisto no stá mal, y la de Melibea pudiera star mejor». No basta señalar, entre los caracteres secundarios, a Sempronio y a Parmeno; también hay mucha realidad en Tristán, en Sosia, en Areusa y en Elicia. En cuanto a Centurio, el forajido que se jacta de haber matado (en sueños) a cuatro hombres, es un desaforado avatar del *miles gloriosus*, personaje pródigo en agradables apariciones a través del tiempo y de las letras.[1]

Como lo observaron algunos autores, no es

---

1. Su versión más compleja es, quizá, la que propone Wells en *The Bulpington of Blup*.

insólito que las figuras secundarias sean más vívidas que el héroe y que la heroína. A la figura secundaria nada le está negado: ni siquiera las contradicciones y las pequeñeces, que suelen recoger fugitivos reflejos de la verdad (más que de una relación con la vida, la verdad artística surge de una relación con el contexto). El héroe tiende a ser un fortuito manojo de alabanzas; frecuentemente su perfección es inaccesible; muchas veces, inimaginable; casi nunca, imaginada.

La tragicomedia abunda en aciertos psicológicos. «Finge alegría é consuelo é serlo ha» declara Sempronio. Melibea, que no pudo oír lo que discurrían Celestina y Lucrecia, muy femeninamente exclama: «Dímelo, que me enojo quando yo presente se habla cosa de que no aya parte». Cuando deja de ser bueno y de ser fiel, Parmeno es más atrevido que nadie en la maldad. Cerca de la criada Lucrecia se amaron Calisto y Melibea. Ésta pregunta: «¿Asnos oydo?». Lucrecia responde: «No, señora; dormiendo he estado». Todos llaman *vieja* a Celestina; ella reconoce «que se está haciendo vieja».

En los años que vivimos, el artista se sacrifica alegremente en el altar de la originalidad. Las cosas no fueron siempre como son y los hombres de la tarde no ven la cara de la verdad que vieron los hombres de la mañana. El estudio de los clásicos es una suerte de viaje por el tiempo. Por todo esto es muy interesante investigar la originalidad de la tragicomedia.

Como antecedentes de la trama señala Menéndez y Pelayo la comedia latina del siglo XII *De Vetula* o *Pamphilus de Amore* de «Pánfilo Mauriliano» y el episodio de doña Endrina de Calatayud y de don Melón de la Huerta del *Libro de Buen Amor*. El argumento de la comedia es muy parecido al de *La Celestina*, ya que trata de «los amores de un mancebo llamado Pánfilo y una doncella llamada Galatea, llevados a feliz acabamiento por intercesión de una vieja». En cuanto a los personajes, Celestina es idéntica a la Trotaconventos del Arcipreste de Hita, que revive, sin duda, a la vieja del *Pamphilus*. Los criados, las rameras y el fanfarrón Centurio proceden de Plauto y de Terencio (y, a través de éstos, de Menandro).[1] El carácter general de la prosa, la abundancia de refranes, el dialogar de las mujeres, recuerdan *El Corbacho*[2] del Arcipreste de Talavera («la imitación comienza desde las primeras escenas de la inmortal tragicomedia» apunta Menéndez y Pelayo). Para los pensamientos y las sentencias, la lista de autoridades es numerosa, como lo testimonian las cuatro páginas del índice de

---

1. «Terencio y la vida imitan a Menandro.» Se ha dicho, y se ha negado, que estas imitaciones de Terencio parecen, más bien, traducciones. En cuanto a Menandro, Cecilio Calactino lo acusa de haber plagiado una comedia de Antífanes.
2. Donde también se habla de Trotaconventos.

Observaciones sobre las fuentes de «La Celestina» de F. Castro Guisasola (*Revista de Filología Española*, Anejo V, Madrid, 1924). Leemos en el prólogo de este curioso libro: «Son tantas... las reminiscencias de obras ajenas que hay en *La Celestina*, que apenas si se hallará algún párrafo donde no se encuentre alguna. ¿Sería aventurado suponer que el autor de nuestra obra ha querido que todas sus palabras fuesen como subrayadas y confirmadas con algunas sentencias de hombres célebres, y que para ello habría puesto a contribución todas sus lecturas, especialmente las de autores clásicos (Aristóteles, Séneca, Petrarca, etc.) hechas en la Universidad, mientras él era estudiante? De ser esto así, *La Celestina* nos ofrecería un aspecto interesantísimo, el de una obra dramática (drama o novela en acción) cuyos personajes, como tributo a su época, corroboran todas sus aserciones con sentencias y moralidades de filósofos antiguos; es decir que *La Celestina* sería el resultado de dos obras, un drama o novela... y una colección de moralidades o sentencias insignes...». Todo esto parece bastante extraño; en realidad es más extraño aún: la imitación no se limita a sentencias; comprende simples frases y fragmentos de diálogo sin importancia. «¿Qué me dizes?» pregunta Calisto en el acto XIII; Sosia contesta: «Esto que oyes». En el *Formión* (I, 2), de Terencio, Davo y Geta cambian las mismas palabras: *Quid narras? Hoc quod audis.* En el acto I dice Parmeno: «Celestina, todo tremo en oyrte. No sé qué haga; perplexo estó». En el *Eunuco* (I, 2) del mismo Terencio dice Fedria: *Nec quid agam scio... Totus, Parmeno, tremo horreoque*. Los ejemplos podrían multiplicarse.

Parecería, pues, que la única originalidad de la tragicomedia[1] consistiera en el doble carácter de centón y de novela o drama; sin embargo, los libros hechos de citas no son infrecuentes en los siglos XV y XVI y en los comienzos del siglo XVII. Un caso memorable es *Discoveries* de Ben Jonson. En 1889, Swinburne afirmó que *Discoveries* era más valioso que todas las obras dramáticas del autor. Según las posteriores investigaciones de Schelling, de Spingarn y de Maurice Castelain, casi no hay en el libro una frase original. A la luz de esta revelación dudamos, nos preguntamos si los encomios de Swinburne no pecan de excesivos; pero tal vez nuestra duda resulte injusta: componer obras interesantes y hermosas, con frases destinadas a otros párrafos, a otras situaciones, a otros temas, ha de ser, por lo menos, tan difícil como componerlas con frases inventadas por uno mismo.

Fuera de la Historia literaria, esta supuesta originalidad de *La Celestina* no es muy importante. Recuerda, por lo demás, los «experimentos» de algunos escritores, vitaliciamente jóvenes, del si-

---

1. La palabra es de Plauto. Véase el prólogo de *Anfitrión*.

glo XX. Sin embargo, existen diferencias. En las obras modernas, la originalidad suele ser lo único notable; en *La Celestina* está (por así decirlo) oculta. Los autores modernos tratan de producir libros espontáneos, sin antecedentes; el autor de *La Celestina* quiso que en su obra convergiera toda la antigüedad.

En resumen, si reuniéramos las opiniones de los críticos, llegaríamos a la conclusión de que no hay originalidad en la tragicomedia; y la conclusión a que nos llevaría esa conclusión es que hay libros maravillosos que no son originales. Lo cierto es que existe una originalidad que no depende de astucias retóricas; una originalidad que resulta de la maduración de la obra en la mente del artista; una originalidad que está en las obras de arte, como la luz en la impar arquitectura de cada aurora y de cada crepúsculo. Ningún crítico negará esta originalidad a *La Celestina*.

Más alejado del nuestro que el de Menandro y el de Terencio, el realismo de *La Celestina* se manifiesta en los diálogos tranquilos, en la evolución de los caracteres según las vicisitudes del argumento, en la patética indiferencia de unos personajes por la suerte de los otros, en la crudeza de las situaciones, en la vividez de alguna expresión (como ésta, de Areusa: «no me ayas tú por hija de la pastelera, vieja que bien conociste, si no hago que les amarguen los amores»). Como un íntimo fuego, la tradición literaria ilumina este realismo que admite largas enumeraciones en el diálogo, criados, rameras y doncellas que hablan como filósofos griegos, y la erudición mezclándose con las pasiones y la muerte.

A pesar de que sus principales fuentes no son españolas, *La Celestina* es un libro muy español. El autor siente el idioma; continuamente se deleita, se demora, entre palabras y locuciones, como sólo un español sabe hacerlo. Por ejemplo, cuando Calisto pide a Sempronio que urja a Celestina, el criado responde: «Quiero tomar consejo con la obediencia, que es yr é dar priessa á la vieja. ¿Mas cómo yré? Que, en viéndote solo, dizes desvaríos de hombre sin seso, sospirando, gimiendo, maltrobando, holgando con lo escuro, deseando soledad, buscando nuevos modos de pensativo tormento. Donde, si perseveras, ó de muerto ó loco no podrás escapar, si siempre no te acompaña quien te allegue plazeres, diga donayres, tanga canciones alegres, cante romances, cuente ystorias, pinte motes, finja cuentos, juegue á naypes, arme mates, finalmente que sepa buscar todo género de dulce passatiempo para no dexar trasponer tu pensamiento en aquellos crueles desvíos, que rescebiste de aquella señora en el primer trance de sus amores». La decisiva preocupación por el honor tampoco falta. Véase, al respecto, el diálogo en que Sosia informa a Calisto de la muerte de Parmeno y de Sempronio. «Sosia —¡O señor! que, si los vieras, quebraras el coraçon de dolor. El uno llevava todos los sesos de la cabeça de fuera, sin ningún sentido; el otro quebrados entrambos braços e la cara magullada. Todos llenos de sangre. Que saltaron unas ventanas muy altas por huyr del aguazil. E assí casi muertos les cortaron las cabeças que creo que ya no sintieron nada. CALISTO —Pues yo bien siento mi honrra».

Sobre estas cuestiones hay que ser muy cauto. Siempre estamos expuestos a sorpresas, como el caballero argentino que vio, en el bazar de Constantinopla, a un vendedor callejero ofreciendo las rosquillas de maicena de *nuestra* infancia. Hablamos de personas, de cosas, de maneras, muy nuestras o muy francesas o muy inglesas, pero no podemos precisar los conceptos (tal vez existan de un modo vago, que no tolera precisiones). Algunas frases de Melibea, sobre la virginidad, me parecieron muy españolas. Especialmente: «Guarte, señor, de dañar lo que con todos tesoros del mundo no se restaura» y «no me quieras robar el mayor don que la natura me ha dado». Después me enteré de que la primera de estas frases es de Ovidio: *Nulla reparabilis arte laesa pudicitia est.*

Como afirma Díez-Canedo, *La Celestina* es un libro misterioso: no sabemos quién lo escribió; no sabemos si el autor del primer acto lo es también de los actos restantes; no sabemos a quién atribuir los cinco actos interpolados en la edición de 1502 ni a quién, el acto llamado de *Traso y sus compañeros* (edición de 1526); no sabemos dónde ni cuándo la obra se publicó por primera vez.

Foulché-Delbosc opina que Rojas fue un impostor: *Loin de voir un* insigne literato *en Fernando de Rojas, nous estimons qu'il se donna comme l'auteur d'un chef-d'œuvre qu'un autre avait écrit.* Según Menéndez y Pelayo, Fernando de Rojas es el autor de toda la tragicomedia[1] y «el cuento del primer acto encontrado» se explica por el deseo de Rojas de «no cargar él solo con la paternidad de una obra mucho más digna de admiración bajo el aspecto literario que por el buen ejemplo ético». Cejador atribuye los dieciséis actos de la edición de Burgos de 1499 a Rojas y las añadiduras de las ediciones de Sevilla de 1501 y 1502 —incluso los cinco actos nuevos— a Proaza.

Para este problema, véase el artículo de Menéndez y Pelayo sobre *La Celestina* (*Estudios de crítica literaria*, II). Es probable que el primer acto, los quince restantes de las ediciones más antiguas y tal vez los cinco añadidos en la de 1502, sean de un mismo autor; asimismo no parece improbable que el autor sea Rojas (sobre todo, a la luz de los documentos citados por Cejador en su prólogo a la edición de La Lectura, de 1931).

---

1. En las primeras ediciones el libro se titula *Comedia de Calisto y Melibea*; desde la edición de 1502, *Tragicomedia de Calisto y Melibea*. El titulo de *Celestina* aparece en la traducción italiana de Alonso Ordóñez (1519).

De Fernando de Rojas sabemos que nació en la puebla de Montalván, hacia mil cuatrocientos setenta y tantos; que sus padres fueron judíos; que vivió en Talavera; que fue abogado; que se casó con Leonor Álvares... Además conjeturamos que en 1490 o 1492 escribió la *Tragicomedia de Calisto y Melibea*. Aunque esto no fuera así, Fernando de Rojas *ahora* es el autor de la *Tragicomedia*, como Homero es el autor de la *Ilíada* y de la *Odisea* y Shakespeare, del teatro y de los sonetos; pero ¿si el verdadero autor fuera otro? Con alguna melancolía pensamos que del hombre que ha imaginado y escrito la *Tragicomedia* sólo quede el nombre (menos aún: quizá un nombre equivocado). Sin embargo, queda también su libro, y, en definitiva, el libro es siempre la posteridad del escritor. Perderse y perdurar en la obra, declarar, con su propio destino, todo lo que hay de triste, de bello, de terriblemente justo, en la creación, no me parece una estrecha inmortalidad.

Agudeza y arte de ingenio

Las traducciones de epigramas de Marcial, de Ausonio y de autores latinos del Renacimiento, que el canónigo Manuel de Salinas había ejecutado, no agradaron a Baltasar Gracián. Cuando éste preparaba la segunda edición de su *Arte de ingenio*, Salinas, que era pariente de Lastanosa, el amigo y protector de Gracián, quiso que entre los ejemplos de agudeza que analizaba el libro se incluyeran algunas de sus traducciones. Para que esta hospitalidad no lo desacreditara, afanosamente Gracián transformó su preceptiva en una suerte de antología de poetas aragoneses, donde los esfuerzos del marrajo (como, años después, en *El Criticón*, llamaría a Salinas) no se notaran demasiado. El *Arte de ingenio* se convirtió así en la *Agudeza y arte de ingenio*.

En sus minuciosas páginas Gracián reúne y examina poemas, fragmentos de poemas y textos en prosa de mérito desigual. El libro es un curioso monumento de crítica, donde el juicio del autor se muestra solícito, profundo, comprensivo, y donde el gusto y hasta la capacidad de conmoverse del hombre dejan admirable testimonio de su mudanza. Para el estudioso de la Historia literaria, la *Agudeza y arte de ingenio* se recomienda como el código del conceptismo.[1] La obra es insólita y, por su plan, una de las más prodigiosas que pueda concebirse; en efecto, como dice Menéndez y Pelayo, se trata de «una tentativa para substituir a la retórica puramente *formal* de las escuelas, a la retórica de los tropos y de las figuras, otra retórica *ideológica*, en que las condiciones del estilo reflejen las cualidades del pensamiento». Seguro de que no hay misterio en la poesía, Gracián procede, a lo largo de sesenta y tres discursos, a descomponer el fenómeno estético en razones lógicas. El examen crítico de los ejemplos, tomados de autores sagrados y profanos, es continuamente agudo y complejo; sin embargo, después de leer el libro, nos queda la impresión de que esos exámenes son, en definitiva, menos complejos que el fenómeno investigado. Esto se debe, tal vez, a que Gracián no se detiene en la prosodia, en «la música[2] de los versos» ni en la connotación de las palabras.

---

1. Sobre el conceptismo y el culteranismo, sus orígenes y relaciones, consúltese a Adolphe COSTER, *Baltasar Gracián*, XIV-XVII (*Revue Hispanique*, XIX, páginas 573-649) y MENÉNDEZ Y PELAYO, *Historia de las ideas estéticas en España*, X.
2. *Cf.* sin embargo, lo que dice Coster sobre «el elemento musical en la prosa y en la poesía de las lenguas antiguas» y sus relaciones con el conceptismo, en el ensayo citado, página 580 *et sq.*

Por su índole, o por la índole del agrado que procura, cabría comparar la *Agudeza* con algunos capítulos de las *Saturnales*, de Macrobio, con la *Edda prosaica*, de Snorri Sturluson, y con los *Texts and Pretexts*, de Aldous Huxley. Históricamente hay que vincularla con *Delle acutezze che altrimenti spiriti, vivezze, e concetti volgarmente si apellano* (1639) de Mateo Peregrini (y a este tratado con el diálogo *Del concetto poetico* de Camillo Pellegrino il Vecchio). Lastanosa, «no suficientemente informado por Gracián» —apunta Alfonso Reyes en uno de sus hermosos trabajos sobre el autor— «acusó a Peregrini de plagio». En su prólogo a *Fonti dell'ingegno* (1650), contesta Peregrini aludiendo a cierto individuo que no contento con «traducir al castellano mi obrita de las *Acutezze* y declararse autor, se vanagloria de que yo las haya traducido al toscano». Según Benedetto Croce, Lastanosa habría actuado así para anticiparse a cualquier acusación de Peregrini contra su amigo.

La pasión por la gramática y por el idioma, que hoy se manifiesta moderadora y censoria, en otras épocas alentaba libertades. En San Juan de la Cruz, en los hermanos Argensola, en Lope, en Góngora, en Quevedo, en Gracián, el español fue diverso y perfecto. Las frases de Gracián son breves, epigramáticas, y diríase que su pensamiento fluye *en procesos que el mármol multiplica*. Sus obras son una de las más extrañas y no menos afortunadas aventuras de la lengua.

Este dictamen de un antiguo crítico y traductor podría, quizá, aplicarse a Gracián: «Me parece Virgilio un escritor sucinto, grave y majestuoso, que no solamente aquilata cada pensamiento, sino cada palabra y cada sílaba y que se esfuerza de continuo en agolpar su expresión en el espacio más breve; por esto (me atrevo a decirlo) para justificar sus construcciones se requeriría una gramática aparte».

Uno de sus editores ha llamado certeramente a Gracián «el menos romántico de nuestros clásicos». Bajo las frías sentencias de la *Agudeza*, que analizan y comparan con ecuanimidad las protestas del amor divino y los requiebros del enamorado, hay como un fuego recóndito, una urbana y crítica pasión por la literatura y como un eco de eruditas conversaciones y de profundas bibliotecas.

Ensayistas ingleses

En el segundo piso de su decaído castillo, hacia marzo de 1571, Miguel de Montaigne inventó el ensayo. «La palabra es nueva, pero la cosa es vieja», pocos años después anota, sin embargo, Bacon (*Letters and Life*, IV) y agrega: «Las Epístolas de Séneca a Lucilo son ensayos, vale decir, meditaciones dispersas, aunque en forma de epístolas». Con este criterio, cabría incluir en el catálogo de los precursores a Jenofonte, a Aristóteles, a Valerio Máximo, a Cicerón, a Plutarco, a Aulo Gelio, a Macrobio: todos ellos escribieron ensayos, de acuerdo con la calificación de «meditaciones dispersas» o de «composiciones irregulares, no trabajadas», que prefiere Johnson. Pero desde la primavera de 1571, la «nota personal», la sombra del autor mezclándose con el tema, caracteriza para siempre el género. Así, con mayor comprensión que felicidad, Edmund Gosse define: «El ensayo es un escrito de moderada extensión, generalmente en prosa, que de un modo subjetivo y fácil trata de un asunto cualquiera».

En cuanto a los antecedentes del género en Inglaterra, hay que buscarlos (sin olvidar a Montaigne) entre las meditaciones religiosas, los modestos cuadernos de apuntes y las descripciones de caracteres, al modo de Teofrasto. Todos estos escritos satisfacían imperfectamente el interés por las disquisiciones sobre asuntos de moral y de costumbres, ya muy vivo en las postrimerías del siglo XVI; los libros de caracteres quizá lo habrían satisfecho, pero pronto degeneraron, según lo declara H. V. Routh, «en un mero triunfo de la paradoja».[1]

En 1597 Francis Bacon publicó sus *Essayes. Religious Meditations. Places of Perswasion and Disswasion. Seene and Allowed*. La fortuna del libro fue grande. Si tuvo precursores —por ejemplo, el anónimo *Remedies against Discontentment* (1596)—, cayeron en el más inmediato olvido. Nicholas Breton al dedicar a Bacon sus *Characters upon Essays*, le confiesa: «He leído muchos ensayos y aun cierta *caracterización* de ellos y, cuando examino la forma y la naturaleza de esos trabajos, me agrada pensar que sus autores son discípulos tuyos, que avanzan por la brecha que tú has abierto...».

---

1. No sólo en Inglaterra ocurre el fenómeno. ¿Por qué describir caracteres lleva a escribir paradojas? ¿Qué hay o qué falta en la descripción de caracteres? La investigación de estas cuestiones no sería inútil: nos permitiría comprender mejor las posibilidades de los géneros literarios y, quizá también (lo que es más importante), cómo unas cosas están prefiguradas en otras.

Quizá la falta de transiciones en la redacción es el mayor defecto de los ensayos de Bacon: diríase que el texto es una sucesión de frases y no un discurso. Dentro de los límites de cada frase, la expresión es justa y, muchas veces, memorable y perfecta; pero la estructura general parece, en ocasiones, el fruto de la apresurada espontaneidad de una mente caudalosa y aguda. En la acepción original del término, todavía no alterada por la tradición, las composiciones que integran el libro son verdaderos ensayos: esto es, apuntes para la expresión de temas que requerirían un desarrollo más amplio. El tono de conversación o de confidencia, tan oportuno en esta clase de escritos, casi nunca se logra.

Suelo preguntarme por qué este libro, donde abundan con tanta generosidad las observaciones originales y donde la antigüedad resuena en sentencias magníficas y puras, como las quiere la memoria, defrauda un poco al lector. Quizá haya que buscar la respuesta en su mismo brillo, vivísimo pero discontinuo. Por ejemplo, Bacon escribe: «en toda belleza extrema hay cierta anomalía en la proporción» y, como si la observación le interesara menos que a nosotros, no se esfuerza en razonarla. A veces no oculta su impaciencia; el ensayo *Of Masks and Triumphs* acaba abruptamente con la frase: «Basta de estos juguetes».

A partir de 1625 la boga del género decae; luego, por la influencia de Saint-Évremond, la gente vuelve a leer a Montaigne y hacia fines del siglo algunos buenos escritores componen ensayos. Recordemos a Cowley, el poeta; a Sir William Temple, cuyo estudio *Upon Ancient and Modern Learning* originó la polémica entre Bentley y Charles Boyle sobre las cartas atribuidas a Phalaris, y a Clarendon, que dejó además de su autobiografía y de la famosa Historia de las guerras civiles, unas *Reflections by Way of Essays*, en laberínticas frases que exceden, a veces, los términos de una página.

La figura más considerable de la época es Dryden. Su vasta producción comprende obras dramáticas, poéticas, críticas y traducciones de autores griegos, latinos, franceses e italianos.[1] Las tragedias y las comedias ocuparon la mayor parte de sus afanes literarios; la oda a la Pía Memoria de Mrs. Anne Killigrew fue juzgada por Johnson la más bella de la lengua inglesa; las canciones, incluidas en sus obras dramáticas, embelesaron y escandalizaron a Saintsbury; pero los ensayos —las agradables disertaciones de un artista sobre su arte— son su más seguro título de inmortali-

---

1. También «tradujo» *The Knigth's Tale*; *The Nun's Priest*, *The Wife of Bath*, de Chaucer, y el apócrifo *The Flower and the Leaf*. En un admirable Prefacio comenta: «Otro Poeta, en otros Tiempos, se tomará tal vez la misma Libertad con mis Escritos, si viven bastante para merecer Corrección». Es una esperanza lúcida, modesta, ambiciosa.

dad. Johnson describió así la prosa de Dryden: «No tiene la formalidad de un estilo trabajado, en que la primera parte de una frase anuncia la segunda. Las cláusulas no están balanceadas ni los períodos modelados; diríase que cada palabra cae al azar, aunque siempre cae en el lugar debido. Nada es lánguido; el conjunto es ágil, animado y vigoroso; lo que es pequeño es alegre; lo que es grande es espléndido. Tal vez alude a sí mismo con demasiada frecuencia; pero ya que se impone a nuestra estima, admitiremos que ocupe un elevado lugar en la propia». Como sus ensayos —casi todos en forma de prólogos, epílogos y dedicatorias— son críticos, no corresponde analizarlos aquí; agregaré tan sólo que Dryden ha sido llamado el padre de la prosa inglesa y que la Historia de esa prosa transcurre primordialmente a través del ensayo.

Algunos escritos de Swift, a pesar del tiempo y de la fama, conservan poco menos que intacta la virtud de asombrar. La terrible y apenas prolija *Proposición* sobre los niños de Irlanda es uno de ellos. También se leen con agrado *Hints Towards an Essay on Conversation*; *Directions to Servants*; *Proposal for Correcting, Improving and Ascertaining the English Tongue*. En el ensayo mencionado en último término se advierte una preocupación purista que, afortunadamente para las letras, no prosperó en Inglaterra. Swift ambicionaba fundar una academia similar a la francesa y a la española.

Sir Leslie Stephen comenta: «Pocos escritores lamentarán el fracaso de este proyecto, contrario a nuestra idiosincrasia y destinado, me parece, a organizar la pedantería».

Según Johnson, el estudioso de Swift no requiere muchos conocimientos previos; yo diría que al lector de los ensayos de Swift le conviene alguna previa familiaridad con Swift. El estudioso halla una pronta y generosa recompensa de sus afanes, pero el lector que abre el libro con indiferencia y lo hojea con atención impaciente corre el riesgo de suponer que el gran satírico es a veces un poco lento, un poco obvio, un poco trivial. Aun es posible que en el curso de la lectura crea adelantarse al pensamiento del autor. Swift es siempre original: quien tiene conciencia de proponer ideas asombrosas condesciende fácilmente a explicarlas. Por lo demás, su estilo descarnado y viril no interpone (como el de Sir Thomas Browne, por ejemplo) esplendores propios, que halaguen y distraigan el juicio. La imagen de Swift crecerá con el mayor conocimiento que tengamos de su obra, rica en observaciones y toques luminosos, y de su terrible vida. «Fue un hombre tan grande», ha escrito Thackeray, «que pensar en él es como pensar en el derrumbe de un imperio.»

Creo, finalmente, que Swift ha sido un prodigioso novelista. En los *Viajes de Gulliver* abunda el detalle circunstancial, la escena vívida, que pedía Stevenson, y la feliz aventura. En el último viaje, la evolución del ánimo de Gulliver y en especial la confusión en un solo aborrecimiento y en un solo asco de los hombres y los *yahoos*, aunque gobernadas por un criterio satírico, son genuinos aciertos novelísticos. Como curioso comentario sobre la verosimilitud que Swift infundía en su relato, recordaré que un obispo de Irlanda declaró que por su parte no estaba dispuesto a creer todas las patrañas que el viajero historiaba.

Con el ensayo de publicación periódica y donde el autor no hablaba directamente, sino a través de seudónimos, de personajes ficticios y de cartas de lectores imaginarios, se logró ese tono ágil, despreocupado y no vanidoso, que llegó a ser peculiar del género. Sir Richard Steele y Joseph Addison, en sus periódicos *The Tatler* y *The Spectator*, iniciaron este proceso y, simultáneamente, una fecunda tradición de las letras británicas: la de hojas periódicas publicadas por ensayistas. Recuérdese, entre otras, *The Rambler*, *The Adventurer*, *The Idler*, *The Bee*, *The Watchman*, *The Friend*.

Steele y Addison nacieron el mismo año (1672), fueron compañeros de estudios, colaboraron en las tareas literarias y, casi hasta la muerte de Addison, vivieron unidos por una hermosa amistad. Steele, autor del *Christian Hero*, se pasó la vida escribiendo contra los vicios, exaltando las virtudes domésticas, huyendo de los acreedores, bebiendo para celebrar alegrías y para ahogar pesadumbres, remitiendo, desde los innumerables cafés y tabernas en donde atendía sus negocios, cartas a su mujer, en cuyo texto ponderaba, con tierna veneración, los tormentos de estar siquiera unos minutos alejado de ella y en cuya postdata añadía que esa noche llegaría tarde o que no dormiría en su casa. Steele era menos culto que Addison, pero de ingenio más inventivo; casi todas las innovaciones literarias a que están asociados los nombres de Addison y de Steele, se deben a iniciativas de este último.

Addison fue un hombre ordenado en su vida y en sus escritos, extraordinariamente civilizado y urbano. Según Macaulay, su cultura clásica era profunda pero limitada: conocía a los griegos superficialmente y, en cuanto a los latinos, sólo a los poetas; pero a los poetas los conocía con asombrosa familiaridad y perfección. Su carácter era pacífico, amable y bondadoso. «Sin embargo», relata Swift, «cuando hallaba a alguien invenciblemente equivocado, adulaba sus opiniones y lo hundía aún más en el error». En su *Vida de Addison*, el doctor Johnson escribe: «Me han contado que su avidez no se calmaba con el aire del renombre» y refiere esta anécdota: «Una vez, en el apremio de la necesidad, Steele obtuvo de su amigo un préstamo de cien libras, sin preocuparse mayormente en devolverlas; pero Addison se impacientó por la demora y reclamó judicialmente el pago» (en aquella época había prisión por deudas). «Steele sintió la inflexibilidad de su amigo, pero con emociones de tristeza, no de rencor.»

De lo expuesto parecería desprenderse que la perfección de Addison surgió de un cúmulo de limitaciones y que él prescindió con más fervor de la grandeza que de la mezquindad. Su obra y el recuerdo de cuantos lo conocieron testimonian sus muchas virtudes. La grandeza de su alma se manifiesta impresionantemente en aquella anécdota referente al joven de costumbres disipadas, a quien, como había sido incapaz de enmendar con advertencias y consejos, llamó en la hora de la agonía «para que viera morir a un cristiano».

Con el seudónimo «Isaac Bickerstaff» (nombre del astrólogo inventado por Swift), Steele comenzó en 1709 la publicación del *Tatler*. Addison, que estaba en Irlanda y que no tenía noticias de las actividades de su amigo, al leer en el número sexto una observación sobre los epítetos que Virgilio aplica a Eneas descubrió que Steele era el redactor. Las colaboraciones de Addison empezaron poco después.

The Spectator, que se publicó diariamente entre 1711 y 1712, apareció como el portavoz de un club de amigos: Mr. Spectator, el director; Sir Roger de Coverley, un caballero rural; Sir Andrew Freeport, un comerciante; Will Honeycomb, un hombre de ciudad; el capitán Sentry, un militar. En el primer número se reconoce que «pocas veces un Lector recorre un Libro con Deleite si no sabe si el Autor es rubio o moreno, de Naturaleza colérica o tranquila, Casado o Soltero y otros Pormenores del mismo tenor» y se consigna después una descripción de Mr. Spectator y «de las demás personas ocupadas en esta publicación» (los miembros del imaginario club).

Se ha observado que en estos ensayos están insinuados la novela de costumbres y el cuento moderno; por mi parte agregaría que percibo en ellos *le comique d'idées* que, según Flaubert, en *Bouvard et Pécuchet* se intentaba por vez primera.

Entre los temas que informan los ensayos de ambos periódicos, recordamos: la locura de las mujeres que se casan por dinero o que prefieren los placeres sociales a los deberes hogareños, la decadencia de la oratoria sagrada, la estupidez de los maridos que tiranizan a sus mujeres y de los padres que tiranizan a sus hijos, los deleites de la vida de campo, los peligros que acechan a las niñas en el uso de prendas vistosas o en la lectura de novelas, la tontería de los duelos, el abuso del título de *esquire*, las molestias ocasionadas por los estafadores, la incertidumbre de los juegos de azar, etcétera. La aceptación del *Tatler* y del *Spectator* fue extraordinaria y nadie niega su eficacia en la reforma de las costumbres. Esta buena fortuna puede atribuirse a una coincidencia entre las preocupaciones de los autores y de la época; también, a virtudes literarias: la agilidad con que

Addison y Steele proponen los argumentos y, antes de fatigar, los abandonan; el buen manejo de la ironía; la agradable trama de razonamiento y de ficción. Los difundidos productos de la llamada «literatura social» —trátese de un sermón laico del siglo XVIII o de una desapacible novela del siglo XX— sólo sobreviven al éxito de su prédica si el interés de ésta no los agota.

El estilo del *Tatler* y del *Spectator* es llano; el del *Rambler* y del *Idler* es ornado, formal y majestuoso. Según Joseph Wood Krutch, *The Rambler* fue, de todas las publicaciones de Samuel Johnson, la que en vida le trajo mayor fama y en la posteridad mayor descrédito. Krutch arguye que los «defectos» de la prosa de Johnson son particularmente perceptibles en estos ensayos; yo confieso que soy particularmente insensible a los «defectos» de la prosa de Johnson; reconozco, sin embargo, que ciertos hábitos, ciertas complejas simetrías que en la composición más libre de las *Vidas de los poetas* son felicidades, aquí se repiten de manera casi mecánica. Lytton Strachey, en un estudio sobre Sir Thomas Browne, declara que Johnson transformó la prosa de su tiempo, «convirtió el orden dórico de Swift en el orden coríntico de Gibbon» y, con referencia a las objeciones que la crítica suele hacer al estilo ornado, agrega: «No es fácil responder a estos ataques; para quien sostiene la opinión contraria parecen tan desprovistos de simpatía con el tema, que la discusión resulta imposible». Cabría añadir que en favor de la sencillez suele abogar la acepción moral de algunas palabras, acepción que en cuestiones de estilo es impertinente.

La ambigua fortuna de Johnson es la del hombre de letras sobre quien se ha escrito la mejor biografía.[1] Con epigramática injusticia Bernard Shaw resume: «Platón y Boswell, esos dramaturgos que inventaron a Sócrates y a Johnson». Para muchos, el doctor Johnson, más que un autor de libros es el personaje de un libro. No es tan grave este concepto por lo que indebidamente niega a Johnson, sino por lo que puede negar a generaciones de lectores. Sería grave que las *Vidas de los poetas*, el prólogo de Shakespeare y el prólogo al *Diccionario* —las mejores páginas críticas del idioma inglés— cayeran en el olvido.

Las colecciones del *Rambler* y del *Idler* contienen admirables ensayos críticos y morales. *The Rambler* apareció dos veces por semana, desde 1750 hasta 1752. Puede afirmarse que Johnson lo escribió solo (el total de colaboraciones que recibió es de cuatro ensayos —uno de ellos de

---

1. «La *Vida de Johnson* es, sin duda, una gran obra, una muy gran obra. Homero no es el primero de los poetas heroicos, Shakespeare no es el primero de los dramaturgos, Demóstenes no es el primero de los oradores, si Boswell no es el primero de los biógrafos». MACAULAY, *Critical and Historical Essays*, I (1843).

Richardson— y seis cartas). En el último número anotó: «Quien se condena a publicar en fecha fija, frecuentemente llevará a su tarea una atención disipada, una imaginación abrumada, una memoria perpleja, una mente que se aflige en la angustia y un cuerpo que languidece en la enfermedad; se afanará en un asunto estéril, hasta que sea tarde para cambiarlo; o, en el ardor de la invención, prodigará sus pensamientos en un exuberante desorden y el apremio de la publicación no tolerará que el juicio los revise o los modere».

Remy de Gourmont se describía a sí mismo como «disociador de ideas». La frase conviene a Johnson. Su juicio es irreprimiblemente discriminativo. No tolera compromisos. «La crítica sincera», dijo una vez, «no debe causar resentimiento, porque el juicio no está subordinado a la voluntad.»

Johnson me parece un acabado ejemplo del hombre del siglo XVIII. Piensa, o quiere pensar, que su cuerpo y su alma se mueven en un mundo ordenado, que le garantiza la tranquilidad necesaria para el trabajo. Su limitada jurisdicción es la literatura; lo que está fuera no le incumbe (recordemos su lamentable refutación del idealismo); o si le incumbe, si muchas veces lo preocupa, es porque (a su entender) una temeraria multitud se afana en socavar ese orden admirable, aunque imperfecto. (Esto explica también los sombríos párrafos de Gibbon sobre la Revolución Francesa y los legados de Schopenhauer a la policía.) Pero el retrato moral de Johnson no se agota con estas afirmaciones. Hay siempre en él una tranquila y denodada confianza en los poderes del hombre, que eleva y mejora. Así, cuando Goldsmith confiesa que su aptitud para escribir varía con su estado de ánimo, le contesta que prescinda de tales afectaciones, que un escritor siempre puede escribir, si se aplica tenazmente a hacerlo; cuando alguien observa que, para un anciano, perder la conciencia puede ser una dicha, Johnson «con desdén y noble elevación» responde: «No, señor. Nunca seré más dichoso por ser menos racional». Cuando alguien habla de que el saber no mejora a los hombres, Johnson declara: «Recordemos, sin embargo, que la eficacia de la ignorancia desde hace mucho tiempo se ha puesto a prueba y que no ha producido los resultados esperados. Intentemos, pues, la cultura». Su contemporáneo William Strahan lo describió así: «Posee una elocuencia viril, nerviosa y siempre despierta; es rápido en discernir la fuerza o la debilidad de un argumento; se expresa con claridad y precisión, y no ha nacido hombre que lo atemorice».

El autor del famoso *Vicario de Wakefield*, novela que Goethe recomendaba «en la certidumbre de merecer la gratitud de los lectores alemanes», según Saintsbury descuella en el manejo del ensayo; los mejores ensayos de Goldsmith aparecieron en el pequeño periódico *The Bee* —del que era redactor único— y en *The Public Ledger*. Colaboró también en el *British Magazine* de Smollett. En *The Public Ledger* dio a conocer las famosas *Cartas chinas*, inspiradas en las *Cartas persas* de Montesquieu. Con referencia a estas últimas, observó que «fueron escritas a imitación de las *Cartas siamesas* de Du Freny (Dufresny)». Las *Cartas chinas*, reunidas en volumen, llevaron el título de *The Citizen of the World*.

De Oliver Goldsmith no cabe decir (como se dijo de Johnson) que es el héroe de la mejor de las biografías. Las *Vidas* que escribieron Malone, Forster, Black, no son libros extraordinarios; tampoco lo son los bosquejos biográficos que dejaron De Quincey[1] —a cuya pluma debemos inolvidables retratos— y Thackeray. Sin embargo, en su vida y en su carácter, según lo revelan pasajes de biografías de otros hombres y antiguas colecciones de anécdotas, hay unas vertiginosas combinaciones de grandeza y de frustración, de comedia y de dolor, de juicio y de locura, que hacen de Goldsmith el prodigioso héroe de una biografía por escribirse y un conmovedor símbolo del destino humano. Por eso quizá, Wells, tan disímil de Goldsmith en la obra, veía en él un invisible y fraterno compañero, «cuya mano tomaba en horas de incertidumbre y de adversidad».

---

1. De Quincey, que no perdonaba a Goldsmith «el haber insultado a Shakespeare», confesó que su artículo no fue escrito con mucho amor.

Según Walpole, Goldsmith era «un idiota inspirado». Según Garrick, «escribía como un ángel y hablaba como un tonto». Las anécdotas que registran actitudes y dichos con los que él mismo se cubría de ridículo son innumerables. Basta recordar aquello de que no le convenía la carrera eclesiástica porque le gustaban los trajes vistosos. O la ocasión en que, ofendido porque unos soldados en Francia miraban con alguna insistencia a las agraciadas señoritas Horneck, sus compañeras de viaje, explicó: «En otras partes yo también tengo admiradores». O aquella vez (conversaban en el *Literary Club*, si mal no recuerdo) en que, después de extraviarse por los dédalos de una frase y cerrarla con muchos balbuceos, preguntó si «no había hablado como Johnson». Black sospecha que Goldsmith practicaba «esa delicada forma de ironía que consiste en reírse de sí mismo». Sus contemporáneos, salvo algunas mujeres, no lo entendían así. Para ellos Goldsmith ilustraba el caso prodigioso de una persona de talento que se conducía tontamente. Desde luego, si se le niega el talento no hay prodigio.

De Goldsmith, Johnson escribió: «No hubo casi género literario que no intentara; no intentó ninguno sin mejorarlo».

La desaparición de Johnson, de Hume, de Goldsmith, de Gibbon, de Boswell, de Blake, pudo sugerir que para las letras británicas la edad de oro había muerto en el siglo XVIII y sólo quedaba un futuro de nostalgia y de hermenéutica. Muy pronto, sin embargo, surgieron nuevos grupos de hombres que reanimaron la vida literaria y conmovieron las ideas. Que Wordsworth, o Coleridge, o Landor, o Lamb, o Hazlitt, o Leigh Hunt, o De Quincey, o Byron, o Shelley, o Keats hayan sido tan complejos, tan maduros, tan lúcidos, como los escritores que les precedieron, es una cuestión que indefinidamente podrá discutirse; en cambio, es indiscutible que unos y otros son admirables instancias del continuo renacer de la inteligencia en Inglaterra, renacer que ocurrirá de nuevo en la época victoriana y en los primeros años del siglo XX y cuya puntualidad periódica debe esperanzar a cuantos sentimos que las muertes de Wilde, de Conrad, de Bennett, de Moore, de Kipling, de Chesterton, de Wells están despoblando el mundo.

Samuel Taylor Coleridge, el Sócrates del movimiento romántico inglés, se pasó la vida conversando. Quienes lo escuchaban sentían el poder avasallador de su intelecto. «Habla como un ángel» afirmaba Lord Egmont, «pero apenas hace otra cosa». Añadía: «¡Qué desgracia si este hombre se desvanece como una aparición… y si a usted, a mí y a los otros pocos que lo hemos oído nos cabe la suerte de los que han visto fantasmas, y nadie da crédito a nuestras inflamadas aseveraciones!». Coleridge planeaba monumentales obras de crítica, de teología y de filosofía, que serían meros apéndices de su Gran Obra (también futura): un sistema general de filosofía basado en el trascendentalismo alemán. Mientras tanto, entregado al opio, se perdía en laberintos de postergaciones, de arrepentimientos y de resoluciones adoptadas con sinceridad y olvidadas con prontitud. «Nadie confiaba en sus promesas *in re futura*» afirma uno de sus biógrafos. «Quienes lo invitaban a comer, si querían contar con él, debían buscarlo personalmente; en cuanto a las cartas... nunca las abría.» Bastaba que algo asumiera el carácter de *deber* para que su ejecución le resultara imposible. El 11 de julio de 1834 escribió: «Me muero... Hooker anhelaba vivir para dar término a su *Gobierno eclesiástico*; igualmente yo hubiera querido vida y fuerza para completar mi *Filosofía*. Pero *visum aliter Deo* y que Su voluntad se cumpla».

La obra inmortal que dejó Coleridge consta de algunos poemas, de los comentarios a Shakespeare y de la *Biographia Literaria*. Este último libro es rico en digresiones que no es injusto calificar de ensayos admirables.

Charles Lamb es notable por la diáfana llaneza y por el versátil progreso de sus pláticas —que tales parecen sus ensayos— y por la amorosa atención que lo lleva a descubrir en los actos de nuestra vida cotidiana y en todo lo creado un recóndito fulgor de poesía.

Para cuidar a una hermana sobre quien pendía la amenaza de periódicos ataques de locura homicida —en el primero de esos ataques había apuñalado a su madre— Lamb renunció al amor y a la libertad y sacrificó la mitad de sus días en las oficinas de la East India House y, con una imperturbable abnegación, con un indeclinable fervor por la belleza, con una conformidad que no excluía cierto epicureísmo, con un tranquilo coraje que no excluía ninguna ternura, obtuvo esa flor de la sabiduría, más ardua que todas las obras de arte: una vida recta, hermosa y feliz. Con respecto a la muerte dijo que las metáforas no lo conformaban. «No quiero ser llevado por la marea que suavemente conduce la vida humana a la inmortalidad», escribió, «y el curso inevitable del destino me desagrada. Estoy enamorado de esta verde tierra; del rostro de la ciudad y del rostro de los campos; de las inefables soledades rurales y de la dulce protección de las calles. Levantaría aquí mi tabernáculo. Me gustaría seguir viviendo a la edad que tengo; perpetuarnos, yo y mis amigos; no ser más jóvenes, ni más ricos, ni más apuestos… No quiero caer en la tumba como un fruto maduro… Toda alteración en este mundo mío me desconcierta y me confunde. Toda situación nueva me asusta. El sol y el cielo y la brisa y las caminatas solitarias y las vacaciones veraniegas y el verdor de los campos y la delicia de las comidas y los amigos y la copa que reanima y la luz de las velas y las conversaciones junto al fuego y las inocentes vanidades y las bromas y *la ironía misma* ¿todo esto se acaba con la vida? ¡Y vosotros, mis placeres de medianoche, mis infolios! ¿Deberé despedirme del intenso deleite de abrazaros? ¿El conocimiento tendrá que llegar a mí, si de algún modo ha de llegar, por un grosero experimento de intuición y ya no por el familiar proceso de lectura?»

Lamb empezó a escribir los *Essays of Elia*, la más leída de sus obras, a los cincuenta y cinco años. Con anterioridad había publicado el cuento «Rosamund Gray», numerosos ensayos, críticas de poesía dramática y, en colaboración con su hermana, los famosos *Tales from Shakespeare*. En una carta a su editor refiere el origen de su seudónimo *Elia*: «Una persona de ese nombre, un italiano, fue mi compañero de oficina... hace treinta (no cuarenta) años. Los otros días fui a su casa para bromear con él sobre la usurpación de su nombre y ¡Dios mío!, encontré que de Elia sólo quedaba el nombre... Hacía once meses que había muerto».

La relación de los lectores con Charles Lamb es —y sigue siendo, de generación en generación— una suerte de amistad personal. Lo admiran, pero, sobre todo, lo quieren. Carlyle, en sus *Reminiscences*, tuvo la temeridad de menospreciarlo.[1] Después de leer esas páginas, Swinburne

---

1. En el capítulo sobre Jane Welsh Carlyle. De Lamb y de su hermana dice, entre otras cosas, que eran «un muy triste par de fenómenos».

escribió tres sonetos; en uno de ellos pide a Lamb que lo perdone por «haber mezclado su nombre, el más dulce del idioma inglés, con palabras amargas»; las que emplea para referirse a Carlyle son «esa víbora muerta».

Hay obras que siguen un patético destino de infelicidad. Lo que un hombre trabajó con su más lúcido fervor se marchita, como calcinado por una secreta voluntad de morir, y lo que hizo como en un juego, o para cumplir con un compromiso, perdura, como si la creación despreocupada comunicara un hálito inmortal. William Hazlitt quiso ser pintor (dejó un hermoso retrato de Lamb), quiso ser filósofo, quiso ser historiador. Entre tanto escribió innumerables ensayos y llegó a ser, opina Saintsbury, el mejor de los críticos. En *Virginibus Puerisque*, Robert Louis Stevenson declara: «Todos nosotros somos personas admirables, pero no escribimos como Hazlitt».

Hazlitt pensó mucho, escribió mucho, combatió mucho; siempre leal, en el amor y en la amistad encontró desengaños,[1] murió en la miseria. Sus últimas palabras fueron: «Bien, he tenido una vida feliz». Ninguna desventura pudo enturbiar su imagen de este mundo magnífico (Critilo, en el amargo *Criticón*, exclama: «¡Oh vida, no

---

1. Sólo Charles Lamb se negó a alejarse de Hazlitt y fue el único de los viejos amigos que lo acompañó en el lecho de muerte.

habías de comenzar, pero ya que comenzaste, no habías de acabar!»).

Atareadamente, no sin amargura, aun con prisiones (menos crueles que las de Wilde), vivió Leigh Hunt. Como ensayista fue muy fértil, a veces trivial, notable por su comprensión y por su libertad de juicio. Se le reconoce el haber advertido antes que nadie el valor de Keats y, quizá también, de Shelley; que su influencia sobre estos poetas fuera siempre benéfica es discutible.

Tradujo a Tasso; tradujo (como Dryden) a Chaucer. Compiló antologías. En su obra poética hay composiciones popularmente célebres, como «Jenny Kissed Me», o célebres en la Historia literaria del siglo XIX, como *The Story of Rimini*, y también joyas memorables, como los tres sonetos del apólogo *The Fish, The Man and The Spirit*.

También es muy rica la obra de Thomas De Quincey. La colección de sus escritos —las *Confesiones* y los artículos autobiográficos, algún tratado de economía, alguna novela, algunos cuentos, infinidad de ensayos sobre una extraordinaria variedad de temas— constituye una vasta y deslumbrante miscelánea, que inagotablemente emociona, instruye y deleita.

Cabe, tal vez, recordar que todavía hoy esta obra aumenta y que no es ilógico esperar que siga aumentando. En 1946, a casi noventa años de la muerte del autor, aparece su interpretación de la famosa carta de Johnson a Lord Chesterfield.

La explicación de esta fecundidad póstuma, que confiere al mundo una suerte de mágica riqueza, debe de hallarse en la costumbre que tenía De Quincey de llenar materialmente de libros y de papeles los cuartos que alquilaba, para luego cerrarlos y mudarse, y en el descubrimiento, por parte de algunos de sus locadores, de que esos cuartos eran posibles fuentes de recursos (Véase el libro de Masson, *Thomas De Quincey*, y la *Cambridge History of English Literature*, XII, 9).

Si yo pudiera iniciar a alguien en las dichas de la lectura de De Quincey, le sugeriría los ensayos biográficos —sobre Coleridge, sobre Wordsworth, sobre Charles Lloyd[1]— o los ensayos sobre cuestiones literarias, como el titulado *Orthographic Mutineers*, o la terrible descripción de los últimos días de Kant, o la divertida crítica del *Werther* de Goethe, o la monumental[2] narración de la revuelta de los tártaros, o las hermosas y vívidas y sentimentales *Confesiones*.

La nítida percepción de lo contradictorio, de lo patéticamente absurdo, de lo misterioso, de lo heroico, permitió a De Quincey delinear imperecederos retratos literarios. Algunos críticos lo inculpan de maledicencia y llegan a describirlo como a una especie de periodista que abusa de la confianza concedida por sus mejores. No sé quiénes fueron

---

1. *Society of the Lakes*, I (1840).
2. Por la forma, no por la extensión.

los *mejores*, con relación a De Quincey. Además, como dice Duclos en su prefacio a la *Histoire de Louis XI*, «*on peut toujours relever les défauts des grands hommes, et peut-être sont ils les seuls qui en soient dignes, et dont la critique soit utile*».

Con respecto al opio, De Quincey tuvo mejor suerte que Coleridge. La droga nunca destruyó su voluntad y si muchas veces le infundió horribles pesadillas, muchas también le sirvió de estímulo, o quizá de pretexto, para escribir páginas inolvidables. De Quincey, que murió en 1859, a los setenta y cuatro años, desde 1804 ingirió regularmente la droga. En los años de mayor moderación, tomaba unas cuatro mil gotas una vez por semana; en los años peores —1814-1818— la dosis diaria llegó a ser de doce mil gotas (equivalente a siete vasos de vino).

Más que un ensayista, más que un historiador, Carlyle llegó a ser un conductor de opiniones y, principalmente, de pensamientos y de conciencias. «Fue en verdad un profeta», escribe un biógrafo, «y nos ha dejado sus evangelios». Con un estilo que Thoreau compara con «brillantes cuchillos que rompen el hielo» y «libertan el torrente», y Rebecca West con una sucesión de accidentes ferroviarios, Carlyle se dedicó a exaltar lo que admiraba y a denunciar cuanto le parecía una impostura.[1] Entre sus *simpatías* y *diferencias* re-

---

1. Para Leigh Hunt la prosa de Carlyle era una impostura.

cordamos: amor al trabajo; amor a los hechos; odio a las teorías; amor a la Edad Media; odio a Grecia; amor a la fe; odio a la duda; amor a los «héroes», del tipo de Cromwell y de Federico el Grande, y a «la viva y no escrupulosa fuerza que los habita»; amor a los gobernantes enérgicos, que no llegan al poder por simples elecciones; amor a Alemania; odio a Heine. Desde luego, si consideramos a Carlyle como literato, lo entenderemos con mayor precisión y en sus juicios, como en toda su obra, hallaremos las pruebas de una inteligencia poderosa y libérrima. Carlyle es autor de una biografía de Schiller, del extraño *Sartor Resartus*, de la magistral historia de la Revolución Francesa (hay al respecto una anécdota que recuerda un relato de Henry James: Cuando Carlyle acabó tras mucha labor el primer volumen, confió el manuscrito a Stuart Mill, que lo confió a una dama, que por un descuido dejó que una sirvienta lo quemara), de una biografía de Cromwell y de otra de Federico el Grande, de muchos ensayos históricos y biográficos.

La parte histórica y biográfica es, también, preeminente en los ensayos de Macaulay. La capacidad descriptiva del autor, verdaderamente extraordinaria, y su genio para ordenar en oraciones y en párrafos certeros la agolpada y ancha realidad, le permitieron componer los más vívidos ensayos (y la Historia más vívida) que se han escrito en Inglaterra.

Dijérase que en la memoria, la luz del mundo, o quizá la luz de un museo de figuras de cera, o aun la luz de una pesadilla, ilumina estos libros. Macaulay tenía, sin duda, una propensión a «descubrir asombrosas incongruencias en la naturaleza humana». Según Raleigh, pueblan sus páginas una muchedumbre de monstruos.

Siempre escribe bien (siempre *escribió* bien: Lang señala que en un ejercicio sobre Guillermo III, que Macaulay compuso cuando era estudiante en Oxford, ya aparece el estilo de la *Historia*). Es verdad que es más convincente que sutil; más enérgico; más memorable; es verdad que es mucho mejor en el relato que en la disertación moral o filosófica. Su caudalosa inteligencia, que maneja conocimientos innumerables y que discierne de manera justa, admite conceptos que no es seguro que haya examinado suficientemente. Hay, en toda su obra, una sospechosa coincidencia con la opinión pública y un incontenible espíritu afirmativo (Lord Melbourne habría dicho una vez: «Me agradaría estar seguro de algo como Tom Macaulay lo está de todo»).

Los *filistinos* de hoy, al llamar *filistino* a Macaulay, no se engañan; por lo menos, no se engañan si no creen que ese adjetivo lo define y lo agota; pero quienes tengan alguna familiaridad con los problemas literarios advertirán que la composición de ensayos como el dedicado a Bunyan, por ejemplo, exige una riquísima e insólita conjunción de méritos. Finalmente, su nombre evoca poderes humanos extremados y enaltecedores: una infinita capacidad de trabajo, una entera y ferviente consagración, una memoria cuantiosa… Macaulay documentándose para cada párrafo de su Historia como otros hombres se documentarían para cada volumen; Macaulay leyendo incesantemente, leyendo en largas caminatas infolios griegos o latinos «que pesaban más que un fusil»; Macaulay repitiendo, casi íntegramente, el *Lay of the Last Minstrel* después de haberlo oído una vez (si hubieran desaparecido el *Paradise Lost* y el *Pilgrim's Progress* la memoria de Macaulay nos los hubiera devuelto)… Queda una epopeya para escribir sobre las aventuras del trabajo mental, intensas como la vida heroica de un César, pero más dignas y misteriosas.

La mente de John Ruskin tuvo una continua, temprana y apresurada actividad. A los cuatro años, Ruskin redactaba cartas; a los cinco era un ávido lector; a los seis escribía poemas «correctos en cuanto a la forma y a la métrica»; a los siete comenzaba una obra en varios tomos y a los nueve, un poema sobre el universo. Puede afirmarse que la producción juvenil, numerosa y de poco valor intrínseco, cesó en 1843. El autor, que tenía veinticuatro años de edad, publicó entonces su primer libro importante: *Modern Painters*, volumen I. Durante los diecisiete años que trabajó en los cinco volúmenes de esta obra, Ruskin escribió ensayos para la *Quarterly Review* y otros periódicos y publicó *The Seven Lamps of Architecture, The Stones of Venice* (saludado por Carlyle como «un nuevo Renacimiento, un sermón en piedras»), *Pre-Raphaelitism, The Political Economy of Art.* Escribió mucho, publicó rápidamente, y sus obras registran, con no igualada espontaneidad, los movimientos de una opinión impulsiva, siempre honesta y siempre original. Después de los cincuenta y seis años padeció de inflamaciones cerebrales que interrumpieron, y hacia el final casi anularon, su actividad literaria.

Influyó en el arte y en la economía política. Admiró los primitivos italianos; tuvo una acción preponderante en el grupo de los prerrafaelistas y contribuyó a despertar el entusiasmo, en Inglaterra, por el arte gótico. Afirmó que el arte expresa la felicidad de la vida.

Señaló, con razón, que no podía existir una ciencia económica independiente de una filosofía de la sociedad. Dijo que el lujo era vergonzoso y que la posesión de bienes entrañaba graves responsabilidades.[1] Luchó contra el *laissez faire*, contra el utilitarismo. «Compra cuando los precios bajen. ¿Cuándo bajan los precios? El carbón estará barato en tu casa después del incendio y los ladrillos, en tu calle, después del terremoto. Ven-

---

[1] Ruskin publicaba anualmente el resumen de sus gastos personales.

de cuando los precios suban. ¿Cuándo suben los precios? Vendiste bien tu pan. Lo vendiste al moribundo que te dio su último centavo.» «Si un objeto escasea, si la gente lo necesita y no lo tiene, el precio subirá.» «El arte de enriquecerse consiste en empobrecer al vecino.» (Estos argumentos impresionaron a Wells; véase las conversaciones de George Ponderevo con su tío, en *Tono-Bungay*.) Como las de otros socialistas ingleses del siglo XIX, sus utopías y sus críticas al liberalismo están viciadas por lo que bien podríamos describir como una deficiente experiencia en tiranos.

Ruskin entró en la vida triunfalmente. Desde muy joven se le consideró un genio («el mayor genio natural que he conocido» dijo de él, en 1838, el periodista Loudon). Su padre, que era muy rico, le hizo conocer, en largos viajes, Europa. Los tratos de Ruskin con el amor fueron pocos y desastrosos. «Swift se parece mucho a mí», escribió una vez. «Conozco el secreto de extraer la tristeza de todas las cosas, pero no la alegría.»

Matthew Arnold, que escribió una prosa ingrávida, transparente y justa, aunque a veces obstruida por artificiosas repeticiones, y un verso frecuentemente feliz, siempre sabio y ocasionalmente prosaico y difícil de leer, dejó algunos poemas verdaderamente hermosos («Dover Beach», por ejemplo), una admirable colección de ensayos críticos y biográficos, numerosas monografías sobre cuestiones didácticas, religiosas, políticas, una polémica con Newman sobre las traducciones homéricas, que suele ser, con el libro de Fraser Tytler, la autoridad no confesada o no conocida para la mayor parte de las observaciones lúcidas sobre las traducciones en general, y un delicado y riquísimo estudio sobre la literatura celta, que movió a Saintsbury, en una casi enconada biografía, a acusarlo de uno de «los más grandes pecados» imputables a un literato: hablar de libros que no pudo leer en el idioma original (esta prohibición, aplicada indiscriminadamente, sería perjudicial, ya que apartaría de algunos temas a las mejores inteligencias).

Arnold fue un estudioso, un literato, un académico, en el mejor sentido de esa palabra. Según Andrew Lang, su genio, que tenía algo de griego, ignoraba la vana agitación y el frenesí.

Toda la obra de Walter Pater, aun los *Imaginary Portraits*, *Gaston de Latour* y *Marius the Epicurean* (la única novela inglesa que los literatos releerán en los tiempos venideros, según Moore) cabe dentro del orden del ensayo. Sus libros, poco numerosos, escritos en una prosa trabajada, de frases largas, produjeron una muy viva impresión entre las personas de más pura y sensible intelectualidad de los últimos años del siglo XIX. George Moore refiere en *Avowals* que el día que leyó por primera vez a Pater anduvo por los campos murmurando: «El idioma inglés vive todavía, Pater lo ha resucitado de entre los muertos».

El epicureísmo intelectual expuesto en los *Studies in the History of the Renaissance* tuvo una señalada influencia en el llamado Movimiento Estético. En la Conclusión de ese libro Pater había escrito: «La filosofía es útil porque nos despierta... A cada instante, y por ese instante solamente, en una mano o en un rostro, una forma alcanza la perfección, en la colina o en el mar aparece la tonalidad más delicada y en nosotros llega a ser irresistiblemente real y seductora una exaltación de los sentimientos, de los sentidos o del intelecto. No es el fruto de la experiencia lo que debemos buscar, sino la experiencia misma. Nos han concedido un limitado número de pulsaciones de una vida matizada y dramática. ¿Cuántas percibiremos con la integridad de que son capaces los mejores sentidos?... Arder siempre en esta llama, dura y preciosa, mantener siempre el éxtasis, es triunfar en la vida. En cierto modo puede afirmarse que el fracaso proviene de contraer costumbres... Sintiendo así el esplendor de nuestra experiencia y su tremenda brevedad, juntando todo lo que somos en un desesperado esfuerzo para ver y tocar, poco tiempo tendremos para urdir teorías sobre las cosas que vemos y tocamos... Nuestra esperanza consiste en dilatar ese intervalo, en lograr el mayor número de pulsaciones en el tiempo acordado...».

La vida de Pater, gobernada por aficiones sedentarias y por una atareada timidez, fue tranquila, casi vacía. Wilde, que había declarado: «los ensayos del señor Pater me parecieron el Libro de Oro del espíritu y de la razón, las Sagradas Escrituras de la belleza», dijo una vez: «El pobre Pater vivió para desmentir cuanto había escrito».

Hay en torno a Robert Louis Stevenson algunas asociaciones de ideas que tienden, cuando no lo leemos, a desacreditarlo: su admiración por el coraje, por la dulzura, por la alegría[1] (el descontento parece tan sabio, tan complejo); su preocupación por cuestiones estilísticas y técnicas (los estilistas suelen ser fríos, tediosos, triviales); su afición a inventar aventuras («hoy se considera ingenioso escribir novelas sin argumento, o por lo menos, con argumento muy aburrido»);[2] el entusiasmo que despertó en personas esencialmente alejadas de las letras y la infinidad de artículos y de libros que esas personas escribieron sobre él... Pero, como dice Chesterton, una cosa no es vulgar porque se la vulgarice.

El 6 de febrero de 1855 la madre de Stevenson anotó en su diario: «Louis soñó que oía el

---

1. «La dulzura y la alegría deben anteponerse a toda moralidad; son los deberes perfectos». *A Christmas Sermon*, 1892.
2. *A Gossip on Romance*, 1887. Si Stevenson hubiera ejercitado su amor a las palabras, en vastos argumentos inmóviles, del tipo de *Marius the Epicurean*, todos los calificativos que denotan altura y profundidad le hubieran sido implacablemente fieles.

rumor de plumas escribiendo». No sin emoción leemos estas palabras; pensamos que registran un momento solemne y que ese niño dormido estaba ocupado en una tarea mágica; el rumor que le llegaba por las galerías del sueño era futuro y la mano que escribía era la suya. La penosa y prolija enfermedad que lo persiguió a lo largo de la vida (1850-1894) no logró empañar su dicha ni su vocación. Con inspirada versatilidad, con perfecta pureza, con lúcida fortuna, Stevenson ejerció todos los géneros literarios: el ensayo, la fábula, el cuento, la novela, la crítica, el sermón, el teatro, el poema, la carta, la plegaria. Me gustaría discutir la evolución y las formas de su novelística; hablar de sus enigmáticas fábulas y de las anticipaciones que entrañan. Pero aquí debemos ceñirnos al ensayo. Entre los más hermosos que escribió deben citarse «On Falling in Love»; «Pan's Pipes»; «Gentlemen»; «Old Mortality». Compuso también ensayos críticos de indispensable doctrina para los escritores: «The Art of Writing»; «A Note on Realism»; «A Gossip on Romance»; «A Humble Remonstrance». En el penúltimo habla de la necesidad de escenas vívidas, que impresionen *el ojo de la mente*; memorables ejemplos abundan en sus relatos: la moneda arrojada por Henry Durrisdeer, que atraviesa, en el vidrio, el escudo de armas; el nocturno incidente del frenético Mr. Hyde, que la sirvienta presencia desde su ventana; «los cuatro hermanos negros» pisoteando con sus caballos, en el pantano, al agresor de su padre. En cuanto a los «Ethical Studies» y a la «Morality of the Profession of Letters» los recomiendo a esos jóvenes para quienes la conciencia ética en la literatura apareció con Sartre y Camus.

Oscar Wilde fue afortunado en el ensayo. *Intentions* es uno de los libros más ricos y más parejos de una obra muchas veces rica en alegría, algunas en dolor, siempre en verdad y en perspicacia. En los ensayos, algunos dialogados, que integran el volumen —*The Decay of Lying*; *Pen, Pencil and Poison* (una semblanza de Wainewright, el envenenador que De Quincey conoció en casa de Lamb); *The Critic as Artist*; *The Truth of Masks*— Wilde expone con delicada agilidad su filosofía del arte, de la literatura y de la vida. No por demasiado conocidos sus epigramas dejan de ser admirables. «Hemos sido engañados por la palabra acción. Pensar es actuar.» «El hombre puede creer en lo imposible, pero no en lo improbable.» «Mientras la guerra sea considerada perversa, mantendrá su fascinación. Cuando sea considerada vulgar, perderá el prestigio.» En *The Soul of Man under Socialism*, Wilde propone un socialismo individualista, que parece la doctrina aceptable para quienes creemos que la libertad individual debe preservarse y que el dinero no debe ser el principal estímulo y la obsesión de los hombres. Con no igualada lucidez, Wilde advirtió el peligro de fortalecer el Estado. «Bajo el sistema del cuartel industrial, o de la tiranía económica, nadie podrá gozar de la libertad. Es lamentable que parte de nuestra comunidad viva, prácticamente, en la esclavitud, pero solucionar el problema esclavizando a la comunidad entera es pueril.» «Si el socialismo es autoritario; si hay gobiernos armados con poder económico, como ahora lo están con poder político; si, en pocas palabras, tendremos tiranías industriales, el último estado del hombre será peor que el primero.» «Toda autoridad degrada. Degrada a quien la ejerce y degrada a quien la sufre.»

Wilde escribió una vez: «El público es prodigiosamente tolerante. Perdona todo, excepto el genio». También escribió: «Vivo en el terror de que no me interpreten mal». A Wilde no lo perdonaron, pero tampoco lo interpretaron bien. En las conversaciones y en los libros, en casi toda la posteridad, la idea de un histrión o de un *dandy*, o los indignados recuerdos de una persecución, de un proceso, de una cárcel, de un asesinato colectivo y cobarde —recuerdos que no deben olvidarse— ocultan el carácter verdadero de Wilde. Muchas veces las biografías y las historias de las literaturas nos descaminan: sustituyen a las obras originales (por pereza preferimos leer resúmenes y comentarios) y las tergiversan (en toda interpretación hay una desfiguración). En esos libros Wilde aparece como la risible o la espléndida o la atroz personificación del Movimiento Estético o, quizá, como el trágico producto del epicureísmo intelectual de Pater. Sin embargo, la obra de Wilde se lee mucho y por su influencia ya se reconoce, en Inglaterra y fuera de ella, que Wilde es, ante todo, un escritor extraordinario, un escritor esencialmente serio, uno de los clásicos del idioma inglés. Por las tramas y por los sentimientos es, a veces, romántico; por la forma, clara y aérea, es un clásico.

Para el siempre renovado escándalo de los hipócritas, Johnson escribió en su *Vida* de Milton que nadie deseaba que el *Paraíso perdido* tuviera un verso más de los que tiene. Los críticos no han querido comprender esta frase honesta. Johnson no ha dicho que no sería deseable que el mundo tuviera más versos de Milton (sobre el tema del *Paraíso perdido* o sobre cualquier otro). Ha dicho que una persona, leyendo el *Paraíso perdido*, espontáneamente no desea que el proceso de lectura se prolongue. En el proceso de leer a Wilde lamentamos que su obra no sea más extensa. Si comparamos *Vera*, *The Duchess of Padua* y acaso *Lady Windermere's Fan* con *The Importance of being Earnest* comprobaremos cómo Wilde perfeccionó su arte y no podremos eludir una desagradecida nostalgia por los volúmenes que Wilde hubiera escrito en otros veinte años de su vida. Pero condenarlo porque la sociedad fue implacable con él es una fantasía metafísica demasiado feroz.

En todos los géneros literarios hay un juego dramático y formal que, en apariencia, estorba la expresión y la distrae de las verdades esenciales. El novelista y el dramaturgo encaran el mundo a través de personajes, el crítico debe atenerse a la obra que estudia y el poeta, intrínseco y puro, supedita su visión a los criterios de la rima y del metro. Como tantas veces ocurre, las trabas son, para ellos, mercedes ocultas, ya que decir de paso alguna verdad (y encontrar fortuitamente alguna dicha) a todos nos está concedido. En la novela abundan los elementos irresistibles —en caso de duda, aconsejaba Ruskin, matad a un niño— y en la hereditaria sabiduría de un soneto, ¡cuánto mediocre subsiste, noble y adamantino! Pero el hombre que toma la pluma para discurrir sobre *Una caminata por los suburbios*, *Los parientes pobres*, *Nuestra amistad con los libros*, *La vanagloria*, *La ambición*, llama a su alma y directamente la interroga; las verdades que encuentra son las que salió a buscar; todo el mérito de sus escritos le corresponde; es el artista más digno.

Tal vez porque no pueda ocultarse en la obra, el ensayista suele ocultarse en el título. El género ha florecido al amparo de seudónimos. Mucha gratitud debemos al *Tatler*, al *Spectator*, al *Rambler*, al *Idler*, al *Adventurer* (verdaderos seudónimos colectivos), a Bickerstaff y a Wagstaff, a Lien Chi Altangi, al *English Opium Eater*. Pero en el mundo en que vivimos la mayor aspiración es la seriedad —la honestidad y la inteligencia se desechan por utópicas— y el empleo de seudónimos ha caído en descrédito. Esto es lamentable. Wilde ha señalado que nunca una persona es menos sincera que al hablar en su propio nombre. Agrega: «Dadle una máscara y os dirá la verdad». Para defender un nombre en la vida solemos empobrecerlo en las letras. Un seudónimo, por transparente que sea, cumple una función liberadora. *Y* es el seudónimo de *X*; en principio, no hay motivo para suponer que las opiniones y el estilo de *Y* sean las opiniones y el estilo de *X*. Cuando firma *Y*, *X* ya no es el pequeño dios, infalible e inobjetable, a quien la vanidad reduce a la impotencia; ya no es el pequeño caballero a quien todos ponderamos; ya no es el autor cuidadoso de su prestigio: es un pensamiento sin más amo que la verdad, es un texto solo.

Para regresar al ensayo diré algo más sobre el seudónimo. A través del seudónimo el ensayo se vincula con la novela. Es natural que la persona que inventa un nombre quiera también inventar un hombre. Addison y Steele, por ejemplo, al atribuir a los miembros de un imaginario club de amigos los ensayos del *Spectator*, crearon personajes y urdieron ficciones. Es verdad que hicieron algo más: inventaron nuevos tipos de ficciones. Los críticos declaran que de estos ensayos nacen (en Inglaterra, por lo menos) la novela de costumbres y el cuento moderno. Pero el ensayo no sólo se vincula por el pasado con la novela; en algún momento ocupa su porvenir. No creo necesario detenerme aquí sobre hospitalarias novelas que todos hemos leído; bastará señalar que su definición cubriría la colección del *Spectator*: ensayos ligados por una trama débil.

Abundan los ensayos admirables compuestos en estilo formal (Johnson) u ornado (De Quincey) o sabio (Stevenson) o epigramático (Wilde); sin embargo, llegaron a ser típicos un estilo despreocupado y llano, un tono de conversación junto al fuego.

Para la formación de ese estilo fue sin duda propicia la interposición de autores imaginarios entre los autores verdaderos y el lector. También lo fue —por lo menos en el caso ejemplar de Elia y en el insigne del *English Opium Eater*— para asegurar la asidua nota personal. Esta costumbre de hablar de sí mismo, menos peligrosa en las letras que en la vida,[1] esparce una luz inconfundible

---

1. Asaz caricaturescamente escribió Macaulay: «Hacer de uno mismo el continuo tema de conversación es una práctica universalmente aborrecida. Los enamorados (y, según creo, solamente los enamorados) se la perdonan mutuamente. No hay favor, no hay talento, no hay capacidad de agradar, que la vuelvan tolerable. La gratitud, la admiración, el interés, el miedo, apenas impiden que los condenados a oírnos manifiesten su disgusto o su fatiga. El tío sin hijos, el poderoso mecenas, apenas logran tanta sumisión. Para no escuchar la historia de nuestro compañero

en las páginas de Montaigne, logra efectos de noble sentimentalidad en la prosa de Dryden, y en George Moore, entre los modernos, se manifiesta con particular agrado y amplitud.

Por su informalidad, el ensayo es un género para escritores maduros. Quien se abstiene de toda tentación, fácilmente evitará el error. Con digresiones, con trivialidades ocasionales y caprichos, solamente un maestro forjará la obra de arte. Pero esta cuestión comunica el estudio del ensayo con los problemas centrales de la estética. Hemos creído que la perfección exigía la elegancia de una demostración matemática o la economía, delicada y minuciosa, de una flor; tal vez a una variedad de la perfección corresponda la exigencia, o tal vez podamos hablar, sin énfasis romántico, de bellas manifestaciones de lo imperfecto. Como las divinidades antiguas, que palpitaban en el fruto maduro, en el júbilo del amor, del canto, del vino y en los designios del tirano y del odio, que llegaban a la muchacha dormida en el calor de la tarde y animaban la tormenta despiadada en el mar y el aire estremecido entre los rosales, la noche portentosa en los bosques y en los mármoles y la claridad feliz en una

---

abandonamos el interior de la galera y, en plena tormenta, subimos al pescante... Sin embargo, por alguna causa misteriosa, esta práctica, la peste de la conversación, da a los escritos un sabor incomparable».

fuente, en una aurora, en un rostro; así la belleza y la perfección agracian las más opuestas manifestaciones del arte: el relato simétrico y terminado como un ánfora; el poema presente como una piedra que encerramos en el puño o como la relojería de las estrellas, que se pierde de nuestra vista, pero está en el cielo; el ensayo informe y casual como una conversación; la epopeya abundante como la vida; el fragmento infuso de tradiciones.

Un día sentimos que no hay otra esperanza en las letras que el *dossier* naturalista, o la comedia de enredo, o el sadismo, o el adulterio, o los sueños, o el viaje alegórico, o la novela pastoril, o el alegato social, o los enigmas policiales, o la picaresca; otro día nos preguntamos cómo alguien pudo interesarse en tan desoladas locuras. En medio de esta mudanza, históricamente justificable pero esencialmente arbitraria, hay algunos géneros perpetuos. Porque no depende de formas y porque se parece al fluir normal del pensamiento, el ensayo es, tal vez, uno de ellos.

Cécile[1] o las perplejidades de la conducta

En una época ya lejana, cuando en el manual escolar leíamos la deplorable historia de reyes bien intencionados, pero débiles, no entendíamos. Con algún horror y con alguna fascinación nos preguntábamos en qué podía consistir esa misteriosa debilidad, causa de tantos males. No sospechábamos cuántas veces, a lo largo de la vida, nuestros amigos nos mirarían con la perplejidad que en nosotros habían suscitado aquellas lecturas. No es el caso, como alguien supone, que los desconcertemos con nuestro mero existir; el hecho de ser nosotros entraña, sin duda, una falta de docilidad que al interlocutor, apremiado por el afán de obviar nuestras dificultades y de corregir nuestros yerros, ofende; pero hay que reconocer que, además, nuestra conducta es, frecuentemente, injustificable. ¿Cómo podríamos explicarla? Cada acto es quizá la consecuencia de todo el pasado; o, más modestamente, de nuestro pasado o del pasado común a nosotros y a las personas que

---

[1]. Benjamin CONSTANT, *Cécile* (N. R. F., Gallimard, París, 1951).

nos acompañan en el vivir. ¿Cómo comunicar al interlocutor esas biografías y la delicada trama de motivos que imponen sin infringir la decorosa reserva ni promover el aburrimiento? Emprender la explicación de nuestra personalidad, ¡qué tentación!, ¡qué peligro! Rousseau, Constant y más recientemente George Moore descubrieron que estas confidencias no solamente resultan posibles por escrito, sino que son gratas y eficaces. En *Cécile*, Constant refiere sus angustiados amores con «la buena, la dulce, la angélica»[1] Charlotte de Hardenberg y con la implacable Madame de Staël; también examina con lucidez su propia debilidad, ese mal repugnante y misterioso para el prójimo y que, en mayor o menor grado, a todos aqueja. Es posible que me engañe, pero me inclino a vincular la debilidad de Benjamin Constant con el principio de que debemos sacrificarnos por los demás, con la indiferencia por la propia suerte, con el diligente y ansioso temor de apenar a las personas queridas. No creo necesario añadir que las mujeres que lo amaron fueron desdichadas.

He conocido gente así: cuando el deseo de alguien se opone al propio, casi inevitablemente sienten que el otro desea con mayor vehemencia y que ellos deben ceder. Cuando su resignación evitará que una mujer sufra, se resignan. Como

---

1. Texto de 1811. Posteriormente: «la mujer más tediosa que ha tierra ha producido».

un extremado caballero, Constant estaba siempre dispuesto a sacrificar todo, incluso la vida, por cualquier causa (lo malo es que *todo* abarca mucho: por ejemplo, a las personas ausentes, si la causa es la apremiante voluntad del interlocutor). En lo que atañe a la influencia del pietismo en su conducta, con agudeza y, según creo, con veracidad, la explica en *Cécile*. En una conversación que sostuvieron en Lausanne, el señor de Langallerie habría argumentado: «No negará que existe un poder, exterior a usted, más fuerte que usted. Pues bien, no hay otra manera de encontrar la dicha en este mundo que ponerse en armonía con ese poder. Para lograrlo basta renunciar a la voluntad propia y rezar. ¿Cómo rezará el que no cree? Rece y verá; pida y obtendrá. Pero no pida cosas determinadas; pida querer lo que es. El cambio no ocurrirá en las circunstancias exteriores, sino en su alma. ¿No es lo mismo que suceda lo que deseamos, que desear lo que sucede? Lo importante es que nuestra voluntad y los sucesos estén de acuerdo». Constant afirma que estos razonamientos lo conmovieron profundamente. Pronto sintió un gran alivio en sus angustias. «Llegué al extremo de no proyectar nada para el futuro», declara, «de considerar el futuro como fuera del dominio de la prudencia y la prudencia misma como una impropia intervención en los designios de Dios. Viví al día, sin preocuparme de lo que había sucedido, porque era irremediable, ni de lo que sucedería, porque estaba al cuidado de la voluntad que lo decide todo... Me comparaba con un niño conducido por un guía invisible... Mis oraciones concluían con estas palabras: "Renuncio a toda facultad, a todo conocimiento, a toda razón, a todo juicio". A veces, en medio de las oraciones, me embargaba un profundo sentimiento de confianza, una íntima convicción de estar protegido y de que en modo alguno yo debía ocuparme de mi suerte. Entonces consideraba sin inquietud las dificultades que me asediaban y confiaba en que algún milagro me libraría...».

Como si efectivamente esperara un milagro, escribía a Charlotte prometiéndole que se reuniría con ella en una ciudad francesa y, mientras tanto, seguía en casa de Madame de Staël, que ignoraba totalmente esos planes. Gente de la familia y sobre todo las amigas le aconsejaban que se librara de Madame de Staël. Invariablemente les daba la razón; en cuanto a llevar a la práctica los consejos, le parecía más difícil. *No puedo tomar resoluciones importantes* —anota en su *Diario*— *porque tengo un íntimo sentimiento de la brevedad de la vida.* Por fin, Madame de Staël resuelve pasar una temporada en Viena. Constant aprovecha este modesto milagro y parte al encuentro de Charlotte. El viaje es penoso. Una tormenta de nieve envuelve las montañas, los caballos se desbocan, la diligencia cae en un barranco y en el alma de Constant se agitan el dolor y los terrores de haber dejado a una mujer que por más de doce años ocupó el centro de su vida. Cuando llega a Besançon, Charlotte está muriéndose. Constant le habla; al oír la voz, ella se estremece y exclama: «El hombre que me mata». Pero este capítulo de la biografía de Constant no concluye aún. Charlotte se restablece; accede a casarse en secreto y Constant logra, por unos años, ocultar de Madame de Staël su matrimonio.

Es claro que la debilidad no lo explica todo. ¿Por qué amamos? ¿Por qué dejamos de amar? Constant observa: *Mi corazón se cansa de lo que tiene y añora lo que no tiene.* ¿Por qué nuestra conducta ni siquiera obedece a las premisas de amar y de no amar? Ignoramos nuestros sentimientos, pero no nuestro corazón y tememos —todo es tan delicado— que algún día lo que dejamos caer se revele, cuando esté perdido irremisiblemente, como el amor verdadero, el que debió ser feliz, el que nos desgarra.

En 1951 se publicó *Cécile, présenté et annoté par Alfred Roulin, Directeur Honoraire de la Bibliothèque de Lausanne*, N. R. F., Gallimard, París. En la introducción leemos que Benjamin Constant había comentado el libro con sus amigos; que uno de ellos, J.-P. Pagès, en el *Dictionnaire de la conversation et de la lecture*, lo describió como novela y como episodio final de *Adolphe*; que otro, J.-J. Coulmann, declaró en sus *Réminiscences* que *Cécile*, continuación de *Adolphe*, era una novela en forma de epístolas; que los mejores críticos del siglo XX dudaron de su existencia y que el descreimiento prevaleció hasta que por último «el barón Constant-Rebecque, entre los papeles que había donado a la Biblioteca de Lausanne, descubrió el manuscrito original». Tal como nos ha llegado, *Cécile* no es una novela epistolar, ni siquiera una novela. Es un relato autobiográfico inconcluso, análogo al *Cahier Rouge*. Constant lo escribió hacia 1811.

Lo novelesco y *La novia del hereje*

Un niño no tiene por delante una vida, como un callejón angosto, sino el completo y espléndido repertorio de las vidas posibles. Porque él podrá serlo todo, atentamente escucha en las prodigiosas proezas que le refieren —guerras, naufragios, cacerías de tigres— su propia historia, sus probables y altos destinos. El eco de esta ilusión nunca se apaga y todo en nosotros va envejeciendo, salvo la afición por los relatos. De soñar estos sueños la humanidad no se cansa; en los siglos XIV y XV la gente leía libros de caballería; en los cafés de El Cairo oye los cuentos de las *Mil y una noches*, y en ámbitos más próximos frecuentamos —acaso en la actitud de hombres de mundo, que reconocen y toleran sus propias debilidades— la literatura policial. Lo novelesco siempre atrae al lector; también seduce a los autores, los alienta y a veces los pierde. Sería curioso indagar las aventuras de lo novelesco a través de la Historia de la novela, sus errores inexplicables y sus triunfos maravillosos; ahora bastarán algunos ejemplos. Recordemos el *Vicario de Wakefield*. Mientras Goldsmith presenta los personajes, el libro es agudo, irónico, tranquilo, como iluminado por la mejor luz del siglo XVIII; pero cuando entra en materia nos vemos arrastrados por un vendaval de coincidencias y de calamidades y, aturdidos, nos preguntamos si no será ello una parodia. ¿El autor propone en serio estas peripecias? Por increíble que parezca, las propone en serio; más aún: fueron para él, sin duda, la deslumbrante invención que lo movió a crear los caracteres, a componer la historia. Y el lúcido Stendhal ¿no echa mano de la tintura verde que destilan (según los comentadores) las hojas del acebo, para desfigurar a sus hermosas heroínas? Yo creo que escribió *Mina de Vanghel* para mostrarnos a una muchacha viviendo de incógnito, muy cerca de su amante, espiándolo, ignorada por él gracias a la mancha verde que le dejan aquellas hojas con que se frota la cara (la encantadora Lamiel, en su novela, recurre también al arbusto peligroso). Y Stevenson ¿no concluye el admirable *Master of Ballantrae*, con el héroe enterrado vivo, de acuerdo a un método hindú, que estriba en el arte de tragarse la lengua?

Evidentemente, es muy extraña y riesgosa la atracción que sobre los autores ejerce lo novelesco. Si mal no recuerdo, Bloy declara que esa parte aparentemente absurda de las fábulas es fundamental y necesaria (como lo demuestra su continuo resurgir en las novelas de todas las épocas), porque simboliza lo que hay de misterioso en el hombre y en su destino. Por lo demás, el impulso novelesco no reprimido ha estragado libros enteros; yo contaría entre ellos al *Persiles*. A veces me pregunto si lectores de mañana no se lamentarán de que algunos de nosotros hayamos abrumado nuestros relatos con juegos con el tiempo y con máquinas fantásticas y más o menos policiales; a lo mejor se dirán: ¿Por qué esta gente, no del todo desatinada en sus observaciones, pacientemente elabora argumentos que resultan tediosos? Acaso la explicación la encontremos en la circunstancia de que los argumentos, necesarios como la tela para el bordado, con variantes proceden los unos de los otros, de manera que no es raro que en un determinado período abunden los de una clase; en cambio en la voz del autor, que oímos en las pausas del relato, en las observaciones y en las reflexiones, hay siempre algo único y aun (porque cada hombre es mortal) divino.

Sin embargo, el prodigioso agrado de las ficciones reside en la fábula: en inventarla, en contarla, en escucharla, en recordarla; como ya se dijo: lo fundamental de la fábula es la fábula. Pero no es fácil escribir todo lúcidamente. Alguna parte queda siempre abandonada al cuidado de nuestra rutina, de nuestro oficio, de nuestra generación. Tal vez todo esto equivalga a reiterar lo que nadie ignora: que escribimos como nuestra época lo permite.

Desde luego, lo novelesco no está confinado a las peripecias, a las coincidencias y a la expectativa. De tal historia de viajes, quizá lo más novelesco fuera aquella libra de té, comprada en un almacén del barrio y que los viajeros beberían en la luna.

Hablé de aciertos y de errores, pero casi no he señalado más que errores. Aunque hay innumerables ejemplos de aciertos, quizá no fuera superfluo recordar tres, que son, en lo que a este punto se refiere, muy ilustrativos. En el primero tenemos lo novelesco sin novela. En efecto, *Weir of Hermiston*, la obra maestra de Stevenson, quedó inconclusa; es un planteo de lo que no llega a ocurrir (con episodios memorables, como el de los cuatro hermanos); en sus páginas, sin embargo, palpitan y nos conmueven las más resplandecientes posibilidades de la aventura. El segundo me parece un libro extraordinario en la materia. *La Chartreuse de Parme* es, ingenuamente, una novela de aventuras, pero es también, porque la escribió Stendhal, aguda, psicológica, reflexiva; se trata del caso feliz en que el elemento novelesco campea libremente, como en un libro para niños, en un relato sabio y delicado; a todo ello hay que agregar otro mérito: los héroes son tan queribles como los pedíamos en la infancia. El tercero es el mayor triunfo. En su inmortal sátira, el género renace de sus cenizas. No en vano se ha dicho que el *Quijote* es el mejor libro de caballerías. Al concluirlo quedamos nostálgicos y quisiéramos, como Sancho, emprender nuevamente los caminos de la aventura.

En cuanto a las letras argentinas, yo señalaría como ejemplos *La loca de la guardia* y *La novia del hereje*, libros eminentemente novelescos, en mi opinión, que se leen con agrado y que en el recuerdo se añoran; por eso me ha sorprendido encontrar, en un tratado muy respetable, la afirmación de que en las novelas de López «hay demasiada cantidad de historia, de crónica, de política» y de que faltan, en cambio, «la intuición psicológica del hombre, la contemplación estética del ambiente, la creación poemática del relato, que constituyen la verdadera imaginación novelesca». Admitiendo, sin discutir los términos, esta enumeración de los méritos principales de la imaginación novelesca o, mejor dicho, de la novela, y empleándola como criterio para analizar a cualquiera de las de López, creo que no será difícil refutar la afirmación. En *La novia del hereje* la intuición psicológica es profunda. López ha comprendido notablemente el alma de los hombres maduros y de autoridad; hallo inolvidable el retrato del virrey don Francisco de Toledo, personaje contradictorio en sus aspiraciones y su apariencia, respetuoso de los señores «graves y mansos, que no se apuraban por hacerse oír ni por imponerle opiniones», desdeñoso de los frailes, aunque no irreligioso, ya que su «devoción era parecida a la de los sacristanes de la iglesia, que, habituados a manosear los santos, a vestirlos y desnudarlos, llegan a mirarlos con cierta confianza de intimidad que si bien disminuye en ellos el sentimiento de veneración que les presta el vulgo, no los hace por ello ni menos devotos ni menos fanáticos». También parece auténtico el retrato de don Felipe, el padre de la heroína; apegado a sus intereses, pero decoroso y digno, duro, pero no desprovisto de buenos sentimientos, sagaz, pero patéticamente derrotado por las terribles calamidades que lo acometen: a lo largo de la trama este personaje obra consecuentemente. El suave, canallesco y piadoso Romea, el boticario don Bautista, valiente, patriota, liberal, fanático, vengativo, aun el tremebundo padre Andrés, aun el absurdo fiscal, a quien le agradaba, para lucir su *tupé*, «andar descubierto o ponerse cuando más un leve bonete de cuatro picos, adornado con madejas de seda verde y de seda roja» son caracteres certeros y genuinos, que el olvido no desdibuja.

La contemplación estética del ambiente es una de las mayores riquezas de este libro caudaloso. Vislumbramos en él las ruinas, todavía recientes, del vasto imperio desaparecido, sus personajes desplazados, convertidos en plebeyos, que aún no perdieron la esperanza de la recuperación incaica, y asistimos a la vida familiar en una casa de Lima, donde no se dialoga, sino se reza, durante las comidas; «nadie podía repudiar un plato… y las negras esclavas andaban de rodillas haciendo el servicio de la mesa». También nos revela el mundo de los maricones; cómo se vestían y las fiestas que frecuentaban. Las señoras tenían sus maricones, que las ayudaban en las intrigas, y las traicionaban; y por cierto que las autoridades no desdeñaban a estos delatores, que constituían una suerte de servicio secreto. Otra curiosidad es la que podríamos llamar la institución de las *tapadas*. Afirma López: «Preciso es que se sepa que la *saya y manto* era en el Perú, durante aquel tiempo, una garantía de libertad de palabra mucho más eficaz que lo que es hoy la libertad de imprenta… Contra la palabra de la tapada no había enojos ni violencias, ni juicios ni tribunales; y del virrey abajo todos estaban sujetos a las franquicias acordadas a este incógnito de la mujer. En las fiestas, en las audiencias y en todos los actos públicos, por fin, las tapadas rodeaban el asiento de los virreyes, de los jueces y demás personajes principales; tomaban los respaldos de sus sillones, y les arrojaban al rostro sus dichos, sus reproches, sus burlas o sus alabanzas, con una plena libertad». Por último, no es poco interesante comprobar que entonces existía lo que hoy llamamos bolsa negra. En efecto, cuando el corsario Drake promete devolver a don Felipe el oro que le arrebató a bordo, convienen que se lo hará llegar, reservadamente, por la casa Domingo Jordán Oneto y Compañía, de Cádiz. Extraña paradoja de la civilización, que laboriosa y lentamente ha creado el sistema bancario internacional, para regresar ahora con rapidez a la casa Domingo Jordán Oneto y Compañía.[1]

Ciertamente, no pretenderemos que estas curiosidades sean méritos intrínsecos de *La novia del hereje*; pero sí es un mérito recogerlas con tino y manejarlas con habilidad. La organización del relato no está casual o negligentemente graduada. López domina con firmeza la atención del lector; la prisión de la heroína y las crisis que llevan al desenlace tienen irresistible eficacia dramática.

Una agradable malicia irrumpe eventualmente en la narración. Así, por ejemplo, cuando Drake ataca el Callao, el virrey, con dos mil hombres a caballo y mil de infantería, con tambores y con clarines, cumple una altiva demostración de fuerza, pocos minutos después de que los buques del corsario hubieran zarpado; y el valeroso Pedro Sarmiento de Gamboa, con tres bergantines «atestados de bravos soldados» parte en su persecución con tan impaciente ardor que no se acuerda de cargar los víveres y muy pronto debe regresar. Tampoco faltan los pensamientos memorables; cabe señalar lo que el autor dice del miedo: «Es el padre de todas las infamias. Sin miedo el hombre no sería bajo, ni bárbaro, ni cruel; sin miedo no habría tiranos, ni maldades, ni corrupción sobre la tierra».

---

1. Escrito en 1954.

Los manuscritos del Mar Muerto[1]

No hay consuelo para el desconsolado o por lo menos contra su mal no existe prescripción infalible: sólo esta certidumbre nos defiende de la tentación de recomendarle que se entretenga con el espectáculo de la vida. En verdad, el mundo es inacabable, está hecho de infinitos mundos, a la manera de las muñecas rusas. Una manifestación de su riqueza resplandece en los descubrimientos: en las grandes aventuras de los navegantes del siglo XV y en las de quienes formularon nuevas verdades científicas o desenterraron ciudades en Grecia o en Italia o encontraron en un castillo de Irlanda un cofre con los manuscritos de Boswell o identificaron en una biblioteca de Lausanne la *Cécile* de Benjamin Constant. Entre los más deslumbrantes hallazgos cabe recordar el ocurrido en 1947 en las orillas del Mar Muerto. Wilson refiere: Un muchacho beduino, que estaba apacentando cabras, arrojó negligentemente una piedra en una cueva y oyó el ruido de algo que se rompía.

---

1. Edmund WILSON, *The Scrolls from the Dead Sea* (W. H. Allen, Londres, 1955).

Cuando se atrevió a bajar, descubrió numerosas ánforas, que contenían manuscritos. Esos y los que luego se encontraron en otras cuevas de las inmediaciones, constituyen una verdadera biblioteca; sin duda la biblioteca de un monasterio, cuyas ruinas están lejos de las cuevas, oculta en previsión de alguna calamidad. La biblioteca contiene la mayor parte de los libros de la Biblia, algunos en textos desconocidos, libros apócrifos, conocidos y desconocidos, y literatura de una antigua secta (seguramente, los esenios). Hay rollos enteros y hay decenas de miles de fragmentos, algunos del tamaño de una mano, otros tan pequeños que sólo abarcan una letra. Ordenarlos llevará de diez a cincuenta años. También se encontraron dos rollos de bronce —no saben cómo extenderlos, sin que se quiebren— que al parecer contienen las indicaciones para descubrir los tesoros del monasterio, sepultados en la misma ocasión que los manuscritos.

Sobre la importancia del descubrimiento de la biblioteca no es necesario insistir (ojalá se encuentre algún día un conjunto semejante de libros latinos y griegos). La mayor parte de los textos corresponde, probablemente, al siglo II antes de Cristo (el manuscrito hebreo más antiguo que se conocía es el llamado texto masorético de la Biblia, del siglo IX de nuestra era). Además del material hebreo, se hallaron escritos fenicios —hasta ahora, muy escasos— y el único espécimen de aramaico literario de su época. Toda esta literatura enriquecerá las disciplinas bíblicas, así como el estudio de la Historia y de la religión de los judíos y de los orígenes del cristianismo. En este sentido, resultarán preciosos los textos de los esenios, la misteriosa tercera secta, cuya suerte final se ignora y cuyo nombre silencian sus propios libros y el Nuevo Testamento. Wilson explica esos textos —entre otros, *La guerra de los hijos de la luz contra los hijos de las tinieblas*, el *Manual de disciplina*, *Los dos senderos*— y presenta a un personaje vertiginoso, el *Maestro de Rectitud*, pero el lector presume que el misterio no está plenamente develado. Si consulta los capítulos pertinentes en la *Historia del pueblo de Israel*, comprobará que ya los ha releído en *The Scrolls from the Dead Sea* y que si bien es cierto que hoy el mismo Wilson sabe más que Renan sobre los esenios, algunos puntos que Renan ignoraba aún se ignoran. De lo que al parecer no quedan dudas es de que la hipótesis de De Quincey, que identificaba a los esenios con los primeros cristianos, debe eliminarse. Estos documentos prueban que la secta existía antes del cristianismo.

Para investigar los textos, Edmund Wilson estudió el hebreo, y la revista *New Yorker* lo envió, en 1949, a Palestina. En una prosa de conversación, como agradaba a Léautaud, sin énfasis retóricos, Wilson describe los azares de la recuperación de los documentos (un detalle: los proveedores árabes, para multiplicar las ventas, los fraccionaban), comunica certeramente su fervor de humanista y no omite las situaciones de comedia, en las que de un modo tan natural caemos los hombres. Tales situaciones no podían faltar alrededor de un descubrimiento que, según la expresión sarcástica del doctor Flusser, «es muy desagradable para todo el mundo, salvo para aquellos que se ocupan de apocalipsis: están de parabienes».

No sé dónde leí que el número del *New Yorker* con el trabajo de Wilson sobre los manuscritos se agotó rápidamente y que en esa ocasión la mayor parte de los compradores eran señores de aspecto eclesiástico.

Vincent Cronin, el Padre Ricci y el Celeste Imperio[1]

Del otro lado de montañas, cuyas cumbres tocaban el cielo, se dilataba el Asia, donde los geógrafos colocaban las tres Indias del preste Juan, el Gran Catay, la China y el paraíso. Los hombres del Oeste anhelaban conocer ese mundo inviolado, del que llegaban la canela, la pimienta, el aloe, el azúcar, la seda, la porcelana. Colón había partido en procura de Catay y para el preste Juan llevaba cartas Vasco de Gama. Las órdenes religiosas querían comunicarse con los cristianos del Asia y extender los dominios de Cristo. A mediados del siglo XVI, Francisco Javier llevó el Evangelio al Japón. En 1583, el padre Mateo Ricci, de la Compañía de Jesús, logró penetrar en China.

En Cantón se hospedó Ricci en el Palacio de los Embajadores del rey de Siam, una choza de bambú, medio derrumbada, que el misionero compartía con búhos y con ratas. De Cantón pasó a Tchao-king; allí vivió, luchando contra implacables dificultades, hasta 1589, año en que

---

1. Vincent CRONIN, *The Wise Man from the West* (Rupert Hart-Davis, Londres, 1955).

prosiguió su lento viaje al norte. En efecto, Ricci comprendió que debía llegar a Pekín y acercarse al emperador: si lograba su apoyo, la suerte de la misión estaba asegurada. Por canales y ríos alcanzó, primero, Chao-tchen, donde debió permanecer nueve años, luego Nankín, donde se demoró otros cinco; veinte años después de su arribo al imperio entró en Pekín, la ciudad prohibida.

Lo alojaron en el Castillo de los Bárbaros. En los desnudos recintos de esta cárcel vivían, como animales, los embajadores que anualmente llegaban de Corea, de Cochinchina, de Birmania, de Formosa, del Tíbet, de Mongolia y de la Tartaria, con ofrendas para el emperador. Los embajadores eran simples mercaderes y las ofrendas consistían en trozos de fierro viejo y caballos moribundos. La ficción, que a nadie engañaba, se mantenía porque favorecía a todos: a los «embajadores», porque vendían mercaderías en China y se llevaban a sus tierras la seda y la porcelana que les regalaban; al emperador, porque halagaba su vanidad el contraste entre los regalos que recibía y los que daba, entre la abyecta condición de esos representantes de las demás naciones y su exaltada posición.

Por fin llegó la noticia de que el emperador había acordado una audiencia a los moradores del Castillo de los Bárbaros. Una noche vistieron a todos con ropas de damasco, les colocaron cascos de plata y oropel, les proporcionaron tabletas de marfil, para que cubrieran la boca, de modo de interceptar el aliento, y los condujeron, con escolta de soldados, hasta la puerta sur del palacio, donde montaban guardia cinco elefantes. Cuando rayó el alba, los elefantes partieron y Ricci y los «embajadores» entraron en el palacio, cruzaron patios y, frente al trono, se arrodillaron, tocaron el suelo con la frente, gritaron aclamaciones. El trono estaba vacío. El emperador había resuelto no recibir ese año a los extranjeros.

El libro registra los desengaños, las derrotas, el triunfo final del padre Ricci; su infinita perseverancia, sus talentos personales y las peculiaridades de China, los primeros tan maravillosos como las últimas extrañas. Ricci dejó obras en italiano y en chino, enseñó música y matemáticas, tuvo algo de cosmógrafo y de astrónomo, fabricó relojes; fue tolerante, recto, alegre (esto no podía menos que agradar a los chinos, para quienes «el buen humor es la mejor parte de la bondad»); capaz de admirar la civilización de ese mundo al que había llegado, tan remoto del suyo, miró con simpatía el sistema de Confucio; en la lucha política, que se desarrolló en aquellos años, entre los mandarines —hombres de todas las clases sociales, que obtenían su cargo por exámenes rigurosos— y los eunucos —ávidos, ignorantes, venales, amparados por el palacio— su corazón estuvo del lado de la cultura.

Cronin y otros aseguran que su estilo impecable valió a Ricci un lugar entre los autores clásicos chinos. Yo desconfío de este género de elogios: de la buena fe de quienes los prodigan y de la discreción de quienes los repiten. Sospecho que, para este caso, encontré la confirmación de mis dudas en el tomo 37 de la *Biographie universelle*; efectivamente, ahí se lee: «Queda probado que el padre Ricci descuella por su estilo, si es verdad que se le incluye en la gran colección de los mejores autores, en ciento sesenta mil volúmenes, que Kai Lung compiló. Tan gran honor…». El honor de figurar en una antología en ciento sesenta mil volúmenes me parece moderado.

The Wise Man from the West refiere también los trabajos de Benito de Goes, que confirmaron una hipótesis cara a Ricci: Catay y la China eran el mismo imperio. En busca de Catay, Goes partió de Agra en 1602, atravesó el Asia y al fin de tres años llegó a Suchou. De ahí envió una carta con estas líneas patéticas: *Ruego a vosotros, padres u otros portugueses o cristianos de Pekín, que me ayudéis a escapar de manos de los infieles. He sufrido mucho, estoy exhausto.* Poco después moría en Suchou y sus compañeros musulmanes, a quienes había ayudado con dinero, despedazaron su libro de viaje, en la inteligencia de que en él estaban anotadas las deudas.

En un estilo ornado, en cuya tradición resuenan los nombres de Sir Thomas Browne, de Johnson y de Gibbon, Vincent Cronin ha escrito una obra digna de su tema extraordinario, entretenida y riquísima. Uno de sus encantos, acaso el menos duradero, proviene de que el libro es, en varios sentidos, moderno. Para documentarme sobre la vida y obra del padre Ricci releí un *Choix des lettres édifiantes* de las misiones jesuíticas. No hay duda de que sus autores y Cronin tuvieron lecturas diferentes.

Las cartas de Santayana[1]

A lo largo de este copioso epistolario, que abarca un período de poco menos de setenta años, ya que la primera carta está fechada en 1886 y la última en 1952, evolucionan las opiniones de Santayana, pero su inteligencia diligente y su estilo diáfano se mantienen fuera de los eclipses de la inmadurez y de la decrepitud. Como la colección incluye cartas a la familia del autor y cubre tantos años, no pueden faltar las habituales tristezas de la vida, por ejemplo el progreso de alguna enfermedad y el patético juego de resignación y de esperanzas que la acompañan hasta la muerte, pero a la luz de la inteligencia de Santayana prevalecen las causas, los efectos, el sentido de los hechos, de modo que si el mismo sedimento de angustia que dejan los días emergiera en sus páginas, aparecería como tema de análisis, no de lamentación. La idea queda claramente formulada en las palabras que el autor dirige a uno de los

---

1. *The Letters of George Santayana*, edición de Daniel Cory (Charles Scribner's Sons, Nueva York, y Constable, Londres, 1956).

corresponsales: «¿Por qué ha de ser usted desdichado si tiene tanta capacidad para discernir?».

Cuando empecé a leer la obra me dije que hubiera convenido aprovechar el material para compilar una antología de epigramas y de fragmentos. No hay duda de que *The Letters of George Santayana* es un libro que induce a tomar la pluma y a subrayar. Lo abrimos al acaso y leemos sobre Shakespeare: «¡Qué prodigio! Y, sin embargo, ¡qué horriblemente impuro y fortuito! Todo sacado a medias de algún argumento infame y de alguna enfática tradición teatral». Luego damos con estas reflexiones anotadas a los ochenta años: «La seducción que hallo en la vejez —nunca fui más dichoso que ahora— proviene de que he aprendido a vivir en el instante y, por ello, en la eternidad; y esto significa recuperar una eterna juventud, ya que nada es tan nuevo como cada día, con sus auroras y con sus cambios. Cuando no esperamos nada, lo presente es un continuo don». Después encontramos este *caveat* a un joven amigo que está por casarse: «Para un muchacho es difícil distinguir el encanto de una mujer determinada del encanto de la mujer en general; distinguir afinidad de proximidad». Después esta afirmación terrible: «El mundo material es una ficción, pero cualquier otro mundo es una pesadilla». Para un nuevo libro de fragmentos —entre 1917 y 1920, con las obras publicadas hasta entonces, Logan Pearsall Smith compuso uno, titulado *Little Essays*— en estas mismas cartas se hallaría el beneplácito, pues en una de ellas comenta Santayana: «Una colección de fragmentos ¡qué maravilloso! Loeser se proponía regalar a William James una estatuilla de Locke. Cuando le hablaron del asunto, James dijo: "Cualquiera puede tener una estatua; una estatuilla, he ahí la inmortalidad". Cualquiera puede llenar un anaquel con sus obras completas, pero un elegante volumen de fragmentos está reservado a unos pocos, a los pocos que escribieron, como Browning y como yo, juiciosamente, pero demasiado». En otra parte añade: «Lo que debo decir estará mejor expresado en ocasionales epigramas que en mis tentativas de exposición sistemática».

Frecuentemente las cartas resultan más fragmentarias que los mismos fragmentos, pues en realidad son partes de un todo ideal, formado por la correspondencia y por las conversaciones de los corresponsales; para ellos, y solamente para ellos, las cartas no son incompletas. Por eso yo imaginaba que, salvo alguna excepción, los epistolarios contaban con pocos lectores: los devotos del autor y aquellos que leen por un motivo determinado (para redactar una nota, por ejemplo); pero me complace advertir que el señor Daniel Cory, a cuyo cuidado estuvo la edición de la obra, prevé para ella una difusión entre multitudes, una auténtica vulgarización; sólo esta esperanza justifica muchas notas que el señor Cory añadió al texto, como la que al pie de la página 171 explica el término «bergsonismo» con la declaración irrefutable de que se trata de «la filosofía de Henri Bergson». En otra página el señor Cory nos previene, mediante una frase entre paréntesis rectangulares, que la carta a continuación es *heavy weather*, como quien dijera «un hueso duro de pelar» y magnánimamente perdona a quien la pase por alto. Nos hemos detenido con exceso en el trabajo del editor, notable por la marcada oposición entre su espíritu y el de la obra, de manera que nos limitaremos a agregar que los números del índice alfabético remiten a páginas donde figura o no figura el nombre buscado.

Si deploré en alguna oportunidad que no hubieran compuesto con este libro una antología de fragmentos, al paso que adelanté en la lectura varió mi opinión; varió también sobre las colecciones de cartas o, por lo menos, sobre esta colección de cartas y llegué a preguntarme si no me equivocaría al atribuirles un carácter fragmentario y si no acertaría el señor Cory en su esperanza de lograr muchas ediciones. La verdad es que esta correspondencia, por la variedad de temas que indaga, desde cuestiones privadas hasta problemas de filosofía, de religión, de estética, de política, y acaso también por las ocasionales repeticiones —inadmisibles en cualquier escrito de carácter selectivo— que suplen la distracción del lector, pero no fatigan, porque la pluma de donde emanan siempre es agradable, proyecta una imagen del autor vívida y asaz completa. Más completa, según mi experiencia, que la obtenida por la lectura de sus hermosos libros autobiográficos.

Diríase que la felicidad, como una diosa esquiva, es inalcanzable en el mundo, por las razones que sabemos, y en las letras, porque no bien la describimos, el equivalente intelectual de una blancura azucarada penetra en el lenguaje y lo vuelve repugnante. Sin embargo, al cerrar este volumen, tenemos la certidumbre de haber visto a la diosa. El antiguo secreto de Santayana (además de una favorable salud, de un ligero egoísmo, que lo mantuvo apartado de las penas, de una prudente, por no decir alegre, aceptación de las leyes de la vida, donde todo cambia y pasa) consiste en el extremo y continuo ejercicio de la inteligencia.

Santayana murió en Roma, en septiembre de 1952. La última carta de esta colección es del mes de julio de ese año, y concluye con las palabras: «Todo el mundo me asegura que estoy casi muerto, lo que resulta muy tolerable, a pesar del calor. Pero basta de escribir, aunque me quedan otras cosas que hubiera querido contarte».

Una vida de Kipling[1]

«Algún día (quizá pronto) aparecerá la biografía autorizada de Kipling, que ha de revelar muchas circunstancias ocultas», escribió Hilton Brown en un libro admirable (*Rudyard Kipling*, Harper and Brothers, 1945). El día ha llegado: la obra de Carrington es la biografía autorizada, donde el lector encuentra buena parte de las mencionadas revelaciones. Desde luego, en la vida de cada hombre hay algún aparente contrasentido, alguna irreductible contradicción, que sólo él puede aclarar, y nada de ello falta en la de Kipling, tan reticente sobre su intimidad, tan fiel a su lema de *no explicar nunca*; pero a lo largo de las quinientas páginas de este volumen, redactadas en un estilo exento de prisa y de vanidades, vemos animarse una imagen persuasivamente completa del gran escritor, en su mundo de invenciones, de trabajo, de viajes. Charles Carrington examinó los archivos privados y fue asesorado por la hija de Kipling. Muy extraña es la vida que refiere.

---

1. Charles CARRINGTON, *Rudyard Kipling. His Life and Work* (Macmillan, Londres, 1956).

De ascendencia inglesa y escocesa, Kipling nació a fines de 1865, en Bombay, donde pasó los primeros años. Inesperadamente, el infortunio alcanzó a este niño feliz, que vivía con padres que lo querían, en un hogar culto y alegre. Había que educarlo en Inglaterra; allá lo llevaron sus padres en 1871 y, por el anuncio de un periódico, descubrieron, en Southsea, una pensión, situada no lejos de un colegio, que les pareció conveniente; en esa pensión lo dejaron, sin prevenirlo, para evitar emociones, de modo que Kipling, de la noche a la mañana, se encontró abandonado, en una casa desconocida, al cuidado de extraños. La dueña, una señora Rosa, a quien el niño, según la costumbre de los ingleses de la India, llamaba tía, era una mujer desconfiada, cruel, con una inmoderada fe en las virtudes de la penitencia y de los castigos. En un cuento, en el capítulo de una novela y en el libro de memorias *Something of Myself*, Kipling conmemoró ese lugar horrible.

Luego de completar su educación en un colegio volvió a la India. Trabajó en un periódico en Lahore, en otro en Allahabad, escribió *Mother Maturin* (no vive nadie que haya leído esta novela), numerosos cuentos, un libro de versos. Y aquí debo señalar algo inaudito: la más famosa obra literaria sobre la India, ya que para tanta gente la India y Kipling son —o, por lo menos, fueron— sinónimos, tuvo origen en la experiencia de siete años de la vida de un muchacho: a los diecisiete años había llegado al país y a los veinticuatro lo dejó para no volver (salvo en una breve visita). En 1889 partió de Calcuta, pasó por el Japón, por los Estados Unidos, llegó a Londres. Me pregunto si algún otro escritor habrá conocido un año como el que tuvo Kipling, en Londres, en 1890. Pocos habrán trabajado tanto o habrán logrado una tan resonante victoria. Carrington asegura que en ese año mágico Kipling publicó más de ochenta narraciones, una novela, muchas baladas. Cuando el profesor Masson, comentador de Milton, leyó una de estas últimas, exclamó: «¡Esto es literatura! ¡Por fin, literatura!». Kipling inspiró juicios y emociones vehementes: el elogio de Stevenson y de Henry James, que lo creyeron «demasiado inteligente para vivir» y «el más completo de los hombres de genio», el ataque de Wilde, «mientras recorremos las páginas de los *Cuentos de las colinas* nos parece que estamos sentados debajo de una palmera, leyendo la vida a la luz de magníficos relámpagos de vulgaridad», la envidia de Moore, «¡Envidia! ¡Por cierto! Envidiamos porque admiramos. El lector profano no admira ni envidia. El arte es para el artista» y, disimulado apenas en el consejo del amigo, el pavor de Gosse, «Vuélvase al Lejano Oriente, señor Kipling. Váyase. Desaparezca». En 1892 Kipling se casó y muy pronto partió a los Estados Unidos, donde vivió, en Vermont, hasta 1896. En 1899 perdió a una hija; en la primera guerra mundial, a un hijo, del que nada se supo después de la batalla de Loos (transcurrieron dos años para que llegara la confirmación de la muerte). Tan pudoroso de su intimidad fue Kipling, que de estas dos penas atroces, casi no dejó mención literaria; para la primera, un verso —*La hija que era todo para él*— del poema «Merrow Down», y para la segunda, las palabras «lo que pareció», de una frase de *Something of Myself*: «John, mi hijo, nació en una cálida noche de agosto del 97, bajo lo que pareció un buen augurio». Como acotación curiosa al tema de la circunspección, cabe recordar que hay un poema de Kipling en honor de Pepys, el autor del diario menos circunspecto del idioma inglés.

Sólo comparable con el prestigio alcanzado por Kipling en la década final del siglo XIX es el desdén con que los críticos lo miraron luego. Hacia 1920 pudo escribir Guedalla que «la crítica, por boca del señor Henry James, dijo, en 1891, su última palabra sobre el señor Kipling». Durante cuarenta años la condescendencia y la hostilidad fueron el tono de rigor en todo comentario; quizá había que esgrimirlas para que le perdonaran a uno el haber escrito sobre el autor en desgracia. Únicamente Borges, en esos años, habló de él con el respetuoso discernimiento que su obra variada y extraordinaria merece. Vale la pena señalar dos hechos. Primero, que la gente siguió leyéndolo, hasta el extremo de que la totalidad de sus ediciones, en Inglaterra y en los Estados Unidos, alcanzó la cifra excepcional de quince millones de ejemplares. Falta saber si el fenómeno debe atribuirse a independencia de juicio o a lentitud de información por parte del público, y si ahora, con los vientos favorables que de nuevo soplan —¿el mismo Eliot no le otorgó su apoyo?— la venta de los libros de Kipling ha declinado. El otro hecho es más importante. *Los dos impostores, el triunfo y la derrota* no influyeron en la evolución literaria de este autor; para repetir éxitos, no se repitió; prodigiosamente diverso, escribió muchos volúmenes, inventó muchos cuentos y, su último libro, *Limits and Renewals*, que publicó en 1932, cuatro años antes de morir, es de los más construidos, de los más complejos, de los más extraños y de los más logrados de su obra. El volumen contiene dos relatos excelentes, «The Manner of Men» y «Dayspring Mishandled» (comparable por el tema, por los repliegues y las inversiones de la narración, tan apropiadas en estas historias de venganzas, con *The Abasement of the Northmores* de Henry James) y el cuento que prefiero entre los mejores de Kipling: «The Church that Was at Antioch».

Si bien es verdad que nunca se repitió Kipling en procura de éxitos de crítica o de público, no es menos cierto que a lo largo del tiempo algunos temas vuelven a sus relatos. Así, el de un personaje que ha sido, o llega a ser, otro; en «The Finest Story in the World», un empleado de banco tiene recuerdos, aunque no lo sabe, de una galera griega, en la que remó en vidas precedentes; en «Wireless», mientras un individuo, en el interior de una farmacia, trata de captar ondas sonoras mediante un rudimentario aparato de radiotelefonía, el dependiente, un muchacho tísico, en un momento vertiginoso y conmovedor, llega a ser Keats; y Valens, el policía romano, en «The Church that Was at Antioch», muere de las heridas de Cristo diciendo de sus matadores, «perdonadlos, porque no saben lo que hacen».

Ahondando un asunto, el cuentista descubre varias posibilidades, pero no olvida que el método artístico requiere siempre la elección de un caso individual y no permite el examen de todos los aspectos. ¿O lo que movió a Kipling a escribir «Wireless» fue, simplemente, el placer de hablar de una máquina, y lo maravilloso y lo poético se le dio por añadidura? La ingrata hipótesis no se me hubiera ocurrido si no hubiese llegado a mis manos este libro de Carrington, donde continuamente aparece Kipling interesado en automóviles, trémulo de emoción porque le permiten participar en el ensayo de un destructor muy veloz, reanimándose, en una reunión aburrida, cuando alguna mujer menciona su nueva estufa que sirve para cocinar… Nada de esto es grave, desde luego, y nada grave o deshonroso comunica el libro, pero cuando el lector lo cierra, quizá piensa: «Los críticos veían, detrás de la obra, al hombre, que es lo más importante» y probablemente se deprime un poco (si no difiere mucho de mí) porque es triste descubrir alguna justificación para una injusticia. Y ¿hay mayor injusticia que olvidar las portentosas narraciones mencionadas, y tantas otras, y tantos poemas, y *Kim*? Nos queda, como consuelo, la certidumbre de que la gloria de Kipling no corre peligro, ya que podemos afirmar lo que él dijo de un autor imaginario: su obra salvará su alma.

El diario de Léautaud[1]

Cada cual debe llevar el diario de algún otro, dijo Oscar Wilde, tal vez con razón, porque nada es tan difícil como juzgar los hechos que nos conciernen directamente. En los diarios de Stevenson y de Kipling, escritos por sus mujeres —ambas de carácter firme— y en la más famosa de las biografías —cabe describir la *Vida* del doctor Johnson, por Boswell, como el diario de un escritor llevado por otro— encontramos la expresión indudable de la burla y de la verdad de la paradoja de Wilde. En todo caso, la primera de las perplejidades del diarista concierne a lo que debe registrar y a lo que debe omitir. Gide considera equivocada la pretensión de sólo anotar lo muy importante. En la escuela opuesta, Jules Renard extrae de sus días la esencia epigramática, y más que diario el suyo es un luminoso libro de observaciones y de reflexiones. Pepys procura registrarlo todo, de manera casi indiscriminada; el resultado es la acumulación de material de poca trascendencia: Fui a tal parte, vi

---

1. Paul LÉAUTAUD, *Journal littéraire 1910-1921* (Mercure de France, París, 1956).

a Fulano, volví a casa. Un amigo me explicaba: «Cada frase equivale, para el autor, a un nudo en el pañuelo; le recuerda algo, secreto para nosotros. Lea usted en orden, empezando por el principio; de pronto esa multitud de indicaciones se organiza milagrosamente y emergen con nitidez Pepys y su época». Porque no seguí el consejo, no corroboro ni desmiento el milagro. La segunda perplejidad proviene de que el diarista descubre que su vida está hecha de repeticiones; la frase de un libro de memorias, *durante años vi a Fulanita*, puede ocupar volúmenes en un diario. Tan abrumado estaba Benjamin Constant con esas repeticiones que ideó una clave numérica para aligerarlas; si mal no recuerdo, Constant escribe un 1 para representar el amor, un 2 para la inquebrantable resolución de romper el eterno yugo con Madame de Staël, un 3 para la conformidad con ese yugo, un 4 para el trabajo, un 5 para los proyectos de viaje, un 6 para las disputas con su padre, un 7 para las reconciliaciones con su padre, y así hasta llegar a poco menos de 20; de modo que no faltan líneas como: 4 mal, 3, 2, 5, 6. Véase a cuánto se expone el lector ansioso de intimidades.

Léautaud ejerció en la vida y en los libros una veracidad a la que sólo moderaron los apremios de la malicia y de la afición por las réplicas agudas. En su *Journal littéraire* procuró, evidentemente, no callar nada: propósito que bien podría llevarlo a los extremos de Tristram Shandy, que para relatar dos días empleó dos años. Como curiosidad recuerdo la explicación de Russell, en *The Principles of Mathematics*: a ese paso Tristram Shandy, si viviera eternamente, llegaría a escribir todos los momentos de su biografía. Volviendo a las cosas de los mortales, resulta claro que todo diario consiste en una selección más a menos voluntaria. En el suyo, Léautaud habla preferentemente de sí mismo, de los colegas, de los compañeros de redacción del *Mercure*, de las mujeres y de los perros y de los gatos que lo rodeaban, de los amores y de las muertes (no ocultaba su afán de mirar cadáveres), de la guerra y del patriotismo, que lo enojaban, de su madre, que lo había renegado, del premio Goncourt: año tras año, con reunir en volumen *Amours* e *In Memoriam*, lo hubiera obtenido, pero no lo satisfacían esas páginas, no se resignaba a darlas a la imprenta sin corregirlas, y no las corregía porque había perdido el interés en ellas y porque la promesa de la gloria y de los cinco mil francos del premio —apenas ganaba en el *Mercure* ciento cincuenta francos mensuales y veinticinco más por cada nota sobre teatro— no lo decidía a romper su norma de sólo escribir por gusto. Desde luego, la obra abunda en historia menuda, y de la crónica de hechos, de libros y de hombres enterrados con su época se desprende, en ocasiones, un vaho de mortalidad, que en estos volúmenes no acongoja, porque en ellos priman las excelencias del autor: la observación perspicaz, la máxima, comparable con las de La Rochefoucauld, el retrato nítido y asombroso (en la vida sobran motivos de asombro, pero descubrirlos es riqueza del observador). Son memorables los retratos que ha trazado Léautaud de Gourmont y de Mme. de Courrière, de François Coppée, de Catulle Mendès, de Moréas, de Schwob, de Pierre Louÿs, de Guillaume Apollinaire, de Max Jacob, de Charles-Louis Philippe —«muerto, parecía un títere»— y de individuos extraños, como Nicolardot y como Rebell. Sobre la muerte de Balzac refiere una circunstancia, que Mirbeau debió suprimir de uno de sus libros, no indigna de la más truculenta agonía de la *Comedia Humana*. Acerca del estilo de su amigo Valéry, opina que es artificial e impreciso (el de Léautaud siempre es llano; dijo: «Un escritor que declama, nada más despreciable. Corneille y Racine, Rousseau y Chateaubriand obran en nosotros, aun si no los hemos leído, a través de otros escritores; con ellos aparece la declamación y son la ruina de las letras»). De Claretie afirma que era un trabajador excepcional: «Novelas, crónicas, artículos en los diarios, piezas de teatro, contestación a todas las cartas, administración de la Comedia Francesa, Academia, discursos, vida de familia, entierros y estrenos, a todo hacía frente, sin detenerse un día. Qué don de ilusión esto supone, qué falta de sensibilidad... Envidiamos, tal vez... ¿Soñar, vagabundear, meditar? Conozco todo eso: no es demasiado alegre. Trabajar es olvidar, es olvidar».

Léautaud se describe a sí mismo como «personal hasta el disgusto, libre hasta la afrenta, sensible hasta la ridiculez, imperfecto hasta el exceso». Pudo agregar *contradictorio*, seguro de que ninguno de sus escritos —todos ellos de índole más o menos autobiográfica— lo desmentiría. En las referencias a su madre combina una sensibilidad como la de Proust con un impudor como no hay ejemplo. Sostiene que es haragán —«ni la necesidad me mueve»—, pero a veces trabaja ininterrumpidamente doce horas. Declara: «Debo negar, burlar, destruir, oponerme. No sólo importa decir lo que uno piensa; también importa decir maldades, enojar al prójimo, escarnecerlo». A pesar de todo ello, puede ser caritativo: para un escritor muy pobre —más pobre que él— organiza, entre los amigos del *Mercure*, una colecta, en la que participa, y cuando entrega los francos, declara que son la donación de un admirador anónimo. En el trato con los animales bordea la santidad. (Una mujer católica dijo de este ateo: Está más cerca de Dios que muchos cristianos.) En su casa, en Fontenay, hospeda, entre perros y gatos recogidos en la calle, unos cuarenta animales. En cierta oportunidad reflexiona que está ganando algún dinero, que podría cumplir el sueño de su juventud: vivir en la rue de Richelieu, tener una criada, permitirse el lujo de comprar unos pocos libros y los grabados, que tanto desea, con la efigie de Voltaire, de Diderot y de Stendhal; pero se resigna a su onerosa casa de los alrededores, a viajar en tren todas las mañanas y todas las noches, a vestirse con harapos, con tal de que sus animales dispongan de jardín. Para que no pasen frío, en un día de invierno de 1917, carga ciento cincuenta kilos de carbón en un carrito y lo empuja desde París hasta Fontenay, durante cinco horas. Un domingo, un periodista lo visita; cuando Léautaud lee su retrato en *La Vie des Lettres*, no se reconoce. ¿Que vive en el olor de gatos y de perros? Imposible. Continuamente está fregando con lavandina. ¿Que usa una chaqueta despedazada? Mentira. Esa tarde vestía camisón. (No es menos cierto que solía ir al teatro con dos chaquetas superpuestas.) ¿Un pantalón de arpillera? Lo duda. Tenía envuelta en algodones una pierna; pero concluye con candor: «Tal vez, a pesar de todo, produzco ese efecto, de bohemio despreocupado del qué dirán». En otra ocasión piensa: «Lástima que los buenos recuerdos correspondan a hechos lejanos y como extraños a mi vida».

Léautaud ha escrito *Le Petit ami*, suerte de novela, muy curiosa, que trata de la relación entre él y su madre; *In Memoriam*, páginas implacablemente lúcidas, acerca de su padre (éste se le apareció en sueños, más de una vez, «con la cara que tenía en la vida y con la cara que tenía en la muerte», y le reprochó el haberlas publicado), *Passe-Temps* y

Propos d'un jour, dos admirables misceláneas; *Le Théâtre de Maurice Boissard*, famosas crónicas dramáticas, un tanto envejecidas; los riquísimos *Entretiens* con Robert Mallet; las antologías *Stendhal* y *Poètes d'aujourd'hui* (esta última en colaboración con Adolphe van Bever), algunos opúsculos y varias compilaciones de cartas. Pocos parecen estos libros, comparados con los dieciocho volúmenes del *Journal littéraire*, que abarca desde el 3 de noviembre de 1893 hasta el 17 de febrero de 1956 (cinco días antes de la muerte del autor). Sin duda, entre las perplejidades del diarista, olvidé la que lo lleva a postergar incesantemente el resto de la obra. Habituado a que su mero vivir, tras cada jornada, le proporcione el material para llenar las carillas, todo trabajo de invención y de construcción lo cansa de antemano. Lo ha dicho Léautaud: «Yo creo que mi placer de escribir podría muy bien circunscribirse a este diario».

Memorias de Frank Swinnerton[1]

Si me preguntaran por un texto para estudiar las letras inglesas de principios del siglo XX, tras alguna duda propondría *The Georgian Literary Scene*, de Swinnerton. Aunque no convengo en todas las opiniones del autor, admiro el espíritu que las informa, resuelto y libre. Hallo la obra estimulante, pues del mejor modo rinde justicia a la literatura: es muy amena; pero si me preguntaran por unas memorias del mismo período, no dudaría; mi respuesta sería *Background with Chorus*. Este libro caudaloso, diestro, leve, es el fruto de la doble experiencia, de muchos años, de vivir en el corazón literario de Londres y de ejercer con discernimiento el oficio y la vocación de escritor. En la primera juventud, Swinnerton atendió el despacho de la editorial Dent (su descripción del iracundo señor Dent, que sollozaba cuando los autores no querían trabajar «*con amore*» lo que para él significaba *por amor al arte*, es notable). Luego fue asesor de otras editoriales. Con monografías

---

1. Frank SWINNERTON, *Background with Chorus* (Hutchinson, Londres, 1956).

sobre George Gissing y sobre Stevenson alcanzó fama de crítico agresivo, pero lúcido; con *Nocturne*, de novelista competente (publicó más de una treintena de novelas). Trabó amistad con Katherine Mansfield, con Galsworthy, con Walpole, con Wells y con Bennett. En estas memorias habla de los dos últimos con persuasiva y cordial admiración. Refiere que fueron prodigiosamente laboriosos. «Diríase que Wells no descansaba ni dormía. En la conversación no mencionaba su trabajo; aparentemente lo ejecutaban para él las hadas». Con respecto a Bennett, yo ignoro si logró escribir *Old Wives' Tale*, *Ryceman Steps*, *Buried Alive*, porque fue muy trabajador o si porque fue tan trabajador logró escribir pocos libros eximios; pero quizá el dilema sólo se plantee a la gente holgazana. *Background with Chorus* abunda en anécdotas divertidas, como la del personaje de *Cakes and Ale*; es bien sabido que en la novela de Somerset Maugham aparece Walpole, bajo el nombre de Alroy Kear, literato cuidadoso de su reputación y asaz calculador, pero lo que yo no sabía es que el difamado, ingenuamente perplejo por la revelación de idiosincrasias que imaginaba ocultas, llegó a escribir en una carta «Su muy atento Hugh Walpole, no Alroy Kear» y no pudo renunciar a la costumbre, que le atribuían en la novela, de invitar a comer a los críticos adversos. También registra el libro modalidades curiosas, como la de Edmund Gosse, que fingía oír mal el nombre de algunas personas y porfiaba, así, en llamar a Arnold Bennett, Arnold Bunnett. Propone definiciones: «Henry James, un místico traficando tortuosamente, no con lo divino, sino con lo mundano». O cita las de otros: «*Crimen y casti*go es Gaboriau con salsa psicológica» (George Moore); «Quizá la vejez consista en eso. Nos movemos un poco más despacio, un poco más despacio, y conocemos, por último, el triunfo de haber cruzado la habitación. ¡Qué horrible!» (Wells). Tampoco falta algún ejemplo de vituperación desaforada, como la que profirió Swinburne contra Emerson, a quien, luego de prometer ecuanimidad, describió como «un arrugado y desdentado babuino, que se encaramó en la fama en hombros de Carlyle y que finalmente balbucea y babosea en una plataforma aún más inmunda, que él mismo encontró y ensució».

Me referiré ahora al carácter personal de Swinnerton, en un aspecto que se refleja en su nombradía y en su obra. Por la desenvoltura con que habla de sí y de los otros, yo diría que este hombre carece de presunción y de vanidad, que es modesto o (apelando a una locución rústica) que no es delicado. Él atribuye la manera de ser a la circunstancia de haber trabajado en editoriales. «Estar entre bastidores», anota en la autobiografía, titulada *Swinnerton*, «recibir felicitaciones cada vez que algún ejemplar de un libro de uno se vende, comprobar hasta qué punto somos imperceptibles ante el público y ante el mercado librero, constituyen inmejorables correctivos contra el amor propio; para imaginarme importante yo tendría que ser bobo». La conclusión queda formulada en este consejo a los escritores jóvenes: «Ved en vuestra actividad literaria un pasatiempo delicioso, desprovisto de toda trascendencia».

Como la gente admite, según lo observó Johnson, cuanto digamos en contra de nosotros mismos, y supone que hay una cándida correlación entre demérito y humildad, no creo que la modestia de Swinnerton haya favorecido su fama. Agréguese a todo ello que nuestro autor elogia a los predilectos de la muchedumbre —aun a Edgar Wallace, lo que configura un abuso— y que arremete alegremente contra Joyce y contra Eliot, contra los elegidos de los elegidos... Por cierto no olvidamos lo que significan los caprichos del renombre: mañana, hoy mismo, tal vez ayer, un nuevo grupo de elegidos repudia la vulgaridad de seguir a los otros y descubre en Graves o en Swinnerton a su adalid. Como dijo un colega, no hay garantías en este mundo.

En cuanto al efecto de la modestia en la obra, lo juzgo, en este caso, benéfico. Evidentemente el autor no considera cada publicación suya como la parte invariable de un monumento definitivo; no tiene el pensamiento puesto en las obras completas; repitiendo trozos, ajustando el conjunto, obtiene de libros viejos libros mejores.

Todos los méritos de la autobiografía —rica, brillante, con algo de galería de retratos— reaparecen en *Background with Chorus*, trabajo muy superior, trazado con mano más ligera y más docta. Una red, para un famoso diccionario, son agujeros reunidos por cuerdas; comparándolas con el libro que les dio buena parte de su material, podría decirse que estas memorias resultan de una mágica suma de omisiones. En un verso de Goethe, que oí los otros días, encuentro la clave: «En la limitación se muestra el maestro».

Background with Chorus rememora el período 1900-1917. Sobre el período comprendido entre la primera y la segunda guerra mundial, Swinnerton publicó en 1963, *Figures in the Foreground*.

David Garnett y el amor[1]

Garnett observa en sus memorias que la obra de una vida muy personal raramente es considerable. La mayor parte de nosotros, incapaces de emular a las enérgicas individualidades del Renacimiento, nos enfrentamos con el dilema de la obra o la vida (¿quién no oyó la frase?). Los escritores suelen hallar una solución, no demasiado grata, porque la recompensa de ver publicado el trabajo se reserva para la vejez y aun, oh ironía, para la posteridad, en la composición de diarios íntimos; de este modo se convierte al enemigo en colaborador, ya que las experiencias cotidianas constituyen el asunto de tal literatura. Benjamin Constant encarna un ejemplo bastante perfecto, que excede en pureza al de Coleridge, porque no media para él más opio que el amor —y amor y vida suelen emplearse como sinónimos— de un artista resuelto a dejar obra, arrastrado por un torrente de pasiones, o, mejor dicho, de situaciones complicadas y molestas, en el que se hunde por

---

1. David GARNETT, *Aspects of Love* (Chatto and Windus, Londres, 1956).

debilidad y acaso también por el peso de la indolencia, tan fatalmente vinculada con la pasión; pero no es improbable que para nuestro autor haya un ejemplo más importante que el de Constant: el de David Garnett. En efecto, si compara la obra propia con la de colegas laboriosos y si piensa que vivió sesenta y tantos años, quizá crea que no ha escrito mucho. Ha escrito bien, que es lo principal, y me pregunto si algunas de las agradables virtudes de su arte hubieran florecido con una manera de trabajar menos descansada; por de pronto Garnett aparece hoy como un escritor joven, del que podríamos esperar los mejores libros, si ellos no fueran los que en los últimos años viene publicando: las memorias, de las que aparecieron dos volúmenes, y la hermosa novela que motiva esta nota.

Diríase que Garnett encontró los materiales para la invención de *Aspects of Love* en los sueños de la vigilia. No creo que pueda atribuirse idéntico origen a toda fantasía literaria: hay diferencia de propósitos y de técnica entre idear una trama y soñar halagos para nuestro apetito de felicidad. Así como describir el cielo es más difícil (nadie lo ignora) que describir el infierno, el mundo de triunfos que anhelamos resulta, para los demás, menos entretenido que el real de nuestras desilusiones y fracasos; pero si autor y lector comparten sueños; si el primero tiene el tacto de atemperar los suyos con la melancolía (o la dulzura, según el lado del que se mire) de alguna desdicha, y si conoce, por largo, meditado ejercicio, el arte narrativo ¿cómo el libro no resultará encantador? Yo entiendo que Garnett ha demostrado la posibilidad, porque sospecho que en la composición de su novela entraron sueños predilectos: una vida amplia, que transcurre en París, en regiones del Mediodía de Francia y en Venecia; amigas hermosas, alegres y despreocupadas, que toleran con filosofía a sus rivales (mujeres, en fin, como sólo se encuentran en la imaginación de los hombres); la composición de poemas, ni muchos ni trascendentes, llanamente expresivos de emociones delicadas y complejas; por último, la senectud entre viñas, produciendo un vino delicioso, pero liviano, en una propiedad de campo en Touraine, no desprovista de connotaciones literarias. La filosofía del libro, filosofía de amor por la vida terrenal, exenta de toda preocupación por el futuro, se declara con amena solemnidad en el discurso de uno de los personajes, la marquesa italiana, que cita versos de la *Copa* (o la *Ventera*), poemita atribuido por Ausonio a Virgilio:

Vengan el vino y los dados,
Muera quien piensa en mañana.

La novela está escrita con falsa negligencia; nada en ella parece muy pulido ni acabado, y no se advierte esfuerzo alguno para lograr epítetos demasiado exactos o extraños. Todo se dice de un modo que, si no es el único, siempre resulta satisfactorio. La pericia de Garnett se descubre en sabidurías de construcción. El libro es breve, pero la repetición de frases por la misma o diversas personas, en distintos momentos del relato, sugiere el paso de muchos años y de muchas cosas; la inclusión de algún episodio que empieza y no concluye, de algún personaje efímero, comunican un dejo de la desordenada variedad de la vida, un dejo que basta para crear la ilusión de realidad, sin alterar el pulcro dibujo del argumento. Si cabe postular dos ideales de perfección, uno para autores nuevos, que tolera únicamente lo indispensable, y otro para maestros, que acoge lo superfluo y la digresión (por donde entra la vida en los escritos), bajo el signo del segundo hay que poner esta obrita memorable.

Una novela de Hartley[1]

Hartley, que ya era muy respetado por la crítica, llegó a la fama —no diremos popular, porque las reimpresiones no pasan de tres o cuatro— con *The Go-Between*. Luego publicó un libro de cuentos y, cuando los editores anunciaron *A Perfect Woman*, la expectativa fue considerable: se sabía que esta novela contaba una historia de gente adulta —el autor, hasta entonces, había ejercido su maestría en el manejo de protagonistas infantiles— y, como siempre ocurre cuando alguien ha publicado un libro afortunado, se conjeturaba si el próximo alcanzaría la excelencia del anterior.

Resumiré aquí, pues hay un indudable agrado en referir y en escuchar argumentos, el de *A Perfect Woman*, no sin antes recordar que en pocas líneas caben mal los incidentes de cientos de páginas. Un hombre ingenuo, intensa y extrañamente convencional, ha trabado relación, en un viaje en tren, con un novelista famoso; su mujer, que admira las obras del novelista, le pide que lo

---

1. L. P. HARTLEY, *A Perfect Woman* (Hamish Hamilton, Londres, 1956).

invite a pasar un fin de semana con ellos, en el sur de Inglaterra. Por el novelista, el hombre conoce a una tímida muchacha alemana, que atiende un despacho de bebidas; por su marido, la mujer se entera de que el novelista vive abrumado, junto a una amiga enérgica, dominante y amarga. La mujer resuelve librarlo de ese yugo, para que escriba la obra que ella espera de él. El novelista la escribe y el retrato de la heroína depara a la mujer una sorpresa y a los lectores de *A Perfect Woman* una amena combinación de sorpresas, de ironía y de verdad. Tercia la amiga desplazada, tercia el novio de la alemana, sobreviene el desenlace.

Los personajes de Hartley no tienen la sólida realidad de algunos de Balzac, de Don Quijote, de la Luisa del *Primo Basilio*, de la Sanseverina de Stendhal, pero siempre son verdaderos. El más admirablemente imaginado, aunque en su descripción el autor llegue casi al borde de la exageración y de la caricatura —qué satisfactoria caricatura— es el hombre ingenuo; todos los caracteres femeninos son tenues y creíbles, y el novelista se parece a los novelistas de otras novelas (esto no significa una censura; los novelistas de las novelas suelen ser fidedignos y convincentes). Un crítico señaló con asombro —porque Hartley ha inventado niños tan memorables como los héroes de sus obras anteriores— que el único personaje irreal es una niña, Janice, la hija del hombre ingenuo y de la mujer; en cuanto a mí, aunque primero leí la crítica y luego la novela, y cada vez que se trataba de la niña interrumpía mi abandono al relato e interrogaba su verosimilitud, no comparto su opinión. Los niños suelen ser inverosímiles y un poco irreales: tal como Janice, de Hartley.

Como *The Go-Between* recuerda *What Maisie Knew* de Henry James, *A Perfect Woman*, por la trama, por las complejidades y los matices de la relación entre el artista y las demás personas, por el espíritu irónico que organiza el desenlace, es comparable con aquellos cuentos de Henry James que tratan de escritores; pero su redacción mantiene un nivel de nitidez y de levedad que el maestro no logró. Las oraciones corren límpidamente y la vanidad del autor nunca obstruye la narración. A lo largo de la obra, el buen sentido, de una especie evolucionada, la reticencia, en la misma caricatura, y el decoro, en medio de las realidades de la vida, se mantienen incólumes: todo ello, por cierto, parece muy inglés.

En el estilo de *A Perfect Woman* resplandece la engañosa facilidad que es frecuente en las obras perfectas.

Una novela de Julien Green[1]

Hay libros que estrechan las posibilidades del arte. No me refiero aquí a obras dramáticas, para las que el italiano Carlo Gozzi enumeró las situaciones, que son treinta y seis, ni una más ni una menos, me aseguran, ni a las novelas policiales, género sin duda muy plausible, aunque emparentado con el juego de paciencia y con la prestidigitación; me refiero a novelas realistas, que deben ser espejo del mundo, especialmente a las que reflejan una vida de carácter sórdido. Mientras las leemos, mentalmente decimos: El autor eligió tal fórmula, o tal otra. En verdad, no creo que haya más de dos fórmulas, y los libros que resultan sugieren dos comentarios inevitables. Ante las historias de sordidez ininterrumpida, el lector reflexiona que la vida nunca es tan pareja y que por lo menos debería haber un personaje decente; ante las historias de sordidez con intermitencias, considera que el personaje decente delata un artificio del autor para no deprimirnos del todo. Ambas, pues, falsean la realidad. Yo sospecho que

---

1. Julien GREEN, *Le Malfaiteur* (Plon, París, 1956).

Zola, a pesar de sus exageraciones, resolvió mejor que nadie estos problemas. Cierta alegría de vivir atempera en su obra el espectáculo de la miseria humana y con frecuencia lo exime de apelar al recurso demasiado manifiesto del personaje decente; con el tono de comedia invita al lector a que se ría con él de las mezquindades, de la inmoralidad, del vicio (lo obsceno debe ser alegre y reidero, apunta Santayana). Cuánto más verosímil y saludable parece todo ello que el vicio presentado como una aventura desesperada (véase, parece increíble, muchos novelistas católicos), que la sordidez y la violencia endulzadas con sentimentalismo (véase los representantes de la escuela norteamericana de escritores «duros»), que la sordidez y la violencia inhumanas (véase Faulkner en *Sanctuary*).

Al grupo que incluye un personaje decente corresponde esta obra de Julien Green. Tal vez incluye más de uno, si contamos a Jean, el malhechor de la fábula, a quien un amigo mío, que leyó con negligencia el prólogo, donde se anuncia que más adelante aparece Jesús, absurdamente lo confundió con éste. Alguna excusa hay para el error, por monstruoso que sea, pues en el primer capítulo, dedicado a Jean, abunda una afectación de simplicidad y de naturalidad a la que podría recurrir, para la descripción de Jesús, un escritor menos diestro que Green; es notable que éste la emplee para el retrato de su «malhechor». Cristo aparece, en el relato, en un sueño, y el autor no se muestra indigno de la circunstancia: este sueño es el momento más hermoso del libro, el más misterioso y el más profundo; da la clave del tema y evidencia, de manera agradable, que *Le Malfaiteur* es una novela bien construida.

Lo sobrenatural se insinúa, asimismo, en los episodios en que interviene el maniquí Blanchonnet. No parece haber para ellos otro propósito que el de estimular la imaginación del lector y lograr que ésta colabore, sumando la seducción de sus devaneos a los méritos de la trama. También Henry James, en «Théodolinde», manejó un maniquí, sin mayor provecho.

El personaje indiscutiblemente puro es la muchacha Hedwige. De concepción realista, en el sentido de que su espíritu no es más rico que el de una muchacha cualquiera, convencionalmente enamorada y convencionalmente ingenua, conmueve poco porque interesa poco. En cuanto a la tremenda Ulrique, asusta apenas, porque reconocemos en ella a una de las tantas descendientes de Mathilde de la Mole, que heredaron el orgullo, pero no la nobleza de alma. Arlette, la señora Pauque y la señora Vasseur provienen del habitual repertorio novelístico, aunque son menos identificables que Ulrique, porque sólo están esbozadas. La costurera Félicie no carece de encanto, aunque sí de originalidad.

Durante la lectura de *Le Malfaiteur* me sorprendí pensando: «Green es inteligente, pero se contrajo a la obligación penosa de producir novelas; luego ¿qué más podemos pedirle?». Como alguien observó, un libro poco afortunado contamina toda la literatura; nos persuade de que las musas han muerto y de que el destino común es escribir mal. En cambio, la obra feliz, por ejemplo *Moïra* o *Le Voyageur sur la terre*, propone el acierto como algo inevitable. (Sería útil conocer la lista de libros que leyó Harold Nicolson antes de publicar su famosa declaración de que el género novelesco ha terminado.)

Pero volviendo a la novela que nos ocupa, debemos decir dos palabras del tema. En cuanto al tema, en cierto modo el autor se repite, y esto trae a la memoria lo que Chesterton llamó «la desastrosa costumbre de casi todos los poetas originales, particularmente de los que han inventado un estilo literario» y que igualmente conviene a los novelistas que se han aventurado por temas nuevos: la costumbre de imitarse a sí mismos. Diríase que Green, últimamente, ha caído en esa costumbre, aunque en *Le Malfaiteur* más clara que la repetición es la obsesión. Nadie ignora que las obsesiones ofuscan. En medio del horror del descubrimiento de Hedwige ¿no entrevemos la duda de que todo es un poco ridículo y un poco baladí? Y en el drama *Sud*, a pesar de la dignidad de ejecución, si trocáramos los protagonistas en héroe y en heroína ¿no parecería un tanto vulgar el conflicto? Ocasionalmente las obsesiones permiten la obra maestra. Quién sabe de qué libro estamos leyendo ahora los borradores. Yo lo espero con interés, porque de los novelistas franceses contemporáneos a ninguno admiro como a Julien Green.

Una novela de Mary McCarthy[1]

¿Quién no ha soñado con abandonar la ciudad, con refugiarse en algún pueblo de la costa marítima, en un lugar apacible, y encontrar tiempo para todo, para cultivarse, para dejar obra, para descansar, para mirar el mundo, para atender a una persona elegida? Desde luego, sería triste encontrar únicamente el fracaso, el alcoholismo, la enfermedad. Lo grave es que nada de ello es inverosímil: el fracaso, porque donde no hay apremio, el estímulo del ideal es menos continuo que el de la fatiga ¡tan fácilmente nos fatigamos!; el alcoholismo, porque uno se aburre y la confusión a veces parodia a la esperanza; la enfermedad, porque nos observamos, primero con interés, luego con angustia. Inferimos la moraleja de que los refugios materiales nada valen contra los peligros del alma. En la torre más inexpugnable temblaremos, justamente despavoridos, como el morador en la madriguera del cuento de Kafka o como Martha Sinnott en New Leeds.

---

1. Mary McCarthy, *A Charmed Life* (Harcourt, Brace and Company, Nueva York, 1955).

¿Quién no conoce el paraje? Se halla, digamos, en la costa de Nueva Inglaterra; es pintoresco, abundan los árboles, el agua se ve por todos lados. Durante la estación, los veraneantes hormiguean; en invierno queda la gente del lugar —proveedores, jornaleros, etcétera— y una colonia que se vincula, por sus tendencias, costumbres y ropa, con las artes y con el intelecto. Todo se exagera un poco en New Leeds: los méritos de la obra de tal vecino —un escritor que ya no escribe— y la promesa en la paleta de tal vecina —una pintora que todavía no expuso al público sus cuadros—. Los excéntricos locales no son tan excéntricos, al fin y al cabo, como se finge, pero reconocerlo sería intolerable, equivaldría a dudar de los fundamentos de New Leeds y del destino propio. Aunque sabemos lo que nos aguarda, algunos impenitentes no renunciamos al anhelo de pasar allá los últimos días. En cuanto a John y Martha Sinnott, de la novela de Mary McCarthy, vuelven al pueblo en vísperas del séptimo aniversario de su casamiento, en los umbrales de lo que ellos alguna vez describieron como el plazo máximo del amor. No hay duda de que sobre determinadas personas New Leeds ejerce una atracción inevitable.

Martha Sinnott quiere a su marido actual y parece creer que para ella el peligro acecha en los habituales sortilegios de la comarca y no en la presencia de su primer marido, Miles Murphy. Éste es un hombre inteligente, inescrupuloso, egoísta; un literato con bastante de matón (respetuoso de las tradiciones de este último aspecto de su carácter, resulta también cobarde). Más original es Martha. Culta, libre en sus costumbres, fundamentalmente recta, todos conocemos a la muchacha, pero la verdad es que yo no recuerdo haberla encontrado hasta ahora en las novelas. Claramente imaginados fueron Sandy Gray, el hombre espontáneo y agreste, que pierde un poco de la ferocidad cuando se rapa la barba, para congraciar al juez, en un pleito por tenencia de hijos; que secunda al abogado en argumentos de mala fe, llora cuando se entera del fallo y muestra por fin otra debilidad; y la pobre muchacha rica, Dolly Lamb, con sus perplejidades de pintora y de mujer. Tampoco está mal Warren Coe, un pintor, en quien reconocemos, a pesar de las teorías descabelladas y de los cuadros pésimos, al artista. Hacia el comienzo reímos de su estupidez y hacia la catástrofe respetamos su honestidad, que agradablemente culmina en heroísmo. Quizá este personaje sea la contraparte de otro, del matón Murphy, y la simetría revele indiscretamente que todo ocurre en el tablado del arte, entre fantoches y no entre hombres; pero la revelación llega tarde, cuando apuramos, conmovidos, las últimas páginas y no la escuchamos, o cuando cerramos el libro y ya no importa.

En *A Charmed Life* la sátira y la novela se

combinan admirablemente. Aunque al principio entrevemos, como trasluciéndose en la trama, la mano de la autora, que procede con aplicación a su obligatoria tarea de retratar, describir y narrar, nunca desfallece nuestro interés, porque en el libro corre por todas partes un vivificante soplo de elocuencia satírica. Para valorar tal elocuencia no es menester un previo conocimiento de New Leeds ni de sus pobladores. Como toda sátira bien lograda, esta novela cautiva por sí misma; pero ¿qué es una novela? Recordando que el mundo occidental publica por año muchos miles, cabría definirla como una suerte de *pièce fugitive* destinada a entretener o aun a enseñar entreteniendo. Por momentos tememos que Mary McCarthy se avenga a un criterio parecido y deseche el empeño, sin duda presuntuoso, de considerar a cada libro como una aventura extraordinaria. Lo tememos y lo deploramos, porque su talento es de aquellos en que florecen las obras maestras.

Un tomo de la *Enciclopedia de la Pléiade*[1]

—¡Una enciclopedia en esta casa! —exclama, escandalizado, George Moore, ante la pregunta de un amigo, que quiere aclarar una duda. La frívola indignación de Moore corresponde a un desdén genuinamente sentido por las obras de vulgarización (pero este carácter no es necesario para las enciclopedias, como lo demuestra la simple lectura de los artículos del Larousse del siglo XIX y de las monografías de la *Encyclopædia Britannica* o del volumen que ahora comentamos). Más profundamente, la frase supone una antinomia entre información y conocimiento y podría interpretarse de este modo: ¿Cómo se figura usted que puede haber en la casa de un escritor, de un poeta, de un artista, vale decir de un hombre que aprendió lo que sabe por la dedicada práctica de su oficio, de un hombre cuyos conocimientos maduraron en la meditada experiencia, una máquina de adquirir informaciones? Sin embargo, quien prescinda de todo conocimiento no madurado por la experien-

---

1. *Encyclopédie de la Pléiade. Histoire des littératures*, I (Gallimard, París, 1956).

cia personal corre el riesgo de alcanzar una ignorancia verdaderamente extraordinaria. En cuanto a mí, no quisiera vivir en una casa donde no hubiese alguna enciclopedia y en viaje mi dicha no es completa porque no me atrevo a imitar a Huxley, que llevaba consigo la undécima edición de la *Britannica*.

Los griegos entendían por *enciclopedia* «instrucción en el círculo completo», sistema o curso completo de enseñanza. Diderot explica la etimología de la palabra como encadenamiento de ciencias (en el *Prospectus de l'Encyclopédie*) o de conocimientos (en el *Dictionnaire Encyclopédique*). Son condiciones fundamentales de los libros de este género la comprensión o inclusión del mayor número posible de materias, la exactitud en las informaciones, la simplicidad para la consulta. Esta última condición depende principalmente del sistema adoptado en la obra; al respecto, autores y lectores, a lo largo de los siglos, mantienen una interminable polémica, en que los primeros proponen el sistema analítico y los últimos eligen el sistema alfabético. La derrota de una generación de autores no acobarda a la siguiente. Los autores arguyen que el orden alfabético entraña repeticiones, pero yo sospecho que en favor del otro milita su peculiar encanto: el sistema analítico equivale a una clasificación de los conocimientos; emprender una nueva clasificación es una obra personal, es una aventura del intelecto más interesante que el resignado viaje por el abecedario. Me parece, en cambio, que los lectores presienten que deberán aprender una lección y aprobar un examen cada vez que se propongan abrir una nueva enciclopedia analítica. El sistema tiene otros inconvenientes: las materias están divididas en diversos artículos, *China* (por ejemplo) se distribuye en Historia de la humanidad, en Historia de la literatura, en Historia de la filosofía, en Historia de las religiones, etcétera y el lector que procure un cuadro completo del país deberá, mediante los índices, recuperarlo, reuniendo mentalmente las monografías o los párrafos dispersos en la obra; por último, si en una enciclopedia alfabética las exclusiones pueden atribuirse al olvido o a la ignorancia, no es ilógico temer que en las analíticas el sistema mismo estimule el olvido de cuestiones que la clasificación no comprende. Ciertamente, un día alguien descubrirá un sistema analítico —*el* sistema— que lo incluirá todo y al que deberán ajustarse las enciclopedias del futuro; ojalá, es muy probable, que éste sea el intentado en el magnífico repertorio de *la Pléiade*, pero hasta que la obra concluya, nadie —¿salvo los autores?— puede saberlo. El *Konversations-Lexikon* de Brockhaus, el *Neues Konversations-Lexikon* de Meyer, el *Grand dictionnaire universel du XIXe siècle* de Pierre Larousse, el *Diccionario enciclopédico hispano-americano* de la casa editora Montaner y Simón, la *Enciclopedia uni-*

versal ilustrada de Espasa Calpe, adoptaron el sistema alfabético; en la *Encyclopædia Britannica* y en la italiana del Instituto Treccani el sistema es mixto.

Una paradoja de las lecturas históricas consiste en que mientras le prueban a uno que todo se olvida lo persuaden de que todo se recuerda; mientras prueban cuánta gente desapareció como si nunca hubiera existido, persuaden de que nadie va a quedar sin inmortalidad. Enterarnos de que existieron Isaac de Nínive, Harmodio, Jorge el Brillante, León el Isáurico, la poetisa Mirtis, equivale, en realidad, a enterarnos de que los ignorábamos, pero preferimos interpretar el acto como el ingreso, que puede ser por demás precario, de esos personajes en nuestro conocimiento. El examen de la Historia de las enciclopedias no depara análoga ilusión; revela que estos leviatanes de las letras padecieron siempre, como los enormes animales de períodos remotos, de una íntima debilidad por desaparecer. ¿Qué se hizo la enciclopedia de Knight, en 23 volúmenes? La Moderna, en 24; la de Lardner, en 133; la Metódica de Panckoucke y Agasse, en 201 ¿qué se hicieron? El inagotable catálogo de las enciclopedias olvidadas no puede menos que provocar, en quien lo recorre, melancolía y admiración. Nada más patético, en efecto, que imaginar los grupos de literatos, de artistas, de hombres de ciencia, de filósofos, de historiadores, que en diversas épocas planearon con exaltación y ejecutaron con desvelo tales obras monumentales, a las que llevaron, sin duda, trabajos meritorios, que se perdieron en ellas como en un bosque, un bosque perdido en las profundidades del tiempo; y nada más alentador que el generoso coraje que mueve a la gente a acometer empresas desmedidas, a levantar «torres sobre tierna arena», como si no hubiera fracasos y muerte.

Probablemente, la más antigua enciclopedia que poseemos sea la *Historia natural* de Plinio. Isidoro de Sevilla, Vincent de Beauvais, Brunetto Latini («te recomiendo mi *Tesoro*, en el que vivo aún», *Inferno*, XV), Gregor Reisch, el de la *Margarita Philosophica*, Louis Moréri, el insigne Pierre Bayle, Ephraim Chambers, merecen recordarse entre los muchos autores del género. La obra clásica, por cierto, es la de Diderot y D'Alambert. Los chinos, de quienes el Museo Británico guarda el *Kiu Kin tiu shiu si cheng* en setecientos volúmenes, y los árabes, con sus tesoros y maravillas, fueron famosos enciclopedistas.

De las mil quinientas páginas de texto de este tomo de *la Pléiade* ya he leído buena parte. Me interesaron primordialmente las monografías sobre literatura árabe de Émile Dermenghem; sobre literatura hebraica, del ilustrado y lúcido Dupont-Sommer; sobre literatura china, de Max Kaltenmark, a quien sólo objetaría la escasez de citas, tan útiles para dar realidad a temas lejanos; sobre literatura japonesa, de François Toussaint, a quien reprocharía —si no me pareciera una mezquindad el insistir en diferencias de apreciación de un libro, cuando se trata de la Historia literaria de un país— el empleo de los epítetos *fastidioso* y *aburrido* en el párrafo que dedica al *Genyi Monogatari*, novela amena, sutil y encantadora; sobre literaturas clericales y literaturas laicas, de Étiemble, cuyo intelecto, ágil, en ocasiones ilustra esa modalidad de la inteligencia pura, que aparenta ser, en oposición a la circunspecta erudición, un tanto irresponsable y frívola.

Algunos autores opinaron que el momento propicio para la producción de inventarios de la cultura debe ser uno en que el idioma haya alcanzado la plenitud o la decadencia y en que el progreso de las múltiples ramas del saber haya convencido a los hombres de que están a punto de entenderlo todo; tales circunstancias prevalecían cuando florecieron D'Alambert y Diderot y durante la primera mitad del siglo XIX, pero con los cambios ulteriores los redactores de enciclopedias no flaquearon. En estos días en que la misma conducta de la ley de causalidad no se exime de la duda, acaso lo más oportuno será recordar la opinión de Diderot, para quien las enciclopedias son el fruto de un siglo filosófico; palabras que podrían servir de lema a los colaboradores de la *Encyclopédie de la Pléiade* y a cuantos intenten el prodigioso balance de lo poco que sabemos y de lo mucho que ignoramos.

Letras y amistad

Creo que mi amistad con Borges procede de una primera conversación, ocurrida en 1931 o 32, en el trayecto entre San Isidro y Buenos Aires. Borges era entonces uno de nuestros jóvenes escritores de mayor renombre y yo un muchacho con un libro publicado en secreto y otro con seudónimo. Ante una pregunta sobre mis autores preferidos, tomé la palabra y, desafiando la timidez, que me impedía mantener la sintaxis de una frase entera, emprendí el elogio de la prosa desvaída de un poetastro que dirigía la página literaria de un diario porteño. Quizá para renovar el aire, Borges amplió la pregunta:

—De acuerdo —concedió— pero fuera de Fulano ¿a quién admira, en este siglo o en cualquier otro?

—A Gabriel Miró, a Azorín, a James Joyce —contesté.

¿Qué hacer con una respuesta así? Por mi parte no era capaz de explicar qué me agradaba en los amplios frescos bíblicos y aun eclesiásticos de Miró, en los cuadritos aldeanos de Azorín ni en la gárrula cascada de Joyce, apenas entendida, de la que se levantaba, como irisado vapor, todo el prestigio de lo hermético, de lo extraño y de lo moderno. Borges dijo algo en el sentido de que sólo en escritores entregados al encanto de la palabra encuentran los jóvenes literatura en cantidad suficiente. Después, hablando de la admiración por Joyce, agregó:

—Claro. Es una intención, un acto de fe, una promesa. La promesa de que les gustará —se refería a los jóvenes— cuando lo lean.

De aquella época me queda un vago recuerdo de caminatas entre casitas de barrios de Buenos Aires o entre quintas de Adrogué y de interminables, exaltadas conversaciones sobre libros y argumentos de libros. Sé que una tarde, en los alrededores de la Recoleta, le referí la idea del «Perjurio de la nieve», cuento que escribí muchos años después, y que otra tarde llegamos a una vasta casa de la calle Austria, donde conocí a Manuel Peyrou y reverentemente oímos en un disco de fonógrafo *La Mauvaise prière*, cantada por Damia.

En 1935 o 36 fuimos a pasar una semana en una estancia en Pardo, con el propósito de escribir en colaboración un folleto comercial, aparentemente científico, sobre los méritos de un alimento más o menos búlgaro. Hacía frío, la casa estaba en ruinas, no salíamos del comedor, en cuya chimenea crepitaban ramas de eucaliptos.

Aquel folleto significó para mí un valioso aprendizaje; después de su redacción yo era otro escritor, más experimentado y avezado. Toda colaboración con Borges equivale a años de trabajo.

Intentamos también un soneto enumerativo, en cuyos tercetos no recuerdo cómo justificamos el verso

los molinos, los ángeles, las eles

y proyectamos un cuento policial —las ideas eran de Borges— que trataba de un doctor Praetorius, un alemán vasto y suave, director de un colegio, donde por medios hedónicos (juegos obligatorios, música a toda hora), torturaba y mataba a niños. Este argumento, nunca escrito, es el punto de partida de toda la obra de Bustos Domecq y Suárez Lynch.

Entre tantas conversaciones olvidadas, recuerdo una de esa remota semana en el campo. Yo estaba seguro de que para la creación artística y literaria era indispensable la libertad total, la libertad *idiota*, que reclamaba uno de mis autores, y andaba como arrebatado por un manifiesto, leído no sé donde, que únicamente consistía en la repetición de dos palabras: *Lo nuevo*; de modo que me puse a ponderar la contribución, a las artes y a las letras, del sueño, de la irreflexión, de la locura. Me esperaba una sorpresa. Borges abogaba por el arte deliberado, tomaba partido con Horacio y con los profesores, contra mis héroes, los deslumbrantes poetas y pintores de vanguardia. Vivimos ensimismados, poco o nada sabemos de nuestro prójimo y en definitiva nos parecemos a ese librero, amigo de Borges, que de treinta años a esta parte puntualmente le ofrece toda nueva biografía de principitos de la casa real inglesa o el tratado más completo sobre la pesca de la trucha. En aquella discusión Borges me dejó la última palabra y yo atribuí la circunstancia al valor de mis razones, pero al día siguiente, a lo mejor esa noche, me mudé de bando y empecé a descubrir que muchos autores eran menos admirables en sus obras que en las páginas de críticos y de cronistas, y me esforcé por inventar y componer juiciosamente mis relatos.

Por dispares que fuéramos como escritores, la amistad cabía, porque teníamos una compartida pasión por los libros. Tardes y noches hemos conversado de Johnson, de De Quincey, de Stevenson, de literatura fantástica, de argumentos policiales, de *L'Illusion Comique*, de teorías literarias, de las *contrerimes* de Toulet, de problemas de traducción, de Cervantes, de Lugones, de Góngora y de Quevedo, del soneto, del verso libre, de literatura china, de Macedonio Fernández, de Dunne, del tiempo, de la relatividad, del Idealismo, de la *Fantasía metafísica* de Schopenhauer, del neocriol de Xul Solar, de la *Crítica del lenguaje* de Mauthner.

¿Cómo evocar lo que sentí en nuestros diálogos de entonces? Comentados por Borges, los versos, las observaciones críticas, los episodios novelescos de los libros que yo había leído aparecían con una verdad nueva y todo lo que no había leído, como un mundo de aventuras, como el sueño deslumbrante que por momentos la vida misma llega a ser.

En 1936 fundamos la revista *Destiempo*. El título indicaba nuestro anhelo de sustraernos a supersticiones de la época. Objetábamos particularmente la tendencia de algunos críticos a pasar por alto el valor intrínseco de las obras y a demorarse en aspectos folklóricos, telúricos o vinculados a la Historia literaria o a las disciplinas y estadísticas sociológicas. Creíamos que los preciosos antecedentes de una escuela eran a veces tan dignos de olvido como las probables, o inevitables, trilogías sobre el gaucho, la modista de clase media, etcétera.

La mañana de septiembre en que salimos de la imprenta de Colombo, en la calle Hortiguera, con el primer número de la revista, Borges propuso, un poco en broma, un poco en serio, que nos fotografiáramos para la Historia. Así lo hicimos en una modesta galería de barrio. Tan rápidamente se extravió esa fotografía, que ni siquiera la recuerdo. *Destiempo* reunió en sus páginas a escritores ilustres y llegó al número 3.

En muy diversas tareas he colaborado con Borges: hemos escrito cuentos policiales y fantásticos de intención satírica, guiones para el cinematógrafo (con poca fortuna), artículos y prólogos; hemos dirigido colecciones de libros, compilado antologías, anotado obras clásicas. Entre los mejores recuerdos de mi vida están las noches en que anotamos *Urn Burial*, *Christian Morals* y *Religio Medici* de Sir Thomas Browne y la *Agudeza y arte de ingenio* de Gracián y aquellas otras, de algún invierno anterior, en que elegimos textos para la *Antología fantástica* y tradujimos a Swedenborg, a Poe, a Villiers de l'Isle-Adam, a Kipling, a Wells, a Beerbohm. Por su mente despierta, que no cede a las convenciones, ni a las costumbres, ni a la haraganería, ni al *snobismo*, por el caudal de su memoria, por la aptitud para descubrir correspondencias recónditas, pero significativas y auténticas, por su imaginación feliz, por la inagotable energía de invención, Borges descuella en la serie completa de tareas literarias. Con claridad, por cierto, distingue las actividades laterales y el verdadero trabajo. Muy al comienzo de nuestra amistad, me previno:

—Si quiere escribir, no dirija editoriales ni revistas. Lea y escriba.

Años después comenté el consejo:

—Así uno escribe mucho y sobre todo mal. Hay que ver los libros que por entonces yo publicaba.

—Cuanto antes cometa uno sus errores —contestó— mejor. Yo pasé por períodos de escribir con arcaísmos españoles y con palabras del lunfardo, y después por el ultraísmo. De vez en cuando encuentro a gente que padece errores parecidos, y pienso: Yo estoy libre, porque ya los cometí.

Todo libro mío de la década del 30 debió de recordarle que su interlocutor —tan corriente y hasta razonable cuando conversaban— ocultaba a un escritor erróneo, incómodamente fecundo. Con generosidad Borges escribió sobre esos libros, elogiando lo que merecía algún elogio, alentando siempre.

Una tarde de 1939, en las barrancas de San Isidro, Borges, Silvina Ocampo y yo planeamos un cuento (otro de los que nunca escribiríamos). Ocurría en Francia. El protagonista era un joven literato de provincia, a quien había atraído la fama —limitada a los círculos literarios más refinados e intuida por él— de un escritor que había muerto pocos años antes. Laboriosamente el protagonista rastreaba y obtenía las obras del maestro: un discurso, que consistía en una serie de lugares comunes de buen tono y redacción correcta, en elogio de la espada de los académicos, publicado en *plaquette*; una breve monografía, dedicada a la memoria de Nisard, sobre los fragmentos del *Tratado de la lengua latina* de Varrón; una *Corona de sonetos* igualmente fríos por el tema que por la forma. Ante la dificultad de conciliar estas obras, tan descarnadas y yertas, con la fama de su autor, el protagonista iniciaba una investigación. Llegaba al castillo donde el maestro había vivido y por fin lograba acceso a sus papeles. Desenterraba borradores brillantes, irremediablemente truncos. Por último encontraba una lista de prohibiciones, que nosotros anotamos aquella tarde en la ajada sobrecubierta y en las páginas en blanco de un ejemplar de *An Experiment with Time*; de ahí la transcribo:

En literatura hay que evitar:

— Las curiosidades y paradojas psicológicas: homicidas por benevolencia, suicidas por contento. ¿Quién ignora que psicológicamente todo es posible?

— Las interpretaciones muy sorprendentes de obras y de personajes. La misoginia de Don Juan, etcétera.

— Peculiaridades, complejidades, talentos ocultos de personajes secundarios y aun fugaces. La filosofía de Maritornes. No olvidar que un personaje literario consiste en las palabras que lo describen (Stevenson).

— Parejas de personajes burdamente disímiles: Quijote y Sancho, Sherlock Holmes y Watson.

— Novelas con héroes en pareja: las referencias que llevan la atención de un personaje a otro son fastidiosas. Además, estas novelas crean dificultades: si el autor aventura una observación sobre un personaje, inventará una simétrica para el otro, sin abusar de contrastes ni caer en lánguidas coincidencias: situación poco menos que imposible: *Bouvard et Pécuchet.*

— Diferenciación de personajes por manías. *Cf.* Dickens.

— Méritos por novedades y sorpresas: *Trickstories*. La busca de lo que todavía no se dijo parece tarea indigna del poeta de una sociedad culta; lectores civilizados no se alegrarán en la descortesía de la sorpresa.

— En el desarrollo de la trama, vanidosos juegos con el tiempo y con el espacio. Faulkner, Priestley, Borges, Bioy, etcétera.

— El descubrimiento de que en determinada obra el verdadero protagonista es la pampa, la selva virgen, el mar, la lluvia, la plus-valía. Redacción y lectura de obras de las que alguien pueda decir eso.

— Poemas, situaciones, personajes con los que se identifica el lector.

— Frases de aplicabilidad general o con riesgo de convertirse en proverbios o de alcanzar la fama (son incompatibles con un *discours cohérent*).

— Personajes que puedan quedar como mitos.

— Personajes, escenas, frases deliberadamente de un lugar o época. El color local.

— Encanto por palabra, por objeto. *Sex* y *death-appeal*, ángeles, estatuas, *bric-à-brac*.

— La enumeración caótica.

— La riqueza de vocabulario. Cualquier palabra a que se recurre como sinónimo. Inversamente, *le mot juste*. Todo afán de precisión.

— La vividez en las descripciones. Mundos ricamente físicos. *Cf.* Faulkner.

— Fondos, ambiente, clima. Calor tropical, borracheras, la radio, frases que se repiten como estribillo.

— Principios y finales meteorológicos. Coincidencias meteorológicas y anímicas. *Le vent se lève!... Il faut tenter de vivre!*

— Metáforas en general. En particular, visuales; más particularmente, agrícolas, navales, bancarias. Véase Proust.

— Todo antropomorfismo.

— Novelas en que la trama guarda algún paralelismo con la de otro libro. *Ulysses* de Joyce y la *Odisea*.

— Libros que fingen ser menús, álbumes, itinerarios, conciertos.

— Lo que puede sugerir ilustraciones. Lo que puede sugerir *films*.

— La censura o el elogio en las críticas (según el precepto de Menard[1]). Basta con registrar los efectos literarios. Nada más candoroso que esos *dealers in the obvious* que proclaman la inepcia de Homero, de Cervantes, de Milton, de Molière.

---

1. No sospechábamos cuan literalmente lo aplicarían, en Norteamérica, profesores y autores de tesis universitarias, y en Europa y por aquí los rápidos imitadores.

— En las críticas, toda referencia histórica o biográfica. La personalidad de los autores. El psicoanálisis.

— Escenas hogareñas o eróticas en novelas policiales. Escenas dramáticas en diálogos filosóficos.

— La expectativa. Lo patético y lo erótico en novelas de amor; los enigmas y la muerte en novelas policiales; los fantasmas en novelas fantásticas.

— La vanidad, la modestia, la pederastía, la falta de pederastía, el suicidio.

Los pocos amigos a quienes leímos este catálogo, inconfundiblemente manifestaron disgusto. Tal vez creyeran que nos arrogábamos las funciones de legisladores de las letras y quién sabe si no recelaban que tarde o temprano les impondríamos la prohibición de escribir libremente; o tal vez no entendieran qué nos proponíamos. En este punto, alguna justificación tenían, pues el criterio de nuestra lista no es claro: incluye recursos lícitos y prácticas objetables. Me figuro que si hubiéramos escrito el cuento, cualquier lector hallaría suficiente explicación en el destino del autor de las prohibiciones, el literato sin obra, que ilustra la imposibilidad de escribir con lucidez absoluta.

Menard, el del «precepto» citado más arriba, es el héroe de «Pierre Menard, autor del *Quijote*».[1] La

---

1. Jorge Luis BORGES, *El jardín de senderos que se bifurcan*, Sur, 1941; incluido luego en *Ficciones*, Sur, 1944.

invención de ambos cuentos, el publicado y el no escrito, corresponde al mismo año, casi a los mismos días; si no me equivoco, la tarde en que anotamos las prohibiciones, Borges nos refirió «Pierre Menard».

Borges encara con prodigiosa intensidad de atención el asunto que le interesa. Yo lo he visto apasionado por Chesterton, por Stevenson, por Dante, por una cadena de mujeres (todas irremplazables y únicas), por las etimologías, por el anglosajón y siempre por la literatura. Esta última pasión molesta a mucha gente, que rápidamente esgrime la habitual antinomia entre los libros y la vida. Por lo demás, el mismo Borges dice de sus primeros relatos:[1] *No son, no tratan de ser, psicológicos*. Con el tiempo la crítica ha descubierto que Borges parece más interesado en la trama que en los personajes y se pregunta si la circunstancia no revela una íntima preferencia por el juego argumental sobre las personas. ¿No correspondería el mismo reparo a los anónimos autores de *Las mil y una noches*? Yo creo que Borges retoma la tradición de los grandes novelistas y cuentistas; o dicho más claramente: la tradición de los contadores de cuentos.

La imagen de Borges, aislado del mundo, que algunos proponen me parece inaceptable. No alegaré aquí su irreductible actitud contra la tiranía,

---

1. *Historia universal de la infamia*, prólogo.

ni su preocupación por la ética; recurriré a un simple recuerdo literario. Cuando nos encontramos para trabajar en los cuentos, Borges suele anunciarme que trae noticias de tal o cual personaje. Como si los hubiera visto, como si viviera con ellos, me refiere qué hacían ayer Frogman o Montenegro, qué dijeron Bonavena o la señora de Ruiz Villalba. Las personas y la comedia que tejen lo atraen. Es un agudo observador de idiosincrasias, un caricaturista veraz pero no implacable.

Me pregunto si parte del Buenos Aires de ahora que ha de recoger la posteridad, no consistirá en episodios y personajes de una novela inventada por Borges. Probablemente así ocurra, pues he comprobado que la palabra de Borges confiere a la gente más realidad que la vida misma.

P. S. En el artículo escribo que «Tardes y noches hemos conversado de Johnson, de De Quincey, de Stevenson...». Como ahora pienso que tal vez algún estudioso de Borges agradezca una información más completa al respecto, ampliaré esa lista y diré que tardes y noches hemos conversado de:

Johnson
De Quincey
Stevenson
Chesterton
el soneto

sonetos de Góngora
sonetos de Quevedo
sonetos de Lope
sonetos de Banchs
verso libre
versos medidos y rimados
Lugones
López Velarde y *La suave patria*
Carlos Mastronardi y la elaboración de un gran poema
el *Quijote* y el carácter de Cervantes
el tono, los caracteres y los episodios en el *Martín Fierro*
el género gauchesco
la *Epístola moral*
la *Epístola a Horacio* de Menéndez y Pelayo
la *Chanson de Roland*
la literatura fantástica
la *Divina Comedia*
los argumentos policiales
la prosa y los argumentos de Manuel Peyrou
L'Illusion Comique
los hemanos Dabove, el cuento, las situaciones dramáticas y el pueblo de Morón
Cartas de las Misiones Jesuíticas
El sueño del aposento rojo
la poesía china
Murasaki Shikibu
el poema del *Parlamento de los pájaros*
las *Mil y una noches*

- libros sobre libros, como *The Handling of Words* de Vernon Lee
- libros sobre problemas de traducción, como el de Tytler, y la polémica de Arnold y Newman sobre las traducciones homéricas
- Néstor Ibarra y la traducción del *Cementerio marino*
- las *Saturnales* de Macrobio
- Macedonio Fernández (anécdotas, *obiter dicta*, proyectos, argumentos)
- la relatividad
- la cuarta dimensión
- teorías e interpretaciones del tiempo
- la eternidad
- Swedenborg
- los libros de J. W. Dunne sobre el tiempo y los sueños
- el idealismo
- la estatua de Condillac
- Meinong y los objetos existenciales
- la armonía preestablecida
- Galton
- la *Fantasía metafísica* de Schopenhauer
- la *Crítica del lenguaje* de Mauthner
- el neocriol, la panlingua, el panjuego, el Pan Klub y anécdotas de Xul Solar
- Zola
- Flaubert
- Proust
- Eça de Queiroz

argumentos de Henry James
argumentos de Kipling
argumentos de Wells
imaginación y arte de narrar en Conrad
libros autobiográficos de George Moore
Hugo
los poemas de Housman
las *contrerimes* de Toulet
poemas, novelas, cuentos de compatriotas
formulación de una ética.

Memoria sobre la pampa y los gauchos
(1970)

Para el recuerdo de Oscar Pardo, mentor y amigo.

El más lejano de mis recuerdos de las palabras *pampa* y *gaucho* se vincula a una de esas perplejidades de la primera época de la vida que por largos años y por motivos que después olvidamos no se comunican ni se aclaran. En aquel entonces yo hubiera preferido que la República incluyera, como la India, selvas y tigres, pero si teníamos pampa y gauchos no les negaría mi veneración patriótica. Las preguntas —¿quién alguna vez no las formuló, no las oyó?— de si realmente existieron el Jorobado de Notre-Dame, los tres mosqueteros, Martín Fierro, Santos Vega o Sherlock Holmes acaso no prueban que para los chicos el peor defecto sea la irrealidad, sino que para los sueños de cualquiera no hay mejor base que un hecho real. De la realidad del tigre no cabían dudas: lo admirábamos en el Jardín Zoológico. A la pampa y a los gauchos, culminantes manifestaciones de lo nuestro, ¿dónde sorprenderlos? En el campo ciertamente no. Allá encontrábamos la llanura, no plana, por lo general, sino ondulada (circunstancia ¡oh ensañamiento de las cosas! meritoria, pues el denominado campo tendido, según nos explicaron, era de calidad inferior); también encontrábamos paisanos o criollos, gringos y demás extranjeros, puebleros, que menospreciábamos por reputarlos irremediablemente fuera de lugar en el campo (sin pensar que para quienes vivían permanentemente allá, quizá nosotros fuéramos puebleros); pero la pampa, como el agua celeste de los espejismos del camino, siempre nos eludía; tampoco dábamos con un hombre universalmente, y por sí mismo, considerado gaucho.

En la provincia de Buenos Aires no he conocido a ninguna persona medianamente allegada al campo que pronunciara el vocablo *pampa*, en la acepción atingente de la llanura que vemos desde el automóvil o desde la ventanilla del tren y que de modo mínimo recorremos a caballo. Diríase que en nuestro país toda boca, aun la de forasteros, púdicamente se niega a pronunciar ese término que la llena y envanece. Frasecitas del tenor de *Voy a galopar un rato por la pampa* son concebibles únicamente en extranjeros de comedia, con propósito caricaturesco. Me pregunto si en tiempos de mi impaciente inmadurez yo las hubiera agradecido.

Cuando pude volví la mirada a los libros. En Bartolomé Hidalgo, el más antiguo de los poetas gauchescos, no encontré la palabra. En las muchas páginas de Ascasubi aparece en dos o tres ocasiones. Primero en el *Santos Vega* (I, 21):

> *Ansí la Pampa y el monte*
> *a la hora 'el mediodía*
> *un desierto parecía.*

También en una nota a esos versos, que registra la acepción original de *territorio desierto que queda más allá de las fronteras guarnecidas, donde no hay propiedad y donde las tribus indígenas vagan y viven según su estado salvaje.* Después en *Aniceto el Gallo*, a estímulo de la lejanía y de la nostalgia, en un brindis *Al señor Sarmiento*, pronunciado en París:

> *Un cuarto de siglo hará*
> *a que cerca de la Pampa*
> *me dio un amigo su estampa*
> *como prenda de amistá.*

Creo que Hernández emplea dos veces la palabra; una en *El Gaucho Martín Fierro* (1456):

> *Las estrellas son la guía*
> *que el gaucho tiene en la pampa*

y otra en *La vuelta de Martín Fierro* (201):

> *en la pampa nos entramos*

indudablemente en el sentido preciso que fija la nota de Ascasubi. Si no me equivoco *pampa* no figura en el *Fausto* de Estanislao del Campo.

En los párrafos anteriores hablo, desde luego, de la acepción, precisa o amplia, de llanura; la inhibición nacional ante la palabra desaparece cuando ésta se refiere a indios o a su lengua, a caballos de los indios, a caballos de cabeza blanca, a vacunos de frente blanca, a ciertas ovejas (las menciona Mansilla), a ponchos, vinchas y otras prendas, a mesetas, en el interior del país, como la Pampa de Achala, y a la antigua gobernación, hoy provincia, de La Pampa.

La apuntada inhibición o reticencia despertó siempre mi curiosidad. Joseph Conrad menciona libremente el mar, pero Estanislao del Campo no menciona la pampa. ¿Por qué? Es verdad que en los libros del siglo XX la pampa se muestra menos retraída y cabe sospechar que antes de mucho —ya que, por la autoridad que les confiere la imprenta, los literatos en definitiva legislan— todo argentino la mentará con soltura. A mí todavía no se me aflojó la boca. Un título como *Adiós, pampa mía*, no me conmueve; casi me enoja, lo confesaré, y personificando a un auténtico criollo viejo mascullo protestas de que no me engañarán con moneda falsa. Debo admitir, sin embargo, que algunos de los autores que de vez en cuando adornan un párrafo descriptivo con una explícita mención de la pampa son hombres de campo. A modo de explicación me digo que los escritores traficamos con énfasis y aunque nos propongamos el ideal de imitar a Hord —ese personaje de antiguas leyendas, que veía todo claramente, sin deformación por sentimientos o prejuicios— no nos resolvemos a prescindir de palabras cargadas de poder efusivo. Acaso en el calor de la inspiración no sea tan difícil pasarlas de contrabando; más arduo ha de resultar en una conversación amistosa. *Con una vaga tristeza reaccionaria* me digo que también a eso llegaremos.

A lo largo de la vida he notado, sin dificultad, que los viejos estancieros dejan entrever la convicción de que los literatos no entendemos mayormente de campo. Consultado sobre la cuestión, un estanciero diserto me respondió:

—Ven al escritor como a un turista. Un hombre que va al campo a mirar, no a trabajar.

Creo que este señor no se equivoca y creo también que para muchos argentinos *pampa* es palabra de turistas, de personas ajenas al medio. Los que dieron algún paso en falso, los que prohijaron algún *Adiós, pampa mía*, pueden consolarse con la sospecha de que a mí me amordaza el *snobismo*; pero la amarga verdad es que *pampa* no figura en el vocabulario de la gente criolla. Digo «amarga verdad» porque la palabra me agrada. Probablemente agrade a cuantos no la emplean; por eso mismo no la emplean; porque sienten que es de mal tono manejar palabras demasiado prestigiosas.

Alego la autoridad de escritores, porque soy escritor y tengo el hábito de los libros; pero el trabajo que ahora me ocupa no es de erudición, reconoce por fuente primordial mi experiencia, que no excede uno o dos partidos de la provincia de Buenos Aires. Como hay un agrado en precisar y en renunciar, la circunscribiré aún más: que no excede el cuartel séptimo del partido de Las Flores. A quienes admitan demasiado literalmente estas declaraciones, hijas de la modestia, les prevengo que sin faltar a la verdad yo podría hacer mías las palabras que oí a don Gregorio Mendivil, de Pardo: «Cuando mozo he viajado. Supe llegar hasta Pila, Real Audiencia, Raucho, el Azul y Tapalquén». La lista en mi caso abarcaría asimismo a Cañuelas, a Monte, a Lobos, a General Alvear, a Saladillo, a Olavarría, a Juárez, a Tres Arroyos y al Tandil. Creo que de la pampa y de los gauchos fui siempre, en ese breve ámbito de nuestro sur, un testigo atento y aun ansioso.

Para concluir con la pampa, el desierto de los viejos libros, agregaré que si todavía se nos aparece en parajes a trasmano, apresuradamente se convierte en estancia de juguetería, con montecitos, casitas, molinos, alambrados, y que así poblada apenas resulta reconocible para quienes la comparan con una romántica imagen originada en lecturas. Es verdad que en esta evolución de las cosas ocurren eventuales retrocesos. La ciudad atrae a la gente joven, y el campo, de nuevo solitario, recupera el aspecto cimarrón. Otras circunstancias lo aíslan, diríase que lo alejan. Nuestra vasta red ferroviaria, hoy recorrida por trenes que remedan inexplicablemente ristras de taperas en movimiento calmoso, o no llega donde llegaba o llega mal; demasiado onerosas para un país empobrecido, las carreteras la reemplazan con lentitud. El zorro, que en mi mocedad era un pintoresco animal de otras épocas, ahora contribuye, con los más permanentes peludos, vizcachas, ñanduces, chimangos, caranchos y chajases a dar un toque modestamente feroz a nuestra llanura. Un paso más y reaparecerá el tigre, cuya presencia en los campos del sur de la provincia, allá por los años mil ochocientos ochenta y tantos, confirmaba en la pared del escritorio de mi abuelo, don Juan Bautista Bioy, una piel increíble. Antes de mucho el aumento de la población, la cara atroz que en el siglo XX invistió el hermoso progreso del siglo XIX, barrerá con las rusticidades y no sin fundamento soñadores vislumbran un futuro bastante próximo en que desde la Tierra del Fuego hasta Alaska se prolongará una sola ciudad ininterrumpida y en que las travesías por mar a Europa se abrirán paso entre una abigarrada aglomeración de barcos, de balsas, de boyas, con altavoces y cartelones, que parecerá una evocación de pesadilla de los peores domingos del Delta.

Como apunté antes, cuando yo era chico no había gauchos. Por lo menos, no los había para un investigador exigente y detallista a fuer de primario, que no se conformaba con la verdad intrínseca, sino que requería también la apariencia. Alguna razón me asistía. El criterio de Swift, para quien una determinada combinación de peluca y toga constituye un juez, de charreteras y botas un militar, es de uso corriente con respecto a los *cow-boys*, los beduinos, los cosacos, los tiroleses y tantos otros difundidos tipos regionales, entre los que nuestro gaucho cuenta con un lugar asegurado.

Es verdad que su deplorada extinción, ocasionalmente se nos presenta como el carácter más perdurable del gaucho.

Hilario Ascasubi, en 1872, señala que ha desaparecido (*Santos Vega*, «Al lector») y Vicente Fidel López, en 1883, afirma: «no existe ya: hoy es para nosotros una Leyenda de ahora setenta años» (*Historia de la República Argentina*, III, I, 3, página 124). Para mí, que todavía no había leído ni a uno ni a otro, el criterio de investigación, la piedra de toque, era el chiripá. Me hubiera dado por satisfecho con el hallazgo de un individuo verosímil, con un chiripá verosímil (y usado, tal vez). Admitida esa pauta mínima,[1] puedo afirmar

---

1. Vicente Rossi pudo desconcertarme. En su *Romance de la pulpería* —que ciertamente yo no había leído aún— dice del chiripá: «prenda gaucha… hasta los gringos lo usaban, entre éstos los bascos todos, por ser más económi-

que en mi juventud encontré paisanos y criollos de toda laya, pero no gauchos, y que según noticias fidedignas los gauchos pululaban hará cuestión ¡precisamente! de setenta años: Adolfo Bioy, mi padre, escribe en *Antes del Novecientos* que la gente de campo —se refiere principalmente a los partidos de Las Flores, Tapalqué, Azul y Bolívar— por entonces vestía chiripá; Miguel Casares me dice lo mismo para el partido de Cañuelas.

De modo, pues, que yo pasé la infancia y la adolescencia a la espera de un chiripá auténtico. Los impecables del dúo Gardel-Razzano (me parece que oigo un gemido lloroso por un caballo moro), los del ceñudo Enrique Muiño y los de la limpita Azucena Maizani no me convencían. ¿Porque las caras no se avenían con la ropa? ¿Porque Gardel resultaba pálido, Muiño histriónico, Azucena Maizani mujer y, como tal, caracterizada? ¿Porque Gardel y Azucena Maizani se peinaban con gomina? ¿O porque esas botas no habían salido al campo? Reconozco la debilidad de mis argumentos, e intuyo que detrás de mi fastidio había una veneración heredada. Para los carnavales yo tenía libertad de elegir cualquier disfraz, menos el de gaucho. «Un argentino no se disfraza de gaucho», me había dicho mi padre. Sospecho que tampoco le hubiera gustado que me disfraza-

---

co que el pantalón» (*Folletos lenguaraces*, XXIX, 15, Río de la Plata, 1944).

ra de *cow-boy*, porque ni en broma hay que pasarse al otro bando. Tuve que esperar hasta el año 1935 para ver —en La Francia, de Crotto, en el partido de General Alvear— gauchos de chiripá. Habíamos ido con Borges a un remate de haciendas, útiles y enseres, y en un montecito marginal los descubrimos. Por suerte estuvo ahí Borges, porque si no yo podría creer que todo fue un sueño. A simple vista auténticos, eran troperos (la palabra *resero* me llegó con *Don Segundo Sombra*), viejos y de escasa estatura. Se cubrían con chamberguitos redondos, de ala angosta, levantada adelante; usaban chiripás de color vicuña. Esta circunstancia del color del chiripá me sorprendió, porque yo los presentía negros, preferentemente con calzoncillo cribado, blanco. Después Miguel Casares, al referirse a la ropa de los paisanos de Cañuelas, me aseguró que en tiempos de su infancia todo el mundo llevaba chiripá de color vicuña (algunos a rayas), saquito corralero, *rabón*, con nido de abeja, chambergo redondo de ala breve, volteada para arriba, al frente. «El único chiripá negro era el de don Ceferino Delgado, que también fue el último.» Señalo otro detalle del atuendo de esos gauchos de La Francia: en algunos advertí un jarrito enlozado, celeste, colgado del tirador. Me acuerdo que pensé entonces que si yo hubiera encontrado en una novela gauchos con el mate colgado, habría reputado falso el detalle y habría acusado al autor de confundirlos con *boy-scouts*. Después mi erudito amigo John Walter Maguire me explicó que ese mate en el tirador era habitual en los troperos.

Con relación al tema de la ropa, no he de omitir una referencia al estado de ánimo, entre burlón y ofendido, que suscitó en los espectadores porteños del veintitantos un gaucho de cinematógrafo, encarnado por Rodolfo Valentino en *Los cuatro jinetes del Apocalipsis*. Echábamos desde luego a la broma el sombrero cilíndrico, de alas anchas, a lo mejor de ganadero andaluz, las bombachas, las botas relucientes, los diversos detalles de las prendas, todos alterados en la medida justa para crear una estampa de notoria falsedad, acorde, eso sí, con los ademanes, con los arrebatos, con las miradas, con las caídas de ojos, con el temperamento del actor. Nos enojaba un poco el temor de que en el extranjero fueran a pensar que eso era un gaucho, pero nos confortaba la certidumbre de que en el país nadie se llamaría a engaño.

En argentinos de diversas generaciones el gaucho ha suscitado sentimientos dispares, pero tanto se afianzó el personaje, no sólo en el cariño, sino en el respeto de todos, que hoy recordamos con algún escándalo el desfavor que padeció en otras épocas. Tal vez más correcto fuera escribir «con algún escándalo y con algún peligro», ya que a un estudioso que aventuró en cierta revista ilustrada, durante el gobierno de Farrell o de Ramírez, unas disquisiciones que se reputaron desacato a los gauchos, quisieron meterlo preso y, como si este recurso crítico resultara insuficiente, con bajas amenazas de clausura y multa proferidas en lenguaje solemne, se dio pie a uno de esos animados torneos de espontáneas protestas de desagravio, insaciables de infamia y servilismo, que tan magníficamente florecen bajo las dictaduras. No es difícil encontrar, sin embargo, en las letras argentinas autoridades que respalden a ese imprudente periodista. Aun el doctor Segovia, en su *Diccionario de argentinismos*, «obra publicada bajo los auspicios de la Comisión del Centenario», artículo *gaucho, a*, emite juicios tan acerbos que por el año 32 o 33 arrancaron de mi dolida pluma juvenil enérgicas anotaciones marginales, del tipo de *¡Inexacto! ¡Falso!* No cabe duda de que la tradición de libertad tuvo siempre arraigo en la República; Sarmiento, Alberdi y algunos otros de nuestros grandes escritores del siglo XIX, a quienes no es habitual calificar de jóvenes iracundos, manifestaban muy libremente sus opiniones. También es verdad que el gaucho aún no se había alineado entre los símbolos de la patria. Primaba entonces la fe en el progreso, un impaciente anhelo de civilización y cultura, y para mucha gente nuestro nómada pastoril, obligado material de las montoneras, aparecía como la personificación de modalidades innatas, instintivas, acaso no erradicables, que nos demoraban en la barbarie. De Vicente L. Casares dijo Ezequiel Ramos Mexía en su elogio fúnebre: «Estanciero, muy de campo, nada gaucho». Es fama que algunos estancieros argentinos de aquella época se jactaban de no permitir la entrada de gauchos en sus establecimientos, abiertos a trabajadores de cualquier parte. Esta actitud de repulsa, hoy rara, se encuentra ocasionalmente en personas de afuera, que por estar lejos en el espacio no se acercaron en el tiempo y viven en prístina ignorancia de las más aceptadas corrientes de opinión. El dueño de un campito sobre el arroyo Gualicho, un señor que mis apresurados amigos de Buenos Aires describirían tal vez como gaucho redondo, me peroraba:

—Mire, Bioy, yo soy contrario al conchabo, en un establecimiento que se respete, de domadores y toda esa gente a la antigua, holgazana[1] y por suerte ratera, que no sabe más que de mañas y usted a cada trica traca los encuentra mateando en los galpones, que es un mal ejemplo para el hombre de trabajo.

Añadiré de paso que tengo por expresión de habitantes de la ciudad la palabra *gaucho* en la acepción de *servicial*, para calificar a una persona que ayuda, obtiene puestos o ascensos para sus protegidos, y también al derivado *gauchada*. En

---

1. Concuerda John Brabazón: «Con respecto a los hombres diré que por entonces no eran muy trabajadores» [*Andanzas de un irlandés en el campo porteño (1845-1864)*. Ediciones Culturales Argentinas, Buenos Aires, 1981].

el campo he oído *muy gauchito*, en elogio de un chico gracioso, de un caballo arrollado, de un rancho impecable, acaso florido y probablemente nuevo.

El prestigio del personaje, que sin duda por divulgado y firme irritaba a tantos partidarios del progreso, encontró en los poetas gauchescos vivo estímulo. En nuestra riquísima literatura del siglo pasado, la obra de estos poetas resplandece por su inapelable autenticidad y eficacia. La gente los leía, los recitaba, pero la opinión no se resolvía a tomarlos en serio. Los recordaba en grupo —Ascasubi, Estanislao del Campo, Hernández— y no condescendía a matices o jerarquías. Eso sí, cuando se hablaba de los Hernández, el importante era don Rafael, un señor voluminoso que montaba un tordillo medio frisón. He conocido gente vieja que, sin malicia, lo tenía por el autor del poema.[1]

De una recapitulación de lo anotado hasta aquí, surge el gaucho como personaje cuya valoración moral es contradictoria, pues ha provocado, a su respecto, discrepancias de juicio que van desde el baldón hasta el ditirambo; cuya realidad es misteriosa, pues testigos de diversas generaciones coinciden en afirmar que sólo existió en el pasado, con preferencia setenta años antes de cada una de tales afirmaciones; cuyo estado pre-

---

1. La *Historia* de una literatura rioplatense, publicada a principios del siglo, recoge la atribución.

sente, de símbolo preservado en el altar de la patria, se parece no poco a una posteridad sublime, quién lo niega, pero muerta, como todas las posteridades. El lector advertirá, desde luego, que la imagen presentada no corresponde, ni puede corresponder, a un personaje real. Yo eché mano a recuerdos y lecturas para reanimarla con todas sus anomalías y premeditadamente he señalado las perplejidades que me propuso. Me digo que si otros han de recorrer el mismo camino, más vale que sepan a qué atenerse.

Acercar en alguna medida la imagen pública a la verdad del sujeto es un presuntuoso anhelo de estos apuntes. El tema abunda en dificultades. Las generalizaciones, las afirmaciones mismas, resultan problemáticas. Ante todo, el gaucho ha tenido una vida prolongada y, como todo longevo, ha cambiado mucho. ¿No pretenderemos que se mantenga idéntico a lo largo de Argentinas tan disímiles como la colonial, la de Mayo y de la guerra de la Independencia, la de unitarios y federales, la del progreso y la de ahora? Cuando no lo encontramos, ¿no estaremos buscando al de nuestra infancia, o al de la tradición de nuestra casa y de nuestros libros?

El vago anhelo de todos nosotros, hombres de un mundo progresivamente acaparado por la ciudad, de contar con un antepasado bravío en quien identificarnos íntimamente, respondió, ardoroso, a la poesía de los gauchescos, a las narraciones de

Lynch y de Güiraldes, acaso también a medios de divulgación más gruesos: conjuntos de músicos y zapateadores, museos, monumentos, homenajes, la palabra oficial. Evidentemente la doble circunstancia de ser famoso el gaucho y de estar cerca de nuestro corazón no simplifica la tarea esclarecedora. La imagen del personaje se ve expuesta, no sólo a tenues tergiversaciones de folkloristas, ingénitamente proclives al error, sino a caricaturas flagrantes, como la del recordado film de Hollywood. Corona el progreso el cariño nacional que se distingue por la glotonería libre de nimias delicadezas y que está siempre dispuesto a recibir falsedades pasibles de interpretación favorable y a repudiar toda exactitud sospechosa de morigerar leyendas y mitos.

Como el tiempo no se cansa de traer sorpresas, vale la pena vivir interminablemente, para no perder el espectáculo. En mi juventud ¿quién me hubiera dicho que alguna vez yo expresaría la opinión: Me parece que hay más gauchos que antes? Con frecuencia en los últimos quince años, tuve oportunidad de formularla. Ahí no acaban los imprevistos. Hasta domadoras han aparecido. En todo Pardo y en los linderos pagos de Tapalqué es merecidamente renombrada Zulema Andrade. La sorpresa no se agota en ese incremento inverosímil. Los nuevos retoños del gaucho que nos deparan los caminos de la patria, los remate-ferias, las yerras, las carreras cuadreras, las domas —pero me digo ahora que el desengañado lector acaso los ha contemplado sin perder la calma— se visten según el sastre de Rodolfo Valentino. ¿Qué misterioso alambique urdió tan complicado fenómeno? Al viejo auge popular de los deportes vino a sumarse, entre las décadas del cuarenta y del cincuenta, el más nuevo auge popular del folklore. Los paisanos jóvenes de pronto se encontraron con la novedad de que la condición de gaucho era interesante y prestigiosa. Animosamente los mozos acudieron a las jineteadas, para competir como deportistas, pero antes pasaron por la tienda del pueblo, para vestirse como gauchos. El tendero, apremiado por la demanda, tal vez no se mostró escrupuloso en la investigación arqueológica, y la tradición bebió en la fuente que primero se le ofrecía: una difundida película cinematográfica. Aún menos documentado que sus proveedores, el ingenuo cliente aceptó cuanto le propusieron. Pero ¿quién no comete ingenuidades en la materia? Probablemente las perturbaciones y las confusiones ocurren en la procelosa tarea de discernir entre el gaucho que vive en nuestra imaginación y el que vive en el mundo real. Ya entrevimos que el gaucho es, para todos, el de la infancia y el de la tradición casera. Los autores tienden a situar su florecimiento en el pasado, a distancia de setenta años, lo que equivale a la vida de un hombre (del hombre que *son* ellos mismos). Porque defendemos una imagen nostálgica, no admitimos cambios, hacemos hincapié en nimiedades, como el detalle del chiripá, que juzgué tan importante, o este del sombrero de ahora que por cierto nos molesta demasiado. Una ojeada a la iconografía nos convence de que la apariencia del personaje cambió a lo largo del tiempo. Aquellos gauchos con babero y sombrerudos de las viejas láminas, o el del gorro frigio, o más bien de dormir, que enlaza en la litografía de Bacle, parecen tan inaceptables como nuestros jóvenes de alas anchas. Con todo, tras un instante de reflexión, ni a unos ni a otros negaremos la condición de gauchos. El hábito no hace al monje es un lugar común no desprovisto de verdad. Ahora intuyo que en los años en que yo no encontraba sino criollos y paisanos, abundaban sin duda los gauchos, tan gauchos como siempre, sólo que desprovistos del chiripá, relegado en calidad de antigualla, y cubiertos de una miscelánea, algo que tolera la denominación de restos de ropa. Ignoraban todavía —era aquel un momento de transición— la actual estilización impuesta por los diseñadores de una tienda en cadena que seguramente se embelesaron en su mocedad con la prestancia de Rodolfo Valentino. Intuyo también que muy aquejados de nostalgia habremos estado quienes dudamos alguna vez de la espléndida fecundidad para la producción de gauchos que exhibe la patria. Épicamente ilustrativo al respecto es un párrafo de Sarmiento, en *La campaña del Ejército Grande*: «La extenuación de los caballos se hace sentir por todas partes. El General en Jefe empleaba activamente la vanguardia en recoger yeguas chúcaras y potros, que nos dejaba en corrales para remontar la caballería. Uno de los espectáculos más novedosos que se ofrecían a la vista era el de una división entera, montada en potros indómitos, y aquella doma de mil quinientos caballos, cayendo, levantando, haciendo piruetas en el aire o lanzándose a escape por los campos, hasta que a la vuelta de dos horas de lucha los brutos vencidos, la División recobraba su orden de marcha cual si fuera montada en caballos domesticados».

Esta fecundidad nacional obra también por adaptación. Abundan los procesos de agauchamiento rápido, que se completan en un solo individuo y se afianzan en la prole. Como cualquiera que vivió en el campo, sé de vecinos que llegaron de la ciudad atildados y cultos, para convertirse en un tiempo relativamente breve en gauchos de la variedad más dejada y perpetuarse un día en hijos que pierden la estancia y cumplidamente son el telar de desdichas de que habla Martín Fierro. En ocasiones el extranjero de estas tierras lejanas no muestra mayor inmunidad que los hijos del país a este influjo cerril. Me refieren que don Vicente Rossi, en uno de sus *Folletos lenguaraces* (yo lo he de haber leído y olvidado) censura a Sarmiento por mencionar en algún escrito a un grupo de gauchos que, visto y oído de cerca, resultó integrado por italianos y españoles. Quizá don Vicente Rossi participara de la opinión del héroe de un cuento harto conocido, un gaucho que tras escuchar la enumeración de las grandes potencias que intervenían en la primera guerra mundial reflexivamente ponderó que para esa pelea se habían juntado los más infelices. Cuantos nos hemos formado en la triunfal república previa al año cuarenta y tres, en alguna medida compartimos tan altiva y cándida convicción, y no sin doblegar una resistencia del instinto admitiremos que de un inmigrante puede obtenerse un auténtico gaucho. Sin embargo no niego que aún hoy, el emblema o prototipo del gaucho que primero acude a mi mente es la imagen sedentaria y barbada, semioculta en la rojiza lobreguez de un fogón desaparecido hace mucho, de un viejo de nombre Panizza y que uno de los gauchos más gauchos que conocí, gaucho por el aspecto, el andar, la fonética, la índole, el oficio y las habilidades, hombre de cuidado por la baquía en el manejo del cuchillo así como por el coraje, noble bajo una apariencia huraña de puro cimarrona, famoso domador, suavemente socarrón y estoicamente desdichado, fue don Cipriano Cross, francés de nacimiento y hermano, para colmo de la anomalía, de un hotelero marplatense. Diríase que de él escribió Ascasubi:

*y como es accidental
ser francés o americano...*[1]

La consideración de las increíbles consecuencias de aquella mediocre película, *Los cuatro jinetes del Apocalipsis*, trae a mi memoria otro episodio análogamente significativo. Astutos observadores nos precaven contra toda una panoplia de medios de persuasión, irrebatible y sutil, últimamente montada por la técnica para convencernos de cualquier cosa. La experiencia prueba que no valía la pena tanto trabajo. Un mandón primario y tesonero estratégicamente afirmado en un alto puesto público resulta suficiente. El lector probablemente se acuerde de no sé qué funcionario, purista en cuanto a la prosodia, que años atrás ordenó al país que pronunciara la *elle* como *elle*, no como *i griega* o *ye*. Quien haya sido un chico en Buenos Aires ¿no se vanaglorió de nuestra *ye*, no se burló alguna vez del pobre extranjero que la

---

1. También Justo P. Sáenz conoció algunos de estos gauchos de más o menos reciente arraigo en el país, pero auténticos. «Otro paisano que andaba con tropilla y entiendo era invitado a la marcación, cuyo nombre era Liberatorio o Liberatori (¡por supuesto que con Gustavo Pueyrredón preferíamos llamarlo por el primer apelativo!) andaba de chiripá y era un excelente jinete como nos lo demostró montando tres o cuatro potros que corcovearon fiero no bien se les sentó» («El chiripá», páginas póstumas, *La Nación*, Buenos Aires, 31 de mayo de 1981).

pronunciaba como *elle*? Enhorabuena, me dije. Basta de complacencia en peculiaridades y de odio por diferencias, unas y otras igualmente aleatorias. El ministro, me interrumpió alguien, es nacionalista. ¿Y no aspira entonces a que Buenos Aires, como el mayor centro cultural del idioma, imponga su modo de hablar? A esto Sherlock Holmes diría: «Elemental, Watson»; pero no: el decisivo e imprevisible cerebro del hombre público funcionó de otra manera; dócilmente respondió al lugar común que nos acusa de hablar muy mal. Yo considero injusta la imputación. Entre nosotros la gente culta no omite las *eses* ni las proyecta en insidiosas serpientes sibilantes. No echa mano de las llamadas vocales de apoyo. Palabras como *psicología* y *septiembre* se nos presentan como perfectamente transitables y para pronunciar *film* no requerimos el añadido de una endeble *e* final. Entre *la*, *le* y *lo* no nos desorientamos como en un bosque impenetrable y espontáneamente no *le* saludamos a un hombre ni *la* decimos a una mujer. Nuestra manera de hablar me parece moderada y de buen tono. Según creo —y nótese que no me atrevo a suscribir la opinión implícita en el consejo que me dio Pedro Henríquez Ureña: *Ante cualquier duda sobre una frase, piense cómo la formularía un campesino*— la manera de hablar del gaucho es delicada, alusiva, modesta, digna y ligeramente arcaica. En cuanto a los muchachos del bajo fondo urbano, ya se sabe, todos hablan mal, tanto los *cockneys* de Londres como los malevos de Buenos Aires o de Berlín. Acaso nuestra peor culpa idiomática surja con el empleo de la segunda persona. La forma *vos querés*, *vos tenés*, supone, como Elena Garro lo deploró, una boca asaz pueril o tosca (o *vozal*, al decir de los argentinos de antes). Para volver, luego de una digresión en mi digresión, a ese ministro de inquietudes prosódicas, recordaré que nuestro pueblo ¡tan escéptico e indisciplinado! no precisó estratagemas psicológicas; amenazas de despido, tal vez de represión policial, bastaron para que muchas señoritas del teléfono y no pocas maestras y profesoras, fatuas por la lección recién aprendida, como perversas loritas prorrumpieran en detalladamente líquidas elles —Callao, Callao— para siempre jamás. Qué manos custodian, de qué depende, nuestra esencia.

He interrogado a mis mentores del pago acerca de la nueva generación gaucha. Las contestaciones propenden a la censura. Desaprueban una índole mejor dispuesta para la ostentación en ropa, en aperos, en parejeros bien tusados, que para el cultivo de méritos reales; mejor dispuesta para fiestas que para el trabajo. Como se ve, consabidos pecados de juventud, de los que sin duda la gente de antes no estuvo libre, pero que la memoria excluye, como si ella también se dejara engañar por la presunción de cada cual de que su tiempo, comparado con los que vinieron, fue algo así como una última versión de la edad de oro. En definitiva los gauchos de hoy se distinguen como deportistas, un poco aventureros y amigos de fiestas criollas. Aunque parezca nuevo alguno de los términos, el individuo descripto ha de ser el de siempre. Tal vez podría plantear una diferencia el hecho de que los de ahora se muestren casi ufanos de ser gauchos y que los de ayer lo fueran inocentemente. Mis mentores adelantan, sin embargo, un reparo más grave. «Estos mozos», me aseguran, «son buenos jineteadores y malos domadores. Montan el potro, pero no se acercan al caballo. Nunca hubo tantas domas ni fueron tan raros los caballos aparentes para el trabajo, mansos de abajo y suaves de boca». Yo me digo que siempre debió ser así, pues la impaciencia y la chapucería se cuentan entre los caracteres ingénitos del hombre. Lo que ahora agrava la situación es que la magnífica, la querida raza caballar, salvo en hipódromos, donde a lo mejor sobrevive como ficha de juego, se extingue en el mundo. Volviendo a los hombres, diré que me parece improbable que en época alguna abundaran gauchos como aquel Basilio Jara, que hasta el veintitantos vivió en Pardo y luego se retiró al Sol de Mayo, no lejos del Salado. Para él no había potros reservados ni caballos adicionados o mañeros. Además curaba *de* palabra (susurrada en la cosquillosa oreja del animal). Las palabras, explicaba la gente, eran pampas y Basilio las ocultaba, porque hubieran delatado una ascendencia india, tenida en mengua por todo gaucho. En cuanto a las curaciones, mi conjetura es que la compañía de ese varón tan suave confortaba a los caballos que, por tal motivo, sanaban. Esencialmente aquello era medicina psicológica.

Otro hombre singular por la suavidad en el trato y en los movimientos —entonces combinada con una exactitud nítida y con una fuerza notable— fue don Ireneo Pardo. En mi mente lo identifico de modo espontáneo con uno de los capitanes homéricos, aquel gran Áyax Telamoníada, apodado Antemural de los aqueos, y el recuerdo suyo que primero me llega corresponde a una mañana en que lo vi trabajar en el corral de yeguarizos, lazo en mano, invencible, preponderante como una estatua de bronce, diestro, sin prisa, con extrema delicadeza, en medio de un vértigo de belfos y de crines.

Don Gregorio Mendivil, a quien el pago en risueña deformación del patronímico llama Griego, cuenta su vida por caballos. No son muchos los que jalonan esa ya larga existencia: a partir de un primer lobuno, siete u ocho. Pareja cantidad de años tendría él cuando su madre le ordenó que tomara el lazo y lo empujó al corral con la promesa: «El que pialés es tuyo». A continuación de la referencia, como ponderando las fantasías que se permite la suerte, me dijo: «Nunca me estropeó un animal». Son perceptibles en Mendivil caracteres ilustrativos de la idiosincrasia del gaucho. Por ejemplo, esa delicada variedad del énfasis que consiste en decir menos de lo que es; una deferente disposición a restar importancia a dificultades e infortunios; el descreimiento sin terquedad, la ironía respetuosa; el vocabulario preciso, con su dejo arcaico; una suavidad en el modo, como si nunca fuera necesario levantar la voz; la tranquila resignación, que no conoce abatimiento, y una distinción personal que ninguna circunstancia perturba. Me pregunto si la reticencia de los argentinos que no se resuelven a nombrar por su nombre a la pampa no probará que en cierta medida todavía el país participa de alguno de esos caracteres criollos; parecería que los descartamos, que se van perdiendo, pero con frecuencia pensamos también que los gauchos ralean: quizá una opinión resulte tan infundada como la otra.

La última vez que lo visité, Mendivil vivía en un puesto, en el campito de Coco Frías, que es el criado de un señor Bruno: un paraje bastante solitario, lejos de todo. La tarde caía y Mendivil, en su yegüita oscura, encerraba las lecheras. Con serena agilidad desmontó. «En Las Flores no me hallo», explicó. «Yo no sirvo para vivir en la ciudad.» Pasó allí dos años, en atención médica. Ahora está de nuevo en el campo, en medio del campo, solo, pálido, visiblemente enfermo. Diríase que la caja craneana va a aflorar. El pelo es largo, delicado; por oposición a su negrura sor-

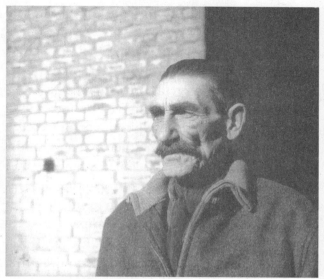

Don Gregorio Mendivil. Pardo (1965).
Fotografía de Adolfo Bioy Casares.

prende la muy alba intimidad de la piel en las partes de la sien y de la frente que el sombrero ciñe. Lleva pañuelo al cuello, una camisa limpia, tirador, bombachas, alpargatas; un largo cuchillo de plata a la cintura y en la muñeca un reloj pulsera. Me pide que pase. La vivienda es un rancho derrumbado, de tres piezas, con una habitable: la cocina. Ahí está la cama, hay un banco, una mesita pintada, con molduras y, clavados en la pared, un almanaque y la fotografía de Mendivil que ustedes encontrarán en este librito. El piso es de tierra. Acaso pueda discernirse un apenas perceptible olor, que de veras no es ingrato, a bastos de recado y al humo de un fogón que se ventiló. Un mejor escritor que yo no vacilaría en valerse de palabras como *señorío* y *príncipe* —a mí me avergüenzan un poco— en la convicción de que aplicadas a ese hombre, en esa hora crepuscular de su desolación y penuria, refulgirían con la frescura virginal que hace mucho perdieron. De la inhóspita casa descascarada pasamos a un jardín, esmerado y minucioso, y por no sé qué retórica de las cosas ese pequeño espacio florido junto al rancho en ruinas ahonda el patético desamparo. Le pregunto cómo anda la salud. «Mejor», asegura. «Eso sí, con que me largue unas leguas en la yegüita, que tiene un galope que no se siente, ya dimana el mal. Dice el doctor que no me encuentra nada.» Alguien inquiere por qué una persona estimada y querida vive sola... Como no tengo respuesta invoco al destino y en un murmullo comento que ni la misma muerte ha de conmover a estos gauchos, tan versados en una inmemorial soledad.

Diccionario del argentino exquisito
(1971)

Esta obra tuvo cuatro ediciones (1971, 1978, 1980, 1990), todas con variantes y agregados de importancia. La presente, póstuma y definitiva, preparada por Daniel Martino, incorpora los *marginalia* y las correcciones al texto que Bioy Casares realizó entre 1991 y fines de 1998.

Prólogo

Encontré la mayor parte de las palabras que reúne mi diccionario en declaraciones de políticos y de gobernantes. Alguien me dijo que sin duda las inventaron en un acto de premeditación a manera de baratijas para someter a los indios, «porque el embaucador desprecia al embaucado». Yo no quiero disentir, pero sigo pensando que detrás de cada una de estas manifestaciones de afectación, ligeramente sorpresivas y ridículas, ha de haber un señor vanidoso, que se desvive por que lo admiren. Lo sé por experiencia. En la época de mis comienzos literarios, yo era capaz de violentar un relato, o una argumentación, para encontrar la oportunidad de escribir lo porvenir *(en lugar de* el porvenir, *que según Baralt era incorrecto),* figurero *(que Azorín proponía para reemplazar* snob*),* dél *y* dellos *(por de él y de ellos). Probablemente pensaba que alguna vez, en algún libro, se diría «Bioy usó la expresión».*

El mundo atribuye sus infortunios (¿me aparto del tema?) a las conspiraciones y maquinaciones de grandes malvados. Entiendo que subestima la estupidez.

Es curioso el hecho de que tanta gente, en una

época de penuria como la actual, se vuelque a la tarea de enriquecer el vocabulario. Frenéticamente inventa palabras, o las desentierra de libros (¿no es increíble?) donde dormían el sueño de los muertos, o les confiere acepciones forzadas, incorrectas, fantasiosas, pero nuevas. Piensa tal vez que no sólo de pan vive el hombre y que, afligidos por infinidad de privaciones, a lo mejor encontramos alguna compensación, o por lo menos consuelo, en la certidumbre de que a cualquier hora del día o de la noche podemos recurrir a las palabras fractura, estructura, infraestructura, *para no decir nada del verbo* escuchar, *que indudablemente ha de engolosinarnos, porque no se nos cae de la boca.*

Quienes profesamos afecto por nuestro idioma —al fin y al cabo, hablándolo recorrimos la vida— estamos un poco alarmados por las consecuencias de esta invasión de voces nuevas; como representan, según mis informes, entre el diez y el veinte por ciento de nuestro vocabulario corriente, me pregunto si no le alterarán el tono y aun la índole. Todavía en los años que nos toca vivir vamos a justificar una frasecita muy argentina, que siempre hemos repetido sin creer demasiado lo que decíamos: «Nosotros hablamos mal».

En el proceso de escribir, la elección de palabras y la correspondiente, o eventual, consulta de un diccionario, dan ocasión a errores muy conocidos. Algunos fueron señalados tan insistentemente que su reaparición desconcierta. Quizá no estaba descami-

nado el español que aseguró: «No cometemos muchos errores. Lo que pasa es que muchas veces cometemos los mismos: una media docena que desde el principio del mundo andan dando vueltas». Para que nos admiren por la riqueza de vocabulario, molestamos al lector con palabras que no entiende; o con palabras que entiende, pero que son rebuscadas, como deleto *por* borrado, aguardo *por* espera, idóneo *por* útil, precipitación *por* lluvia; *o que están fuera de lugar, como* corcel *junto a* gaucho. *Para alcanzar la admiración por el manejo de palabras exactas (los amigos del* mot juste *no previeron las consecuencias de su prédica) se engendran fealdades complicadas, como* microexperiencias ferro-urbanísticas, *o desvaídas, como la* planta tipo *de los arquitectos. Para dar más prestigio a una acción, para conferir un ascenso (nominal, siquiera) a una persona o a una cosa (como cuando llamamos* cabo *al vigilante que nos hace la boleta), o nada más que por afición a la pompa, echamos mano de* optimizar, consubstanciados, los recaudos que hacen a mi función, empleado de casa de renta, con mi proverbial modestia me retiré a mis aposentos. *Porque somos extremadamente exquisitos preferimos* equívoco *a* error, subsiguiente *a* siguiente, disenso *a* desacuerdo, Descienda por la parte trasera *a* Baje por atrás *(he leído los dos letreros en el mismo colectivo; el simple, en letras pintadas, y el exquisito, en el aviso de una agencia de publicidad).*

Hay quien supone que si tiene a mano el diccionario de la Real Academia escribirá bien. La verdad es que podrá escribir mal con palabras registradas en ese o en cualquier diccionario. Tal vez los de sinónimos sean los más peligrosos; nunca debiéramos emplear palabras en que el sinónimo se transparenta.

Acudo al «obeso amigo» (como llamaba Mastronardi al diccionario de la Academia) y encuentro al azar: bobillo, blasmar, estique, estiván, latria, launa, marcola, mastagón, masticino, nuégado, opugnar, palabrimujer, pañizudo, rucho, sucoso. *¿Quién introducirá esas palabras en una página, no paródica, sin que se noten como escritas en tinta colorada? El senador fulano de tal, probablemente, si las descubre en este prólogo...*

El culto de la riqueza de vocabulario va acompañado por el temor, generalmente ridículo, de repetir palabras. En trance de evitar repeticiones, sometemos al lector a un régimen de sobresaltos, como si destapáramos monigotes de resorte: el decaído carnaval *de la primera línea reaparece en la segunda como* dios o rey Momo, *el* ladrón *como* caco *y en un breve párrafo planteamos un enigma policial en el que no se sabe quién es quién, porque sucesivamente disfrazamos a Homero de* bardo ciego, *de* padre de la épica, *de* autor de la Ilíada, *de* rapsoda numeroso *y de* ocasional dormilón.

Desde luego las palabras no son más que un elemento en el arte de escribir. El que dice lo que se propone, de manera eficaz y natural, con el lenguaje corriente de su país y de su tiempo, escribe bien. ¿Después de «corriente» habría que intercalar «entre la gente culta»? No sé. Es tan difícil determinar quién es y quién no es culto. Debemos casi todas las palabras de este diccionario a gente supuestamente culta.

Hay que reconocer que en materia de idioma son decisivos algunos conceptos que irritan nuestra impaciencia racionalista. El concepto de uso, que es fundamental, está vinculado a circunstancias temporales, que nos parecen más propias de rápidos modistos y de astutos decoradores que de un escritor: lo que ahora se usa, lo que todavía no se usa, lo que ya no se usa, como en el consejo de Alexander Pope: no ser los primeros en tomar lo nuevo, ni los últimos en descartar lo viejo.

De los intentos de racionalizar el idioma, ninguno es feliz. Los más notorios desembocan en la escritura fonética, «ortografía obscena» según Beerbohm, una forma de barbarie que borra las huellas de la Historia.

Me parece que ha llegado el momento de confesarlo: yo no ignoro que el Diccionario *defiende una causa perdida. Muchas palabras admisibles para nosotros, en algún momento sorprendieron de manera tan ingrata como ahora* enfoque *o* impactación. *Qué digo muchas: todas, probablemente, desde el día que hubo alguien capaz de notar los cambios del idioma.* Estrépito, estupor, patíbulo, truculento, *a principios del siglo XVII enojaron a Quevedo, que las transcribe como ejemplos de la culta latiniparla. Bentham, en 1780, se excusa por introducir en el idioma inglés la palabra* international. *Para gente de la generación de mi padre,* farmacia, *en lugar de* botica, *era una afectación, y actualmente hay observadores que se preguntan por qué secreta virtud la palabra* despensa *realza y reemplaza al* almacén *de la esquina.*

También es inevitable el cambio de sentido de las palabras, a través del tiempo. Sirvan de ejemplo la variaciones de mythos, mito, *en la literatura griega. Según leí, en la* Ilíada *significa* palabra *o* discurso *y, en textos ulteriores, sucesivamente* consejo *u* orden, dicho *o* proverbio, cuento *o* narración. *Creo recordar que la oposición entre* historia verdadera *(*logos*) y* leyenda *o* mito *(*mythos*), aparece en el siglo V, en Píndaro y en Herodoto.*

Considero que este diccionario no es inútil si pone en evidencia el engolamiento de quienes adornan sus ideas y su estilo con la falaz pedrería de programática, *de* acervo, *de* coyuntural, *etcétera. La próxima vez, cuando estén por estampar alguna de esas palabras lujosas, quizá recuerden y vacilen... Mejor no soñar. Bástenos la seguridad de haber participado en el esfuerzo, que a todos nos incumbe, de restituir siquiera precariamente el buen sentido en este mundo propenso a la locura. Ya sabemos que algunas palabras de nuestro diccionario entrarán y quedarán en el idioma; evitemos, por lo menos, que entren todas juntas.*

Mis reparos al empleo de estas palabras, desde luego se refieren al idioma escrito (los discursos y los comunicados a la prensa, por lo general se escriben). ¿Quién soy yo para censurar a nadie porque de vez en cuando recurra a una de ellas en la conversación? Me ha parecido siempre que al hablar somos todos malabaristas, más o menos habilidosos. A un tiempo hay que pensar, elegir las palabras, ordenarlas en oraciones que fluyan con naturalidad, que respeten la sintaxis y que sirvan a nuestros fines. Muchas veces, para no tener esperando al interlocutor, me he resignado a decir que una película es bárbara, *un elogio deplorablemente vago, o que yo estaba* lleno de entusiasmo, *lo cual sugiere que soy un recipiente repleto de quién sabe qué… Cada cual repite los términos que recuerda en el momento.*

La vena satírica del librito me indujo a incluir en sus páginas algunas voces que si no pertenecen a la jerga del título, comparten con ella una incomprensible popularidad en el país. Encontrará, así, el lector argentinismos difundidos, como familiar *por* pariente, *los vocativos* mamá, papá, mami, papi, *aplicados por los padres a los hijos,* piloto *por* impermeable, *la expresión* de novela *y otras. Como los límites de las jergas no son precisos, también pudo deslizarse alguna palabra del lunfardo; o alguna palabra de las usadas por ciertos grupos, tal vez tan notorios como efímeros, de muchachos de nuestras ciudades. Acerca de los* chetos *(uno de esos grupos) y de su vocabulario, he leído un valioso estudio de Carlos Cerana, Enrique De Rosa y Carlos Rodríguez Moreno.*

En su primera edición, de 1971, el Breve diccionario *fue publicado con el seudónimo Javier Miranda, de un servidor, y con el pie de imprenta Barros Merino, de Jorge Horacio Becco y de Jorge Iaquinandi. Estos amigos generosamente me han devuelto la libertad de reeditarlo. Les reitero mi gratitud.*

Agradezco a Martín Müller, a Claudio Escribano, a Fernando Sorrentino, a María Magdalena Briano, a José Barcia, valiosas listas de palabras.

Ahora el librito sale corregido, muy aumentado y con este nuevo prólogo.

Ojalá que algún día encuentre su lugar, en alguna biblioteca, junto a Septimio *de Manuel Peyrou, a los escritos de Landrú, al* Vocabulaire chic *de Jean Dutour, al* Dictionnaire des idées reçues ou Catalogue des opinions chic *de Gustave Flaubert y al* Sottisier *de Voltaire.*

A. B. C.
Buenos Aires, marzo de 1978

Post data. *Hablé con un viajero. Las noticias que trae del Norte me obligarán quizá a rever más de una afirmación del prólogo; pero el libro está en prensa y es tarde para correcciones. Logré, sin embargo, introducir esta post data.*

Circularía por aquel vasto y lejano país un dialecto similar a nuestro argentino exquisito, llamado el officialesse. *Lo inventaron escritores mercenarios que redactan discursos y declaraciones para gobernantes, políticos y burócratas. Parece verosímil que allá inventaran eso; también que nosotros lo imitemos.*

Noté que me corroía el despecho. No es para menos: ni siquiera han de concedernos la originalidad de nuestros errores. Pregunté cuándo apareció el officialesse. *Aprovechando la vacilación del interlocutor, a toda velocidad afirmé que nuestro argentino exquisito ya existía hará cosa de diez años. Toda una tradición, bastante nueva quizá, pero más larga que otras tan respetables como el Día del Abuelo.*

—Si lo que andamos buscando son ideas extrañas —dije, sin comprender que el planteo no era convincente— ¿por qué no admitir que en determinados momentos, en las más apartadas regiones, ocurren los mismos fenómenos?

Otro viajero, que venía de Europa, terció a mi favor, con la siguiente novedad:

—Una jerga parecida a la que circula entre nosotros, invade actualmente a Inglaterra. Hasta hicieron un diccionario especial.[1]

—El autor debe de ser un alter ego *—murmuré.*

—Un chiflado —contestó—. No crea que las cosas andan mejor en Francia. La empresa de subterráneos de París llama al boleto, *óigame bien, al* simple boleto, Título de Transporte. *En la entrada*

---

1. Kenneth HUDSON, *The Dictionary of Diseased English*, Londres, 1977.

de un ramal nuevo se lee: Tarificación especial. *Es admirable cómo el público entiende en seguida que debe pagar más. Y dejando de lado los subterráneos, todo francés, para comprender cualquier cosa, pregunta cuáles son las* coordenadas.

—*Nuestros* parámetros —*exclamé.*

Los que siempre descubren conspiraciones, son muy capaces de sentirse alentados por estas noticias.

Post data II. *Agradezco a Patricio Randle, a Ricardo E. Álvarez, a Santiago I. Rompani, a Daniel Martino, a Alfredo Serra y a mi viejo amigo Enrique Lagos, las palabras y las observaciones que me enviaron para mejorar este diccionario.*

A. B. C.

A

Abarcativo: Adj. Que abarca. «De ahora en más mi revista *Élite* será, ante todo, abarcativa.» (Di Pace, Reportaje en *Panorama*, Buenos Aires, 1989.)

Abierto: Dispuesto. Véase Diálogo.

Abonar: Pagar. Exquisitez tradicional.

Absolutización: Acción y efecto de absolutizar. Verbo todavía inexistente. (*Cf.* «Una necesidad muy sentida» en *El Gran Rotativo*, Buenos Aires, agosto de 1985.)

Acceder: En la acepción de llegar, tener acceso a un lugar, a una situación. «Bastan cincuenta firmas para formar un partido que aspire a acceder al Gobierno Nacional.» (Declaración de políticos uruguayos, 1973.) «No se puede acceder a significados sin atender a las estructuras formales.» (Lo Turco, *Breviario político*.)

> *Mono que accede a avispero,*
> *mono que baja ligero.*
>   (Albesa, *Historia natural*.)

Accionar: Acción. «Un oscuro caballero Orloff, que nos maravilló con su brioso accionar.» (Melgarejo, *Créditos de antiguas cocherías porteñas*, 1973.)

Acervo: «En el sentido de riquezas inmateriales, *acervo* es neologismo de tradicionalistas.» (Miranda, *Las palabras nos expresan.*) *Loc. clas.*: «Nuestro acervo cultural».

Acrecer: Finamente, *aumentar*. «Acrecen las protestas por la ola de nepotismo en la brigada del Popolare.» (*Noticiario Gastronómico*, Buenos Aires, 1974.)

Activismo: «Elementos a los que la efervescencia de su activismo extravía.» (A. Villavicencio, *Brindis revolucionario.*)

> *La policía, a don Tancredo mismo,*
> *de pronto me lo acusa de activismo.*
>
> (Z. Restrepo, *Recuerdos de la Tierra del Fuego.*)

Activista: «Plenario de activistas de la línea dura.» (*Gacetilla de la Costa Galana*, Mar del Plata.)

Actualizado: «Salga de *ahi*, che, usted no es un escritor actualizado, usted no está con la juventud.» (*Académicas*, tomo XXV.)

Actualizar:

> *Con tupé y una lata de betún*
> *se actualiza el vejete pelandrún.*
>
> (P. Márquez, *Tratado de Gerontología.*)

Acuciante: Epíteto generalmente empleado para embellecer la palabra *realidad*.

Adherir: Usado sin el pronombre reflexivo adquiere cierto empaque decididamente exquisito. «Adhiere a la ponenda cegetista.»

Adolecer: En la acepción de *carecer*. «El libro del ex Secretario de Estado de Nixon adolece de una sólida perspectiva histórica.» (Título del suelto de un diario, Buenos Aires, 6 de diciembre de 1979.)

Afectar: En sentido de *adscribir*. «Flotilla de autos Delaunay-Belleville afectados al servicio de pompas fúnebres.»

Agendar: Anotar algo en la agenda.

> *Hay que alegrarse;*
> *don Juan verá a su madre doña Inés.*
> *Para acordarse*
> *la agendó en el domingo 23.*
> (Byron, *Don Juan*,
> traducción básica, Rosario, 1973.)

Agente: Empleado o empleado público. «Se incrementó el sueldo básico de los agentes municipales.» (*Los diarios*, Buenos Aires.)

Aglutinante: En sentido figurado. «Comunicó ideales aglutinantes a la masa partidaria.»

Aglutinar: (Peronismo fino.) «El imperativo de la hora es aglutinarse.» (Aldini, *Álgebra del Acuerdo*.)

Agresivo: «Mediante promoción agresiva, nuevo laxante conquista mercados.» (Aviso de una agencia de publicidad.)

AGUARDO: Espera.

> *Quedo, pues, al aguardo de sus noticias.*
> *(fdo.) Juan Pareto (a.) Caricias.*

AHORA EN MÁS, DE:

> *Yo les dije un día: «El aumento*
> *de los precios, de ahora en más,*
> *no pasa del diez por ciento».*
> *Hoy me llaman cachafaz.*
>
> (Famosa parodia del tango
> *El Caburé*, Buenos Aires, 1972.)

AJUSTE: Modificación, mejor dicho aumento, de tarifas, de impuestos, de precios.

> *¿Me dice que no me asuste*
> *y viene con otro ajuste?*
>
> (MODESTO REQUENA,
> *De pan vive el hombre*,
> Buenos Aires, 1973.)

ALBERGUE TRANSITORIO: Hotel por horas, o de citas.

> *Señoras, yo fui el tenorio*
> *de un albergue transitorio.*
>
> (C. BAIGORRIA,
> *Quién te ha visto y quién te ve*,
> Rosario, 1983.)

ALIMENTARIO:

> *Que sea tu alimento diario*
> *el Código Alimentario.*
>
> (I. L. ALBESA, *Bienestar Social*.)

Alojamiento: Hotel por horas.
> *Una chica que hace roncha*
> *en más de un alojamiento.*
> (Concepción Espina,
> *La panamericana.*)

Altura, a: «No puedo contestarle, porque esto se resolverá a altura presidencial.» (*Del ministro al periodista.*) Véase Nivel, a.

Aludir: Mencionar. «Se refirió a Savastano con palabras precisas, procaces y aun groseras. El aludido Savastano...» (G. Montenegro, *Dramatis personae.*)

Ambiente: Habitación, cuarto. «El Palacio Real consta de setenta y tres ambientes, sin contar corredores y altillo.» (*Vademécum del turista argentino.*)

Amoblamiento: N. Aconséjase el *pluralis majestaticus*. Tienda de muebles. No confundir con *alojamiento*.

Amoral: (Jerga periodística y policial.) Homosexual.

Análisis: Entre entendidos, *psicoanálisis*. Para emplear la palabra en su acepción anticuada de *examen*, añádase el epíteto *exhaustivo*, que la actualiza. En este sentido la palabra también resulta aceptable si va precedida por *en último*. «En último análisis usted es lo que se llama un sotreta.» (Formento, *Cartas al amigo.*)

Andar: Palabra de hombres. Copular. Ver Salir.

Anecdótico: Adjetivo muy usado para desechar

algo que se dijo y pasar a lo que se considera importante. «Anecdótico, anecdótico. Vamos al grano.» (Araya, *Itinerario de un granuja*, Buenos Aires, 1950.)

A nivel: Ver Nivel, a.

Anoticiamiento: Acción y efecto de anoticiarse. Exquisitez de tono vulgar. «Las palabras del encargado, "La señorita se llevó sus pertenencias", fue todo el anoticiamiento que tuve de su partida.» (A. Boccanegra, *Puro olivo*, Buenos Aires, 1980.)

Antelación: «El Primer Magistrado no reasumió porque un señor Ministro, con prudente antelación, había ocupado el sitial.» (*Vida nuestra*, Buenos Aires, *s. d.*)

Apertura: «Intentó, cuándo no, su apertura hacia el peronismo.» (Requena, *Qué amigos*.)

Aperturista: «Nuestro glorioso partido adoptará postura aperturista únicamente si le conviene.» (*Las arengas de un tribuno intransigente*, tomo XII.)

Apreciar: Creer, suponer, conjeturar, calcular. «Apreciamos que la ampliación de la red será realidad algún día.» (*Subterráneos de Buenos Aires: Primera prioridad*, *s. d.*) También, ver, percibir, advertir. «En la foto se aprecian los cadáveres del pistolero y de su concubina.» (*El Gran Rotativo*, Buenos Aires, 2 de octubre de 1984.)

Archivología: «Elija: la archivología o el *totum*

revolutum.» (Licenciado Cabra, *Arengas del archivólogo.*)

Áreas: «Es el novio que te conviene, porque está en todas las áreas: producción, promoción, ventas.» (*Correo Confidencial* en *Gente de Empresa*, septiembre de 1975.)

Argentina: El nombre de la República, sin el artículo que lo precede, como en el librito del doctor Reger Samaniego, *Historia de las ideas confusas en Argentina.*

Arquitecturar: «Arquitectura sus bocetos con la inaudita firmeza del pincel de un Gris.» (Basile, *Crítica burilada.*)

Arteria: Calle. Exquisitez ya aceptada.

Asesor letrado: Abogado. «Siga con sus prácticas y mi asesor letrado lo visitará, previno el pordiosero.» (Dubarry, *La novela de los especuladores*, Buenos Aires, 1987.)

Asistencial: «Centro asistencial Belgrano R.» «Plétora de medios asistenciales.»

Asumir: Iniciar sus funciones un magistrado, un ministro, un intendente, etcétera. «Asumirá esta tarde el doctor Tavolara.» (Titular de un diario, Córdoba, 1974.) Compenetrarse de una doctrina y adoptarla. «Se lo digo francamente: tratando de asumir el pensamiento de Nietzsche, no sé para dónde agarrar.» (Sampietro, *Al azar de mis lecturas*,

Bahía Blanca, 1974.) Usado como reflexivo, significa a veces tomar conciencia de lo que uno es y resignarse a ello. (Ver INTERNALIZAR.) «¡Asumirme como padre, yo que fui siempre hijo!» (H. S., *Anónimo florentino*, París, 1975.)

ATENTO A: Porque, a causa de, en razón de. Palabra muy usada por políticos y jugadores de fútbol.

> *Atento a que decía tanta pavada,*
> *la mina lo ha dejado en la estacada.*

AUDITADO: «Empresa auditada por Fantochio.»

AUTOLESIONARSE: «Onanista autolesionado.» (Titular de los diarios, Buenos Aires, 27 de abril de 1993.)

AUTOMOTOR: Automóvil, camión, ómnibus, etcétera. «Es fama que los mejores autores de formularios burocráticos inventaron la palabra *automotor*, porque necesitaban un sinónimo de *automóvil*, de significación más amplia. No aclararon si la palabra incluye el concepto de motocicleta, lo que deja una puerta abierta al espíritu de invención. Cabe, pues, esperar nuevos engendros.» (BACON, *Un arbitrario y seguro legislador del lenguaje: el uso*, La Plata, 1977.) «En las islas Galápagos llaman automotor a la tortuga.» (HAM, *Embustes de un viajero*, Ensenada, 1978.)

AUTOPORTANTE: Automóvil. «No se contentan: mejoraron *automóvil* con *automotor*, *automotor* con *autoportante*.» (Longino, *Un ansia de belleza*, Lanús, 1978.)

Avances: Anticipos, «colas», de una película.

Avanzada, de: «Intérnese, confiado, en nuestro sanatorio. Le brindaremos un arsenal técnico de avanzada.» (Doctor Reger Samaniego, *Avisos para el instituto de la calle Baigorria*.)

B

Babelizar: «Primero babelizan el idioma; después, el propio pensamiento.» (Rivarola, *Paso a paso*, 1993.)

Bailanta:

Nueva palabra es bailanta*;*
a cabaret la suplanta.
(Padre Albesa, *Sermones*.)

Bancario: Empleado de banco.

Bañera: Palabra más fina para *bañadera*.

Mina un tanto mañera
pa' meterse en la bañera.
(Modesto Requena,
De ilusión vive el hombre.)

Bárbaro: Excelente, maravilloso. «Pasamos unas fiestas bárbaras, comiendo y chupando en familia.» (Celentano, *Entrecasa*.)

Barrial: De barrio. «Visitamos al doctor Negroni, patriarca de la villa, hombre inmerso en la vida barrial.» (Barreiro, *Andanzas de un periodista por los 46 barrios*, Buenos Aires, 1981.)

Base a, en: «En base a nuestros reclamos, modificaráse la infraestructura económica del país.» (Solicitada del Sindicato de Sanitarios y Afines.)

Básicamente, fundamentalmente: Palabras que resultan indispensables a políticos y funcionarios. Por lo general, cuando los entrevistan, empiezan sus respuestas con una u otra.

Bebé: Más fino que *bebe*, como dijeron siempre los argentinos.

Besote: Palabra de mujeres refinadas, pertenecientes a círculos muy exclusivos; por lo general se emplea por teléfono, en el momento de la despedida: «Bueno, un besote enorme».

Bol (plural **Bols**): Pelota. «Espárrago se perfiló como el amo de la bol.»

Bols: N. s. Pocillo para enjuagarse las manos después de las comidas. «¿Me pasa el bols?» (Barinugli, *Juegos de sociedad*.)

Boludo: Palabra de gran aceptación entre señoras. «No seas boluda.» Véase Pelotudo, en algún otro diccionario.

Brasileño: «El argentino, que siempre había dicho *brasilero*, de un día para otro dijo *brasileño*. Ese día no fue hace mucho. En mi juventud decíamos *brasilero,* sin dejarnos convencer, aparentemente, por los cafés La Brasileña, que abundaban en nuestra ciudad. Digo *aparentemente,* porque en definitiva el cafetero purista salió con la suya.» (Ícaro Astul, *Género libre, o Del Cosmopolita al Bataclán,* 25 de mayo, 1978.)

Brecha generacional: No hay cómo cruzarla. (Javier Miranda, *Diccionario de frases hechas,* Las Flores, 1977.) Ver, quizá, Transvasamiento generacional.

Brindar: Tradicional exquisitez, infaltable en renuncias de funcionarios, en cartas y en discursos. «Aprovecho la oportunidad que me brinda», «Agradeciendo las muchas atenciones que me brindara o brindase», etcétera.

Brujas, cacería de: Toda acción contra los comunistas.

Buceador: Exquisitez que importamos hacia el final de los años veinte. «Ortega, buceador agilísimo de las más diversas realidades.» (Mejuto, *Buceos,* cuarta serie.)

Bucear: Me complazco en estampar aquí un dicho que siempre le oigo al señor Mejuto: «El que bucea se estropea». (A último momento me aseguran que Mejuto quiere más bien significar: «El que boxea se estropea».)

Búsqueda: Más fino que *busca.* Ni el poema de Borges, ni el libro de Baroja, se titulan *La búsqueda.*

C

Calar: Terminantemente se dice: «Cala muy hondo».

Calendario: Adj.

> *Por no alcanzar el tiempo calendario*
> *no presenté mi libro* Abecedario.
> (Paolazzi, *Historia del Premio Nacional*, Ediciones del Jacarandá, Buenos Aires, 1973.)

Campeonar: «Malo es decir que el equipo XX entrenó en no sé dónde y, si no campeona, al menos clasificará.» (José Gobello, en una entrevista con Haydée M. Jofré Barroso, *La Prensa*, Buenos Aires, 17 de septiembre de 1978.) Véase Clasificar y Entrenar.

Canibalizar: Devorar, absorber, anular. «Al lanzar la nueva línea canibalizó su línea clásica.» (Doctor Lamónica, *Estrategias*, Buenos Aires, 1981.) «Una actriz con esa garra, en dos patadas te canibaliza el elenco.» (Doctor Lamónica, *Entrevistas*, Buenos Aires, 1982.)

Capitalino: «Después de un interludio capitalino, volvió a la chacra.» (Mosco, *Poetas de la tierra*, Ceres, 1971.)

Carenciado: Muy pobre.

> *Después de haberlo pateado*
> *lo llamaron carenciado.*
> (Corujo, *Qué tiempos aquellos*, Buenos Aires, 1988.)

Carisma: Don que se encuentra en los sujetos más insospechables (carismáticos).

> *A esos fulanos de tanto carisma*
> *tarde o temprano les rompen la crisma.*
> (D. Perazo, *Nadie la talla*,
> Buenos Aires, 1974.)

Carnestolendas: Palabra a la que se atreven algunos periodistas.

Cárnica: De carne. Adjetivo que suelen emplear personas que aspiran a ser consideradas exquisitas.

Castrador: Dícese de padres, de madres y de esposas; también: «Un librito de lo más castrador».

Categorizar: «Desengáñese: la prenda de cuero autenticado categoriza.» (C. Oppenheimer, *Jerarquías.*)

Causales: Sinónimo de *causa*, pero más exquisito. «Se ignoran las causales de tan peregrina decisión.» (Otero, *Oteando la política nacional.*)

Chapado: Úsase en la frase «chapado a la antigua». No decir *enchapado*.

Chequear: Verificar. «El elemento femenino protestó al ver quién estaba en la puerta, chequeando credenciales y mascaritas.» (Moscardo, *Crónica de los grandes bailes de carnaval*, Buenos Aires, 1971.)

Cheto: Persona que se muestra en los lugares adecuados, que se viste y que habla como corresponde. Puede llegar en motocicleta. «Me encontré con los chetos, en La Veredita.»

Chica: Mucama. «Ay, señor, no la llame *chica* a su hija. Me da no sé qué.»

Chinelas, hawaianas, ojotas: Palabras finas, de zapatería. «He descubierto que, para ciertos vendedores, el significado de la palabra *zapatillas* es misterioso.» (G. White, *Curioseando en Buenos Aires y en Mar del Plata*, Ediciones del Jacarandá, 1971.)

Chocho: Muy contento. «El fulano me mandaba al demonio, y yo chocho, che.» (Granato, *La novela de un hombre superior.*) Usábase en las presentaciones, en lugar de «mucho gusto».

Chombas, poleras, remeras: Palabras de tienda.

Circunstanciación: «Sonetos hermosos en los que se advierte una imperfecta circunstanciación a la métrica.» (*Memorias de un lector.*)

Clasificar: «Les paso el dato que no habrá que esperar hasta el día de la resurrección para que clasifique Chacarita.» (Cabrera, «Análisis de todas las divisiones», en *De técnico a hincha*, Buenos Aires, 1978.) Véase Campeonar y Entrenar.

Clima: En sentido figurado. Clima social, clima de violencia. «El diálogo se desarrolló en un clima de nerviosismo.» Para usar la palabra en sentido directo, antepóngase *micro*.

Climatérico: Por *climático*, es error fino.

Comercializar: Vender. «Es un cafisho venido a menos, que comercializa botellas por las arterias de Rosario Norte.» (C. Baigorria, *Quién te ha visto y quién te ve*, Rosario, 1989.)

Como: Modo adverbial muy usado en Chile y de reciente aceptación en nuestros círculos exclusivos. «Estas ranas a la provenzal están como ricas.» «La Chita dijo: Mi novio es como cansador», etcétera.

Compatibilización: «El texto de la Ley de Reconversión es el resultado de la compatibilización de todas las opiniones recibidas.» (Solicitada aparecida en los diarios de Buenos Aires, el 24 de junio de 1971.)

Compatibilizar: «Ay, Negrito, la realidad no se compatibiliza con mis sueños.» (Anónimo, *Esposa y votante*, Buenos Aires, 1975.)

Competitividad: «El acrecentamiento de las condiciones de competitividad resultaron un desafío a la postre demasiado pesado para nuestra empresa.» (Memoria y Balance de Dulces y Licores La Temulenta S. A., Buenos Aires, 1974.)

> *La Pitipitipiti*
> *me quiere gobernar,*
> *no sabe que yo tengo*
> *mi personalidad,*
> *competitividad.*
> *(da capo, ad infinitum)*
>   (La canción premiada, San Remo,
>   edición de 1970.)

Competitivo/a: «Como ya lo dijéramos, el proteccionismo fomenta industrias no competitivas.» (N. Acosta, *Caballeros de la industria.*)

Complejo: «Con la patrona y los chicos visitamos el Complejo Museo Histórico Nacional.» (Celentano, *En familia.*)

Completación: Acción y efecto de completar.

La completación del plan:
poco circo y menos pan.
(Trabucco, *Vida mía,*
segunda entrega,
Buenos Aires, 1989.)

Completamiento: Acción y efecto de completar.

Con el prurito del completamiento
nos prodigó notable aburrimiento.
(Javier Miranda,
«Ciclo cultural en nuestra
biblioteca», en *Memoria y Balance*
del Club Sportivo,
Buenos Aires, 1976.)

Componer: «Nuestro club, cuya comisión directiva compongo.» (Declaración del señor Formento.) «Imputaciones al Poder Judicial que compongo.» (Denuncia de un juez.)

Ángel o diablo o, si usted quiere, mongo,
la atroz caterva de Nerón compongo.
(Suetonio, *Los doce Césares,*
traducción especialmente
versificada por el Equipo Básico.)

COMPORTAR DE SUYO: «El mozo me dijo: "Al fin de cuentas usted no corre más riesgos que los que comporta de suyo un guiso como éste".» (B. Lugosi, *Últimas andanzas de un noctámbulo*, Buenos Aires, 1943.)

COMUNICADOR: Periodista. Si se agrega *social*, la expresión es del todo satisfactoria.

COMUNITARIO: Común. «En vez de templario, se trabucó y me llamó Estepario, siempre ajeno al bien comunitario.» (Sangiácomo, *Mi vida, esa larga escaramuza*, Rosario, 1972.)

CONCEPTOS: ¿Gastos extras? El lexicógrafo oyó la siguiente conversación:

Empleado: —El señor debe tanto por abono y tanto por conceptos.
Abonado: —¿Conceptos?
Empleado: —Sí, conceptos. O, si no le parece bastante claro, tres conversaciones con Cacharí.

CONCIENTIZACIÓN: Acción y efecto de concientizar. «La concientización de las masas.» «Aportes a la concientización del clero.»

CONCIENTIZAR: Dar, tomar conciencia.

Con pan y chorizo,
yo te concientizo.
(Delbene, *De mal en peor*,
La Plata, 1983.)

Concitar:

> *El que aplausos concita*
> *su coscorrón no evita.*
>
> (M. G. de Correas,
> *Paremiología contemporánea*,
> Córdoba, 1990.)

Concretar: «No concretado el dimensionamiento…» (Requena, *Así es la vida*.)

Concretez: Calidad de concreto.

> *Maestro que alguna vez*
> *lograste la concretez.*

Concretizar: Más fino que *concretar*. «Al fin y al cabo, nunca se concretizaron los cargos.» (Mesa redonda en torno al Petiso Orejudo.)

Concreto: Hecho o caso concreto. «El único escritor presente en aquella reunión, exigió: "¡Concretos! ¡Sobre este asunto yo quiero que me traigan concretos!".» (Trabucco, *Vida política argentina*, segunda entrega, Las Flores, 1949.)

Confidenciabilidad: «Se ofrece gerente con gran sentido de confidenciabilidad. Señor A. Lupin.» (Aviso en un diario.)

Conflictuado: «El protagonista, junto con otros seres conflictuados…» (Crítica cinematográfica.)

Conflictual: «La situación del entenado suele ser conflictual.» (*La nueva sociedad*.)

Confusionismo: *Confusión*, exquisitamente. Frase clásica: «El confusionismo de la hora». Hay quien escribe *confucionismo*. Tanto da.

Conjuntez: «Nos interesa la conjuntez de las Fuerzas Armadas.» (Defensa, *La palabra del Secretario.*)

> *Les doy una novedad*
> *y les hablo como juez:*
> *ganó el premio a la fealdad*
> *la palabra* conjuntez.
> (S. Black, *El corso de Las Flores.*)

Consagrar: Elegir, nombrar, designar, ocupar un cargo. «En las elecciones del 30 de octubre me consagraron.» (Declaraciones del señor gobernador, 23 de abril de 1984.) «Me consagraron vocal suplente del club Rari Nantes.» (Requena, *Currículo de un trepador*, Tigre, 1984.)

Consejos: Para locutores de radio y televisión, *avisos*. «Ahora, unos consejos: *Cigarrillos Barrilete, de humareda en firulete.*»

Conservativo: Anglicismo. Moderado, prudente. «Según los cálculos más conservativos, darte un gusto, hoy en día, te sale un ojo de la cara.» No confundir con *preservativo*. *Conservative* es mal inglés, cuándo no. Fowler, en su *Dictionary of Modern English Usage*, lo considera uno de los más ridículos ejemplos de extensión negligente (o desaliñada o, literalmente, *en chancletas*). La extensión en chancletas ocurre cuando una persona ignorante aplica mal una palabra de origen culto, por no entender su verdadero sentido.

Constante: «La temática emprendida por el bardo transita por tres constantes: el amor, Dios y la tierra.» «Una constante de la literatura argentina es la amistad.» (J. Miranda, *Historia de nuestras letras.*)

Constructiva: Dícese de ciertas críticas. La frase «Acepto críticas constructivas» empléase para indicar que no se aceptan críticas.

Consubstanciado: Término para uso oficial. «El Presidente le pidió la renuncia por entender que no estaba consubstanciado con el espíritu de la Revolución.» En el curso de sus más recientes lecturas, el lexicógrafo descubrió este ejemplo de aplicación de la palabra a situaciones de la vida privada: «Localizarlo, pude; lo encontré a don Pedro en el Perosio; pero lo vi tan consubstanciado con un *fricandeau*, que a gatas atiné a repetir "Me voy" y a dejar para mejor oportunidad nuestra inquietud». (Lumbeira, *Un ganapán entre las cámaras*, Buenos Aires, 1978.)

Contactar: Palabra que nos viene de Norteamérica, donde era muy usada entre gángsters. «Quisiera que quienes no contactaron con una villa de emergencia sepan...» (Carta de una Asistente Social, *los diarios*, Buenos Aires, 6 de agosto de 1971.) «La señorita diputada me contactó en el zaguán.» (*Enhebrando añoranzas*, por «Un viejo ascensorista negro».)

Contacto: «La demorada resultó contacto con el ex diputado, con el sacerdote y ¡con tantos otros!» (Comisario Palafox, *Crónica social.*) «Teléfono apto para contacto confidencial.»

Contemporáneo: Término laudatorio. «Ni al último de los trompetas le negaremos el calificativo de *contemporáneo*.» (Acquaviva, *Panorama de la literatura latinoamericana.*)

Contestes:

> *Estamos todos contestes:*
> *al viejo no lo alegrarás,*
> *así en tus noches te acuestes*
> *con el gran zar Nicolás.*
> (Anónimo de San Petersburgo,
> *De la gleba a la Corte*,
> Traducción Básica,
> Buenos Aires, 1974.)

Conurbano: (De *conurbación*, término empleado por Patrick Geddes, a principios de siglo, para indicar la expansión de una ciudad que engloba a otras aglomeraciones o jurisdicciones urbanas.) «Aumenta la criminalidad en el conurbano.» Según Patricio H. Randle, que me sugirió la inclusión de la palabra en este diccionario, algunos pilares del lenguaje exquisito se animaron a escribir *cono urbano*. «Se agravan los problemas en el cono urbano.»

Conyuntural: Ver Coyuntural.

Coordenadas: Ver Parámetros.

Correcto: Expresión de asentimiento, que significa «Lo oigo». Véase Exacto, Perfecto, Regio.

Cortoplacista: «"En la inteligencia de que no somos cortoplacistas", exclamó mientras metía en su bolsillo los pesos que le presté.» (Pan de Dios Filiberto, *Sinceridades*.)

Cosmovisión: «Carece de una cosmovisión consonante con las exigencias de los tiempos.» (Basile, *Ortodoxia partidaria*.)

Coyuntural: «A fin de superar los conflictos coyunturales que el proceso ocasiona.» (Renuncia de un ministro de Educación.) «Los conspiradores consideraron coyuntural el momento en que el Primer Magistrado se trasladó al baño.» (*Los diarios*, Buenos Aires, *s. d.*)

Crematístico: «La clase media no se mueve por intereses crematísticos.» (Declaraciones de un político, Buenos Aires, 1976.)

Crisis: Con relación a esta palabra, observó Alfredo Serra, el exquisito debe recordar que es *problema* pero también *oportunidad*, porque un solo ideograma chino expresa ambos conceptos.

Cronicar: Hacer una crónica. «Qué bien cronicaba Julio César.»

Cronograma: «Comprometiendo su esfuerzo para resolver los problemas que han afectado el cronograma trazado, demorando un programa que es vital a nuestro esquema productivo.» Aplausos.

Cual: Como. Úsase frecuentemente seguido del verbo *ser*. «Un problema de candente interés, cual es las tarifas eléctricas.»

Cuantificación: «Este análisis tendrá, como soporte necesario, una cabal y urgente cuantificación de nuestros "stocks".» (Hubermann, *La ganadería, la cosa pública y el ocultismo.*)

Cubritivo: «Aumenta el poder cubritivo por aplicación manual.» (Medicina casera.)

Cuenteo: Acción y efecto de contar. «Fue un Pistoletti totalmente decaído el que se incorporó luego del cuenteo reglamentario de protección, para enfrentarse con un Randazzo de lo más desganado.» («Box en Mar del Plata», *La Tribuna*, 17 de agosto de 1981.)

Cuestionar:

> *Balance que yo cuestiono*
> *aunque lo firme Pío Nono.*
> (*Repertorio de respuestas al uso.*)

Cumplimentar: *Cumplir*, exquisitamente.

Cúpula: Grupo que circunstancialmente ejerce el poder. La cúpula cegetista, militar, eclesiástica.

Curricular: Adj. «Concluida su misión en el Caribe, publicó una obrita de corte netamente curricular.» (*Gigantes de la diplomacia*, Buenos Aires, s. d.)

Curricular: V. «Tenga a bien, señorita, traerme sus datos y, en dos patadas, la curriculo.» (Di Pace, *Lo que no fue*, Buenos Aires, 1977.)

Cursación: «Años peligrosos, precisamente porque estamos a un paso de la meta y porque por fin no dudamos de nuestro saber, los de las cursaciones previas al doctorado.» (Aristóbulo Talasz, *Una vida académica*, Buenos Aires, 1978.)

D

Dar: Publicar. «Le preguntamos cuándo daría su próximo poemario.» Véase Entregar.

Definición: «Señalo que la situación creada debe afrontarse con decisión y ponderado juicio por cuanto se trata de tomar definición y medidas de trascendencia.» (Declaración del Decano de una Facultad, *los diarios*, Buenos Aires, agosto de 1971.)

De que: Pienso de que, creo de que, estimo de que, etcétera. Algunas autoridades opinan que el primer ejemplo (escrito) de «dequeísmo» aparece en la inolvidable letra de *Flor de fango*:

> *Mina que te manyo de hace rato,*
> *perdoname si te bato*
> *de que yo te vi nacer.*

Desabastecimiento: «Política que como era de prever produjo pronto desabastecimiento en almacenes y farmacias.» (Uncle Stein, *Desdichada Historia de nuestra economía*, Buenos Aires, 1979, *s. d.*)

Descartar: No descartar. «Se descarta que la situación del asilado constituyó el motivo principal de la reunión entre el embajador y las autoridades.» (Suelto en *La Tribuna del Pomeriggio*, Buenos Aires, 1979.)

Desdichar: Verbo transitivo.

Si por ventura te fichan
para siempre te desdichan.
(Requena, *Prontuariado y pobre*,
Buenos Aires, 1983.)

Desencuentro: Discordia, aun *pelea*. «Estaba todo roto. Había tenido un desencuentro con el energúmeno.» («El enano feroz de La Paternal», suelto de un periódico, Buenos Aires, 1974.)

Desfasaje: Falta de correspondencia entre condiciones o circunstancias. «En la espiral inflacionaria, tarde o temprano se produce el desfasaje entre precios y salarios.» (Don Juan de Jasses, *El mejor pago*, Las Flores, 1977.)

Lo más granado del farabutaje
celebró con jarana el desfasaje.
(Descripción circunstanciada
y solemne de un acto oficial,
los diarios, illo tempore.)

Despojado: En la acepción de desposeerse de algo voluntariamente (pero sin aclarar de qué). «Para mí tengo que Azorín fue un pionero del estilo despojado.» (Currita Albornoz, *Precisiones críticas*, La Plata, 1979.)

Desubicado: «El doctor es uno de esos eternos desubicados que si va al Hipódromo lo sacan a empujones, porque se puso a corretear por la pista.» (Barinugli y su pingo Tragavientos, «Siluetas porteñas», en *Historia de nuestro turf*.)

Detentar: «Nicolino, que detentó el título de campeón mundial…» (Lo Valvo, *Deportivas*, tomo VII, 1989.)

Dialogar: Úsase en lugar de las formas anticuadas *conversar, discutir, reñir*. «Hoy lo vi al del 3º B con un ojo negro. Había dialogado con la encargada.»

Diálogo: Conversación entre enemigos. «El funcionario nos declaró que el gobierno se muestra abierto al diálogo con la guerrilla.» (*La Tarde*, Buenos Aires, 1975.)

Dietario: De la dieta.

> *La gorda, que no es otaria,*
> *fijó las normas dietarias.*

Digitar: «Los nombramientos, como es de práctica, se digitarán a nivel de comité.»

> *Prominente cafisho de sombrero,*
> *digita el pupilaje con esmero.*
> (C. Baigorria,
> *¿Dónde está el Rosario Norte?*)

Dimensionamientos: «Nuevos dimensionamientos que celebramos jubilosos.» «Dimensionamientos poco acordes con una economía saneada.»

Dimensionar: «El orador dimensionará su pieza dentro de los estrictos límites de la resistencia humana de los oyentes.» (Timón, *Libro de los oradores*, nueva traducción, Buenos Aires, 1973.)

Dinámica: «La débil dinámica de esos entes.» (Discurso de un ministro de Economía.)

Dinamizar: «Sobre mi gestión, sólo adelantaré que mi preocupación inicial será dinamizar y optimizar al máximo posible el desenvolvimiento de la repartición.» (*Florilegio de hermosas promesas*, Buenos Aires, *s. d.*) Véase Optimizar.

Dinerario/a: Relativo al dinero. «Su decadente situación dineraria.» (Fallo de un juez, Buenos Aires, 1976.)

Pelafustán que desfraudó al erario
por un simple motivo dinerario.
(*Historia argentina actualizada*,
Buenos Aires, 1976.)

Directiva: N. f. «Directivas de Impositiva para el año en curso.»

Directivo: N. m. «Reuniéronse en el Negrete directivos de Yacimientos Carboníferos Fiscales.» (*Los diarios*, Buenos Aires, 8 de febrero de 1971.)

Dirigencia: «Cambios en la dirigencia soviética.» (Titular de un diario, Buenos Aires, 7 de junio de 1977.)

Disenso: *Desacuerdo*, finamente. «Continúa el disenso en la discusión salarial.» (Titular de un diario, Buenos Aires, 13 de enero de 1976.)

Disfrute: Acción y efecto de disfrutar.

Quien adquiera el proyecto firmado Farabute,
de un balcón sobre el mar tendrá todo el disfrute.
(Piranesi, *Teoría y práctica de la arquitectura*, Mar del Plata, 1977.)

Dispositivo: Tal vez decretos, reglamentos; más probablemente resoluciones, medidas, aun disposición de grupos militares o policiales. «Les anticipo, además, que el Poder Ejecutivo tiene a la firma varios dispositivos de inminente aparición.» (*Anales de la oratoria oficial*, Buenos Aires, entrega del 27 de mayo de 1971.) «Un dispositivo policial rodeó la casona.» (Noticia en los diarios, Buenos Aires, mayo de 1983.)

Dolarizado:

Mendigo mísero, dolarizado,
dejaste a más de uno mal parado.
(Lo Valvo, *Con despecho*,
Buenos Aires, 1989.)

Dramático: Anglicismo. Extraordinario, violento, marcado. «No se esperan dramáticas variaciones en la cotización de barritas de azufre contra la tortícolis.» (*Los diarios*, Buenos Aires, 25 de octubre de 1984.)

E

Edición: «Nueva edición del Festival de San Remo.» «Nueva edición del Campeonato Metropolitano de Fútbol.»

Edificación: Construcción, edificio. «La del antiguo Consejo Nacional de Educación es una edificación palaciega.»

Efectivización: Acción y efecto de efectivizar. «Me aseguran que la palabra aparece en un decreto de 1982.» («Qué gente», suelto de *Última Hora*, Buenos Aires, 1983.)

Efectivizar: «No todo el mundo puede efectivizar un viaje de bodas por el Caribe.» «Sus pagos en término efectivizan nuestro servicio.» (Empresa Nacional de Teléfonos.)

Efectivo: Chilenismo. Cierto. «Declaró que no era efectivo que hubiera pretendido entrar en forma subrepticia en el cuarto de la señora.»

Efectos, a los: Expresión que del ámbito burocrático llegó al doméstico. Para, con el propósito de. «Don Benito se fue para su casa, a los efectos de echarse una siesta.» (Lo Valvo, *La novela de un idealista*, Buenos Aires, 1988.)

Efectuar: Referido a cosas materiales. «A pesar de la escollera efectuada con piedras transportadas de canteras…» (*Los diarios*, Buenos Aires, 10 de septiembre de 1980.)

Eficientización: Proceso por el que se mejora la eficacia de una empresa, de una institución, etcétera. «Pensar en eficientizaciones es incursionar en literatura fantástica.» (Peter Maquiavelo, *De la realidad argentina*, Burzaco, 1989.)

Ejecutivo: N. m. Dirigente de empresa. «Portafolio de primera, cronómetro malla de oro, pelo de camello: tratábase, a todas luces, de un ejecutivo.» (Villarejo, *Llegadas*, Ezeiza, 1989.)

Elaborar: Pensarlo bien. «Esta noche lo elaboro y mañana te digo si voy al asado.» (Parte de conversación oída por el autor mientras «hacía cola», antes de hablar por un teléfono público.)

Elitismo:

Radicado en el fondo del abismo
un bodriero negaba el elitismo.
(Reger Samaniego,
Fabulario nacional y popular.)

Emolumento: Según el diccionario de la R. A. E., «gaje, utilidad, propina que corresponde a un cargo o empleo». Exquisitez poco agraciada.

Me dicen que por ser un esperpento,
me dan el puntapié, de emolumento.
(Vitulia Cazela, *Costeando la Costa Brava*, Morón, 1986.)

Emprendimientos: «Con relación al Brasil y al Paraguay se habla mucho de emprendimientos bilaterales.» (CLEMENS, *Cuando los ríos no traigan agua*, Río Hondo, 1978.)

Empresamiento: Brasilerismo. Empresa, obra. «Las represas son empresamientos de incalculable efecto sobre nuestro clima.» («El pesimismo es lucidez», en *El Mirador de Lanús*, Lanús, octubre de 1989.)

Empresariado: Conjunto de empresarios. «El empresariado, en pleno, en el Palacio de la Papa Frita…» (REGER SAMANIEGO, *Cronicón porteño*.)

Empresarial: «Rechazo empresarial.»

Empresario: Persona no necesariamente vinculada con el teatro. «Su novela gauchesca no interesa. No fue escrita desde el punto de vista del peón, sino del empresario.» (ALBESA, *Observaciones críticas*.)

Encargado de casa de renta: Portero.

Ende, por: Por tanto. Exquisitez módica.

Enfocar: «¿Cómo enfoca usted el matrimonio de los curas?» (E. FURLAN, *La foca traviesa*, Buenos Aires, 1973.)

Enfoque: «Aunque se muna de prismáticos y de su platea en fila cero en el Maipo, no lo creemos capaz de lograr un moderno enfoque del problema de la carne.» (SANATA, *La Corporación de Productores de Carne y la res* per cápita.)

En tanto y en cuanto: Siempre que. «En tanto y en cuanto se nos consulte daremos satisfacción.» (Declaración de la Cámara de Asesores de Funcionarios Públicos.)

Ente: Oficina pública, comisión. «Se ha previsto la creación de un ente que estudiará las etapas previas a la iniciación de los trabajos previstos.» (Doctor Reger Samaniego, *El golem*, Luján, 1971.)

Entelequia: «No necesito recordar que la Nación no es una entelequia.» (Declaración de un político argentino.) «¿Qué significa, exactamente, *entelequia*? Un veneciano, hombre de posición y de cultura, quiso averiguar el sentido de la palabra y, como no podía interrogar a su inventor, Aristóteles, por haber muerto, recurrió al diablo, con resultado desconocido.» (Pierre Larousse, *Dictionnaire du XIXe. siècle*.)

Entidad: Importancia. «Ese problema reviste entidad como para convertirse en un asunto de primera magnitud.» (Campolongo, *Lo importante va adelante*.) «Nos ha llegado una noticia de tal entidad, que postergaremos el resultado del propio PRODE.» (Noticiero de televisión, septiembre de 1978.)

Entorno: «En el entorno del señor ministro, está Mefisto.» (L. Semon, *Diccionario infernal*.)

Entrega: Lo que se entrega u ofrece. «La poetisa nos entregó *Pétalos de mi corazón*.» También son entregas los recitales de un cantante, de un pianista, etcétera.

Entrenar: Españolismo por *entrenarse*. «Paré la oreja cuando me dijeron que el equipo entrenaba en campo ajeno.» (*La Voz del Hincha.*) Véase Campeonar y Clasificar.

Envergadura: «Aseguró la Jefa de Personal que el Sr. Mañara había realizado estudios profesionales de envergadura.» («Apostillas» en la *Revista de la Empresa*, número dedicado a la primavera, septiembre de 1974.)

Equívoco: Finamente, *equivocación* o *error*.

Ergo: Por tanto. Suele usarse por pedantería humorística.

> *Yo estoy cansado de reproches, ergo,*
> *ahora mismo, m'hijita, la postergo.*
> (Byron, *Don Juan*, canto XVII,
> trad. de Valerga y Vacarezza,
> Buenos Aires, 1955.)

Errático: Exquisitamente puede significar *erróneo*, *errado* o —¿por qué no?— *errático*. «El tiro de Tarascone resultó errático.» (Malón de Chaide, *Historia del fútbol rioplatense*, Montevideo, 1971.)

Escalada: Avance del enemigo.

> *Cuánta matrona argentina*
> *no se muestra hoy preocupada*

> *porque el sector que recula*
> *sigue alegre su escalada.*
>
> (*Cielito de la Plaza Roma*,
> Buenos Aires, 1898.)

Escogitar: Exquisitamente, *escoger*, *elegir*. «Después del baile se procedió a la elección de la reina y de las princesas, acto en el que resultaron escogitadas las representantes de dos provincias y de la Capital Federal...» (René Descartes, *¡Volvamos a Kant!*)

Escuchábamos: Por *escuchamos* u *oímos*, dicen exquisitamente los locutores. «Escuchábamos al señor Ray Charles.» «Escuchábamos a Los Iracundos, en *Una lágrima, un sollozo*.»

Escuchar: Oír (verbo, este último, que no se usa. El día menos pensado le tocará el turno al verbo *mirar*, y nos dirán: «Encienda, por favor, la luz, que no miro nada»). «¡Silencio, chicos, que la doctora Tivolari no me escucha!» «Hable más alto, que no se escucha.» *Che, papusa, escuchá* (versión actualizada de un famoso tango).

Esférico: Pelota. (*Cf.* Alfredo Serra, *Pequeño José María Muñoz Ilustrado*, Buenos Aires, 1987.)

Especie: Por *versión*, *rumor*. Como bien dice Alfredo Serra, este uso de la palabra *especie* hubiera enfurecido a Darwin.

Especificidad: «La especificidad histórica de la industrialización secuencial...» (A. Tostado, Jr.,

Mi estilo es Mozart para mí, Buenos Aires, 1973.)
Ver Secuencial.

Espectar:

> *Engullendo un candial*
> *espectaba el Mundial.*

Esquema: Fuera de sus acepciones tradicionales, la palabra es de uso frecuente y vago. «Círculos minoritarios, interesados en mantener viejos esquemas.» (Portós, *La demagogia al alcance de todos*, Buenos Aires, 1971.)

Esquemas, romper los: Desorientar. «Con una sorpresiva apertura, Korchnoi rompe los esquemas del campeón y sus ayudantes.» (Subtítulo de un diario de Buenos Aires, 1978.) «Un farabute genial, que un día inventa la cafetera explosiva y te rompe los esquemas.» (Huberman, *De inventores y otros cómicos de la legua*, Buenos Aires, 1975.)

Estamento: Ya en sus *Armonías universales*, de 1895, don Marcelino acomete contra algún autor que ha empleado indebidamente el vocablo:

> *Al derecho y al revés,*
> *parla siempre de estamento*
> *si no como aragonés,*
> *como porfiado jumento.*

Estampar la firma: Firmar, con mayor importancia.

Estar: *Living room*, *hall*, sala de estar. «Los arquitectos, responsables del neologismo, aguardaban la sentencia en el estar.» (Toro y Gómez, *La pena capital según nuestras leyes*.)

Estrato: «Si acreditara competencia atendería conmutador automático y público de alto estrato.» (Fustian Le Fanu, *Romance en New Port*, 1929, Traducción Básica, 1974.)

Estresado: «Después de tanto agasajo, quedó estresado y hubo que internarlo en la Pequeña Compañía.» (Lo Valvo, *Itinerario de un vencedor*, La Plata, 1988.)

Estresante: «La película resultó más estresante que una conversación con tu viejo.» (Di Leo, *Cartas a una mujer soñada*, Buenos Aires, 1989.)

Estresar:

Será verdad que el colectivo estresa
pero haga el bien de no venir con ésa.
(Réplica de un juez de faltas,
Buenos Aires, 1993.)

Estructuras: «Hay que cambiarlas.» (J. Miranda, *Diccionario de frases hechas*.)

Ético: Por *flaco*, es una exquisitez arcaica. Dícese también: «Estar ético de flaco».

Evacuar la consulta: Expresión forense que el espíritu exquisito ha volcado, con propósitos ornamentales, en el lenguaje corriente.

Evento: Acontecimiento, suceso, espectáculo imprevisto o previsto.

Evitación: Acción y efecto de evitar.

Exacto: Término de asentimiento, sinónimo de *correcto, perfecto, regio*. En realidad sirve para indicar al interlocutor que se lo oye.

Exclusivar: Distinguir, privilegiar, acaparar. «Grupos empeñados en exclusivar el renglón Alí Babá, como si no hubiera otras formas, acaso más graves, de embromar a un país.» (Requena, Ponenda en el Simposio en torno a la fundamentación de una ética de la función pública, 1609 Boulogne, 1977.)

> *Entre sus brazos, la señora Siva,*
> *al hombre que yo quiero lo exclusiva.*
> (Normita Sisisbea,
> *¿Quiénes son las verdaderas*
> *marginadas?*, Quilmes, 1978.)

Exhaustivo: «A nivel burocrático, todo estudio debe ser exhaustivo.» (Porto, *El arte de gobernar en veinte lecciones*, Buenos Aires, 1973.)

Explicitar: Explicar. «En dos palabras le explicito la razón de nuestra decadencia nacional.» (Lo Novo, *Promesas del candidato*, Carhué, 1993.)

Expurgo: N. «Acometamos el expurgo de los textos.» (Licenciado Cabra, *Nuevas arengas.*) «En los cursillos empleamos la palabra *expurgo*, sin duda atractiva (por lo menos para mí) y que tiene la ventaja de no recordarnos horas amargas de nuestra garufienta juventud.» (Morpurgo, *Nuestra dorada juventud.*)

Extracurricular: «El señor diputado, de frondosa actividad extracurricular...» (Felipe Panizza, *Nuestros prohombres*, Buenos Aires, 1973.)

Extremosidad: Extremo, más ampulosamente. «La presión del compromiso fue tocando la extremosidad de crear un decidido enfrentamiento nacional.» (*La Tarde*, Buenos Aires, 25 de julio de 1987.)

F

Fabuloso: Muy bueno, excelente. «Pasamos una tarde fabulosa, frente a la pequeña pantalla.» (Munchhausen, *Facetiae*, Buenos Aires, 1975.)

Facilistas: Dícese de resoluciones que se toman por ser fáciles.

Factibilidad: «Créame, señor, hoy por hoy en este bendito país no pasamos de proyectos de factibilidad.» (Debate sobre *El Plan Cóndor* o *El porvenir en subterráneo.*)

Fáctico: Adj. Real. Circunstancial. De hecho. «Se propondrá la reubicación del personal, en la medida que las condiciones fácticas lo permitan.» (Declaración *De propios labios de la empresa*, Berazategui, 27 de octubre de 1979.)

Facultativo: Mejor que *médico*. «Mi hija, la facultativa.»

FALENCIA:

> *La mina, que sufrió por su falencia,*
> *rezonga si lo llaman Eminencia.*
> (HUIZINGA, *El jugador*,
> Buenos Aires, 1975.)

FAMILIAR: Pariente. Palabra del radicalismo, sólidamente arraigada. «La habrían inventado periodistas, en tiempos de don Hipólito.» (UN VIEJO, *Nuevas lecciones de cosas*, La Paternal, 1985.) «Mateando con familiares, en el bosque de Palermo.» (LO VALVO, *Idealismo al uso.*) Véase también:

> *Llamarás familiar a aquel pariente*
> *que siempre y de muy cerca te reviente.*
> (LANGLE, *Grandezas y miserias*
> *de la sociedad de familia*
> *en la Historia de nuestra patria*,
> Buenos Aires, 1982.)

FANTASMA: Objeto, real o irreal, que se agita. «Nuestro émulo criollo del doctor Mossadegh agita de vez en cuando el fantasma de las multinacionales.» (BÁEZ, *Intervenciones.*)

FANTASMÓN: Usábase en la frase: «El fantasmón del comunismo».

FARMACIA: Palabra que en alguna época sustituyó exquisitamente a *botica*.

FENÓMENO: Usado como adverbio es vulgarismo o, mejor dicho, vulgarísimo. Significa *muy bien*.

Amigo: ¿Cómo está la patrona?
Marido: Fenómeno.
(Julián, *Un tigre para el vals criollo*, Balvanera, 1943.)

Ferro-urbanística: Palabra compuesta que ha merecido rápida aceptación. «Acerca de la reestructuración ferro-urbanística opínase.» (*Los diarios*, Buenos Aires, 21 de julio de 1971.) En Rosario, ya existe una «Comisión Coordinadora Ferro-urbanística». Felicitémonos.

Feta: Tajada de jamón, de salame, etcétera. *Locus classicus*: «Señor fiambrero, ¿me obsequia una fetita?».

Ficcionalizar: Novelar, más abarcativamente, como diría Di Pace. «Ficcionalizó la vida de Bolívar», leemos en una nota del señor Sordelli. «¿Mi sueño? ¡Ficcionalizar al negro Falucho!» (Farfarello, en su contestación a la encuesta «¿Qué desearían filmar los directores argentinos?», *los medios*, Buenos Aires, 1989.)

Fifar: Palabra de mujeres. Copular.

Figurón: Dícese de quien tiene más renombre que méritos. «Personaje de la mitología nacional, un poco trasnochado, ya que a su debido tiempo lo echamos por la ventana, pero que hoy en día, como abanderado y promotor de la imagen, ha vuelto por la puerta principal y se ha convertido en paradigma de los pobladores.» (G. Montenegro, *Escrutación de la realidad argentina*.) Véase Imagen.

Filme: Grafía de *film*, para personas defectuosas, que requieren vocal de apoyo.

Filosofía: «De boca del propio Director Técnico recogimos precisiones acerca de la nueva filosofía de la primera de Ferro.» (Gutenberg, *Podemos dormir tranquilos.*)

Focalizar: «El tema de la reelección presidencial focalizó, al mismo nivel que el intentado diálogo, marchas y contramarchas.» (Subtítulo de un suelto, en un diario de Buenos Aires, febrero de 1976.)

Foráneo: Adjetivo peyorativo. Extranjero. Capitales foráneos (norteamericanos o ingleses), prédica y sistemas foráneos (comunistas).

Fractura: «Fractura cultural entre regiones y clases; desigualdad para acceder (véase entrada Acceder) a la cultura... significaría una nueva fuente de fractura entre las clases sociales argentinas.» (Declaración de maestros, *los diarios*, Buenos Aires, mayo de 1971.)

Fuerza, medidas de: Huelgas, quites de colaboración. Véase Reglamento, trabajo a.

Función de, en: Para.

Fundacional: «Sin enredarse en la eterna cuestión de saber, qué caray, quién tuvo más sentido fundacional, Mendoza o Garay.» (M. Loza Argibay, *La Fundación Sizaire Berwick*, Formosa, 1973.)

Fundamental, fundamentalmente: Adjetivo y adverbio. Véase Básicamente. Palabra ineludible para políticos, funcionarios, estrellitas de T.V., etcétera.

> Periodista: ¿Crees en el matrimonio?
> Estrellita: Creo, fundamentalmente, en la pareja.
>
> (FERNANDO SORRENTINO, *El mejor de los mundos posibles*, 1976.)

G

GALDOSIANA, LORQUEANA, LUGONIANA, ¿MENÉNDEZ Y PELÁYICA?, ETCÉTERA: Adjetivos que hoy no sólo se aplican a la obra de imitadores y discípulos, sino a la de los mismos Galdós, Lorca, Lugones, Menéndez y Pelayo, etcétera.

GALVANIZAR: Palabra fina, desprovista de novedad. «Cuerpo docente y alumnado galvanizados en un solo anhelo.» (MARMEDUKE, *Para mí el colegio fue una cárcel*, Buenos Aires, 1932.)

GENERAR: Producir, emitir. «Nos hemos visto obligados a generar un nuevo recibo.» (*Bancos y banquillos*, circular de los Bancarios, Bancalari, 1981.)

GERENCIAL: «El ambiente se vuelve pesado, porque todo el mundo en la empresa aspira a un cargo gerencial.» (REGIOMONTANO, *Cómo construir una paloma de metal, que vuela.*)

GLOBALIDAD: Calidad de global. Ú. en s. f. «La globalidad del enfoque regional, que implica plantear como algo fundamental la comprensión del fenómeno de distribución espacial, para la interpretación de la realidad.» (Sordelli, *Hacia la asonancia y la rima*, Carmen de Patagones, 1979.)

Globalización: «La globalización de la cultura está en el programa de los medios.» (Viglione, *Con el pie en el acelerador*, Rosario, 1993.)

Gracia: Nombre. «¿Cuál es su gracia?» (Reportaje de Tulio Savastano al Soldado Desconocido, *Destiempo*, octubre de 1989.)

Gran danés: Palabra de difícil manejo en plural. No corrija «Paseando los grandaneses» por «Paseando los Santos Bernardos».

Gruesa, estar: Estar embarazada.

Cosa de un año que no voy a ésa
y mi señora, en el Rosario, gruesa.
(Muñagorria Muñante,
Melodías, Melincué, 1927.)

Grueso: Por *gordo*, es una exquisitez anticuada. «Mi hermanita contrajo enlace con un señor que está muy bien, lindo hombre, grueso él...» (Nélida, *Misivas*. Publicación costeada por un grupo de sus amistades, Buenos Aires, 1924.)

Guardar cama: (Jerga periodística argentina.) Dar a luz. «Nuestro embajador casi enferma de la risa cuando leyó en algún diario de ese país que un señor guardaba cama.» (S. Ramírez, *La visita era yo*.)

Guardavalla: Arquero. «Nuestras discusiones llegan pronto al punto paralizante, de proclamar (*inter nos*) cuál fue el mejor guardavalla de la Historia. Zamora, para don Antonio; para mí, Tesorieri, siempre Tesorieri.» (Paternoster, *Mi valoración retrospectiva del deporte*, Cañuelas, 1981.)

Guáter, el: Nada exquisito apócope de *water-closet*.

H

Habíamos oído: Por *hemos oído* u *oímos*, es habitual de locutores de radiotelefonía.

Habida cuenta: Teniendo en cuenta.

Habilitar: Uno de los verbos predilectos del periodismo. En la forma reflexiva logra su mayor belleza. «Junto al salón de actos habilitóse el excusado.» «Habilitan escuela de colectiveros en Vieytes.» (Titulares de *El Tiempo* y *El Heraldo*, Buenos Aires, 1976.)

Hacer: Recorrer, visitar.

—Sabemos que acabás de volver de Europa. ¿Dónde estuviste?
—Bueno. Hicimos España, Italia...
(Diálogo citado por Fernando Sorrentino, en *El mejor de los mundos posibles*, Buenos Aires, 1978.)

Hacer a: Corresponder, atañer, tocar. «Muchas cosas que hacen al gusto de los argentinos.» El funcionario engola su voz al decir frases como: «Preocupaciones que hacen a la conducción nacional».

Hacer a tiempo: «Si hago a tiempo, paso por la galletitería.»

Hacer gala: «Haciendo gala de mi proverbial modestia», como dijo un presidente.

Hacer nombres: «Prefiero no hacer nombres, declaró nuestro entrevistado, con dignidad y prudencia.» (Reportaje a un político, Buenos Aires, 1973.)

Hacerse problema: «No se haga problema, doña Ema.» Ver Problema.

Histórico: De la primera hora. «En casi todos los partidos políticos, aun en los de formación reciente, existe una facción histórica.» (Araya, *El partido político en nuestro medio*, Turdera, 1987.)

Hizo su aparición: Apareció, vino, llegó.

Honrara: Pacotilla idiomática generalmente usada, a modo de ornamento, en las renuncias de funcionarios. «Agradeciéndole las relevantes pruebas de confianza con que me honrara.»

Hora pico: Hora de mayor actividad.

> *Si uno viaja a la hora pico*
> *lo confunden con un mico.*
> (Pancho Requena, *Cartas de amor de un chafe*, Buenos Aires, 1976.)

Hoy en más, de: «Ten presente que no verás a Michín de hoy en más.» (*El adiós de un alto funcionario.*)

I

Idealmente: «Será necesario ser graduado universitario e, idealmente, tener entre 35 y 42 años.»[1] (De un aviso en los diarios de Buenos Aires, 1978.)

Idóneo: Útil, más exquisitamente. «Instituyó la prebenda y la dádiva como medios idóneos para conglutinar voluntades.» (Sayago, *Encomios.*)

Imagen: «Hay que cuidarla.» (Javier Miranda, *Diccionario de frases hechas.*)

Impactación: «Como se lo dijeron, registró menor impactación que si lo hubiera visto. Qué le vamos a hacer.» (Desimone, *Procesos psicológicos en nuestra vida diaria.*)

Impactante: «¿Qué me dice de la Moncha?» «¡Impactante!» (Einsenstein, *Tratado de álgebra.*)

Impactar: En sentido directo, la palabra es poco frecuente. «El balazo impactó al sátiro de Villa Luro en uno de sus miembros.» (*Noticias de policía,* de un diario porteño.)

---

[1] Para realzar como corresponde la frase, léala en voz alta y marque la coma, con una pausa, después de la e.

Implementación: Acción y efecto de implementar. «Implementación del alumnado ¡y de la juventud toda! para su enfrentamiento con las problemáticas de la vida.» (*Ensoñaciones de una docente.*)

Implementar: Dotar de los elementos necesarios para que algo cumpla su función. «El sueño loco de implementar un bulincito a una corista.» (Requena, *La juventud porteña de* illo tempore.)

Implicancias: Lo que algo supone o trae consigo. «Las implicancias de su visita nos cortaron el resuello.» (Felipe Frinziné, *Corona de espinas.*)

> *Lo digo con su implicancia:*
> *prefiero a Fratelli Gancia.*
> (Coplas del Senado.)

Impudoso: «Me violentó la película, porque mostraba unas prójimas abocadas a los actos más impudosos.» (Campolongo, *Diario de un censor*, Buenos Aires, 1975.)

Incierto: Falso. «Poco antes de darse a la fuga, reiteró que las acusaciones de estafa eran inciertas.»

Incinerado: «¿Cómo voy a estar? ¡Incinerada, che! Me vieron con el que te dije.» (Gladys Black, *Conversaciones filosóficas*, Glew, 1977.) Ver Quemo.

Incomparencia: «Todo funcionario deberá comparecer en el Teatro Colón, para el Baile de Máscaras, bajo apercibimiento de considerarse su incomparencia injustificada como circunstancia agravante y ordenarse su arresto y/o secuestro.» (Visca, *Tiempos aquellos.*)

Incompatibilizar: «Al asumir esta actitud no tengo motivaciones particulares ni políticas. Me obliga el clima existente que incompatibiliza mi presencia con la del señor Fantomas.» (Texto de la renuncia de un funcionario.)

Incorporar nutrientes: Comer. «Incorporar nutrientes en un restaurant de la Recoleta.» (Marian Brown, *Crónica porteña: los restaurantes*, Villa Lugano, 1987.)

Incredulizar: «Nadie podrá incredulizarlo sobre el mal de ojo que le echó la vecina.» (Don Tertuliano, *Usted es como yo*, Cartago, 1978.)

Incumplimentar: Incumplir.

> *Que no habían firmado*
> *ni incumplimentado*
> *el menor tratado*
> *con el alumnado.*
>
> (Luisita Albesa, *Pétalos de mi corazón*, Guernica, 1965.)

Indexación: «Otro cliente de barba como la suya y aplico la indexación a las afeitadas.» (Quejas de un oficial peluquero, Buenos Aires, 1978.)

Indumentaria: Ropa.

Indumento: Degradación de Indumentaria. Existe asimismo el correspondiente verbo. «Para el convite se indumentó de riguroso marrón.» (Modesto Requena, *Nuestra garufienta juventud*, Boulogne, 1990.)

Inédito: Nuevo, nunca visto. «Con pasión inédita, Defensores de Belgrano goleó a su oponente.» (Gutenberg, *La estrategia de mi once.*)

Influenciar: Influir.

Informática: Según la enciclopedia de un amigo, la informática es el tratamiento racional y automático de la información. «Impacto de la informática sobre la sociedad tecnocrática y cibernética.» (*Sabiduría de nuestro Imán*, Termas de Río Hondo, 1973.)

Informatizar: Aplicar a un conjunto de conocimientos los procedimientos y los métodos de la informática.

Infraccionar: Infringir, cometer infracciones.

> *A quien reglas de tráfico infracciona*
> *la boleta o la coima lo sanciona.*
> (Anónimo Palermitano,
> *Aquel Zorro Gris*, tango-canción,
> Buenos Aires, 1975.)

Infraestructura: Palabra que aporta al estilo el prestigio de la técnica. «La infraestructura de nuestra economía.» «Deja que desear la infraestructura hotelera de la región Cataratas.» «El gobernante previsor tiene la mirada puesta en la infraestructura.» (ARISTÓBULO TALASZ, *La base de todo porvenir*.)

INFUNCIONABILIDAD: «La aparente infuncionabilidad de la democracia abrió la puerta a más de un golpe de Estado.» (*Mi noche triste*, vol. XII.)

INGESTA: Acción y efecto de comer y beber. «El catarroso aumentará su ingesta de líquidos.» (DOCTORA EMILSE, *Ingesta propuesta*, El Entre Ríos, 1988.) «Para una ingesta memorable, váyase a París.» (B. S., *Vademécum del turista gastronómico*.)

INGRESAR: Entrar.

> *El doctor, lo había notado,*
> *ingresó en el excusado.*
> (SAMANIEGO, *Vida y milagros del doctor Sampaio*, Dolores, 1985.)

INICIO: Más exquisito que *comienzo*, mucho más que *principio*. «Desde el inicio de su gestión, el señor Gobernador la embarró fiero.» (JOHNSTON FIERRO, *Disquisiciones de alto nivel sobre la posible intervención a una provincia*.)

INMEDIATEZ:

> *Alguien dijo: «Hable Prudencio».*
> *Me asustó la inmediatez,*
> *me levanté en el silencio*
> *y dije una estupidez.*
> (PRUDENCIO TALASZ, *Recuerdos de un orador*, Buenos Aires, 1974.)

Inmovilista: Dícese de quien no quiere cambios.

Inquietud: N. s. Duda, acaso discrepancia, por lo general de carácter estrictamente pecuniario. Suele usarse con el verbo *traer*. «Yo, señor, me he limitado a traerle una inquietud de los sectores Promoción y Ventas.»

Inquietudes: N. p. Afición por las letras o por las artes. «Una chica moderna, con inquietudes.»

Insensibilidad: Palabra de uso frecuente cuando se discute un salario. «La patronal demostró insensibilidad.»

Instancia: «Anuncia instancias decisivas Egipto.» (Titular de un diario porteño.) «Un vibrante encuentro con todas las instancias que nos preocupan.» (Declaraciones de un profesor.) «En últimas instancias»: *en última instancia*, con mayor énfasis.

Instituirse: Convertirse, llegar a ser. «Indios-Santa Catalina se instituyó en dueño de la brega.» («Polo en Polvorines», *La Tribuna*, 17 de agosto de 1981.)

Instructivo: N. m. Exquisitez de burócratas, que reemplaza a la palabra *instrucciones*. Una necesidad muy sentida.

Insumo: «El país que producía alimentos e importaba insumos industriales y equipos, qué caray, ya no es viable.» (Declaraciones de un político.)

Hará un ratito, a lo sumo,
que sé la palabra insumo.
(Confesión arrancada
al mismo político.)

> *A fuer de rasta*
> *de buena casta*
> *me daba humos*
> *con los insumos.*
>
> (ALTER EGO,
> *Andanzas de un loco lindo.*)

¡INTERESANTE!: Exclamación que se emplea para cambiar de tema.

> —*Mire, mire ¡qué puesta de sol!*
> —*¡Interesante!*
> (EL GORDO ACOSTA, *Departiendo con Mr. Turner*, Londres, 1971.)

INTERESAR: Afectar (acepción nada exquisita.) «Los reumatismos le interesaron la paleta.»

> *Con esa cara de galleta y queso,*
> *y un lengue interesándole el pescuezo.*
> (MAUCCI, *Galería Universal de Grandes Escritores*, Barcelona, 1976.)

INTERNALIZAR: 1) Tomar conciencia de algo. 2) Estar resignado a ello. «Ya sé que soy petisa, pero lo internalicé sin problemas.» (Fernando Sorrentino.) Ver ASUMIR.

INTRUSAR: Ocupación de viviendas por indeseables.

> *Su monoblock intrusado*
> *lo tiene asaz preocupado.*
> (*Infortunios de un rentista.*)

Irrespetar:

*El que un día al Garduño lo irrespeta
se encuentra al otro donde no se meta.*
(Bongo Garduño, *Poesía críptica*,
Puerto Mariscalito, 1978.)

J

Jerarcas: «Jerarcas del Mercado de Abasto.» «Yo siempre digo: no hay como los grandes jerarcas para traer su bolsita donde llevar el pan.» (*Recuerdos de la 3ª*, Retiro.)

Jerarquizado: «Esta jerarquizada tribuna.»

Jerarquizar: «Echen mano, para sus declaraciones y discursos, de una terminología acorde con la hora, que jerarquiza al funcionario ante la masa.» (Peter Maquiavelo, *Vademécum del político argentino*.) «También existe nuestro afiliado tipo, que usted no lo jerarquiza ni a patadas.» (G. Fisher, *Confesiones*.)

L

Laicado:

> *Como usted lo habrá notado*
> *confunde clero y laicado.*
> (Elsa Elba Campolongo,
> *Un cura y yo*,
> Ituzaingó, 1972.)

Latinoamericanidad: «Vocablo que personas de mal carácter emplean como insulto.» (Oscar Vigo, *La Latinoamericanidad puesta al día*, Bogotá y Buenos Aires, *s. d.*)

Lenguaje: Conviene denominar así a los medios de expresión que prescinden de lo que el vulgo llama *palabras*.

Lentización: Retardo, demora. Acción y efecto de lentizar (*véase*). «Lentización de las ventas cárnicas.» (Titular de un diario de Montevideo.) «Notable lentización de las acciones notose al promediar el segundo tiempo.» (*El Rotativo de la Tarde*, 19 de noviembre de 1989.)

Lentizar: Retardar, desacelerar. «Los que lentizan, van ganando la pulseada.» (Modesto Requena, *El llano es mi patria*, Azul, 1989.)

Lesionado: Lastimado.

Lesionar: Lastimar. Herir.

Líder: «Esa política que deberá retornar a la Nación a los planos líderes en el mundo que otrora ostentó.» (Papus, *Prosa palermitana*.)

Liderar: «La única forma posible de resistir airoso el agresivo y acelerado embate del progreso operado en el mundo —que es compartiéndolo y liderándolo—...» (Papus, *Prosa palermitana*.)

Lijoso: Palabra que deja ver, en quien la emplea, la posesión de un diccionario. «Amén de rijoso, lijoso.» (Más y Pi, *Vuelva por donde vino*.)

Lucir: «Le prevengo, comisario: la próxima vez que mi marido llegue tarde y luzca nariz colorada, duerme afuera.» (Xantip von Riesenfeld und Vulpius, *Memorias de un ama de casa*, Lanús, 1978.) «Chernenko luce enfermo y endeble.» (Suelto en un diario de Buenos Aires, el 16 de septiembre de 1984.)

M

Malinterpretar: «Recalco que en muchas partes se malinterpreta la posición de su gobierno.» (G. Melibea, Entrevista política, *El Gran Rotativo*, Buenos Aires, 1975.)

Mamá, mami, papá, papi: Vocativos de interpretación complicada para el observador ajeno al grupo familiar. Los maridos, nostálgicos de no sé qué incesto, llaman *mamá* o *mami* a sus mujeres y éstas llaman *papá* o *papi* a sus maridos. La madre llama a su hija *mamá* o *mami*, y tal vez llame al hijito *papá* o *papi*, pero más probablemente lo llame *mamá* o *mami*. El padre llama a su hijito *papá* o *papi*, y tal vez llame a su hijita *mamá* o *mami*, pero más probablemente la llame *papá* o *papi*.

MARCO DE, EN EL: «En el marco de la oferta mundial de soja y mandioca, el buen doctor Pantoja no se equivoca.» (SOL P., VIUDA DE TOJA, *Mi vida loca.*)

MARCO REFERENCIAL: «Dentro del Plan de Seguridad y Desarrollo que ha servido en todo momento de marco referencial…» (Declaraciones de un funcionario del Ministerio de Educación.) Ver MARCO DE, EN EL.

MARGINADO: «Se fijó el precio del pan dulce para marginados.»

MASIVIDAD: «La masividad de su talento me tenía aterrado.» (SEGUNDO PÉREZ, *Confesiones de un discípulo*, La Plata, 1993.)

MASIVO: «El diplomático se dedicaba, por cierto, a la importación masiva de whisky y Mercedes Benz.» «Medios de comunicación masiva.» «Falsos antagonismos bloquearon largamente toda posibilidad de postulación masiva.» (Las tres citas corresponden a diarios de Buenos Aires, de 1971.)

Masoca: Masoquista. «Masoca a ratos, aquí me tiene: toda una autoridad en cine nacional.» (El Negro Pérez, *¡Otro café para el Negro!*, Rosario, 1972.)

Masoquear: «Me aseguró Merceditas que mi tendencia a masoquear es lo que me ha salvado del suicidio.» (Doctor Samuel de Juan, «Tarde o temprano un hombre oye la verdad de boca de su amiga», en *Psicoanálisis confidencial.*)

Mecánica: «En la mecánica de Defensores de Belgrano funcionó bien la triangulación de sus mediocampistas.» (*El Gran Rotativo*, Buenos Aires, 1976.)

Medio ambiente: Pleonasmo que hizo fortuna y llegó a tener una Secretaría propia.

Medios: Medios de información: diarios, revistas, radio, televisión; por extensión, quienes trabajan para ellos. «Los medios se dirigieron al lugar del hecho.» (Radio Mar del Plata, 1971.) «El cocktail de nuestra popular y esforzada novelista reunió a todos los medios.» (*El Avisador Cisplatino*, Buenos Aires, 1982.)

Mejorativista: «Trátase, quién lo duda, de un mejorativista solapado.»

Mélange: En francés, pero en femenino. Mezcla.

Mentalizar: (U. m. c. n.) ¿Obsesionarse? ¿Ordenar y aclarar ideas? ¿Convencerse (uno mismo)?

¿Simplemente pensar? Vaya usted a saber. «Para lo único que me sirvió fue para mentalizarme, ya que el estar tanto tiempo sin competir me dio muchísimas ganas de jugar.» (Declaraciones de un jugador de tenis. *Los diarios*, Buenos Aires, 12 de octubre de 1982.)

Meritar: (¿Y por qué no el mexicanismo *ameritar*?) «Hay que meritar los años que jugó como aficionado de provincia.» (K. G., *El furor en profundidad*.)

Merituar: Meritar. La conjugación de este verbo queda a cargo de quien lo usa.

Metalúrgico: Obrero de la industria metalúrgica. «Curso de cibernética para metalúrgicos.» (Ockam, *Qué navaja la Solingen*, Buenos Aires, 1971.)

Metodología: Majestuosamente, *método, modo*. «La metodología más adecuada para superar esta situación consiste en tomar conciencia de nuestras falencias.» (Huizinga, *Alzo la voz en nuestro parlamento, para hablar de corrido en papiamento*, Buenos Aires, 1976.) Ver Falencia.

Micro: Prefijo no desprovisto de pedantería. «El drama del general que ordena un ataque, engañado por el microclima de optimismo que él mismo provocara.» (Formento, *Visualizando conflictos bélicos*.) «Lo que está bien en la película es la microsociedad de los argelinos.» (M. Brown, *Compilación de observaciones casuales acerca de películas estrenadas en 1975*.) Aplicado a un vehículo de transporte colectivo, la palabra pierde su empaque.

Microexperiencias: «Problemas emergentes de la microexperiencia educativa.» (Declaración en los diarios de Buenos Aires, 14 de agosto de 1971.)

Miembros superiores e inferiores: Brazos y piernas. «Hubo que amputarle el miembro inferior infectado.» (Julio Lugosi, *El triste fin del general Quevedo*, novela, Buenos Aires, 1989.)

Minimizar: «No seré quien minimice esa euforia, ni esa posibilidad de comunicación.» (Papus, *¡Los toros, los toros!*, Buenos Aires, 1971.) «Me explicó mi esposo que él no tiene la culpa si yo lo minimizo.» (María X., *Sesiones de psicoanálisis*.)

Miniturista: El que practica turismo de recorrido breve. «En nuestro delta, los minituristas disponen de una infraestructura de servicios que acompaña al disfrute de la naturaleza en todas sus manifestaciones.» (D. Prisco, *El Tigre lo espera*, El Tigre, 1978.) No confundir minituristas con gente que «viaja» en colectivo, con niños turistas, con miniaturistas, con marcianos y demás homúnculos terrestres o extraterrestres. Ver Viajar, Infraestructura, Disfrute.

Modal: «El sistema de transportes presenta graves distorsiones, producto de la falta de coordinación intra e intermodal.» (*Los diarios*, Buenos Aires, 28 de julio de 1971.)

Moderno: Término de significación elogiosa. «El hombre moderno.» «El moderno conservadorismo, comunismo», etcétera, *ad nauseam*.

Molestar sexualmente: Anglicismo por *provocar* o *acosar sexualmente*. «El artista fue acusado de molestar sexualmente a la niña, pero un grupo de psiquiatras autorizados declaró que la acusación era falsa.» (*El Gran Rotativo*, Buenos Aires, 7 de junio de 1993.)

Momo: Sinónimo periodístico de *carnaval*. Véase **Primer Magistrado**.

Montado: Sinónimo de *caballo*, precioso para periodistas.

> *Muy socarrón, mi montado*
> *mira el golpe que me ha dado.*
> (Leyenda al pie de una
> fotografía del álbum
> de Javier Miranda,
> *La vida a caballo*,
> publicación de
> *Las Brisas de Pardo*,
> Pardo, 1924.)

Motivación: Motivo. Para mayor exquisitez recomiéndase el uso en plural. «Las motivaciones del viaje del que te dije no son misteriosas.» (**Leandro N. Scofier**, *Cocina criolla*.)

Motivar: Estimular. «El chico será bárbaro» dijo la

Cuca «pero, qué querés, no me motiva.» (Morente, *El concepto de noúmeno*.)

Motorista: Conductor de automóviles. Exquisitez de periodistas. «El viaje en auto a Santiago resultó un poco largo. Teníamos de motorista a mi tía abuela, imagínese.» (Modesto Requena, *Andanzas de un viejo porteño*, Buenos Aires, 1989.)

Movilidad, movilización, medios de: Automóviles, ómnibus, trenes, etcétera. En regiones muy pobres, *calzado*.

Movilizarse: Exquisitamente, *moverse*. «Ay, pobres los que sirven, no tienen casi espacio para movilizarse.» (Marian Brown, *En el restaurant*.)

N

Nada, por: Antes, a quien daba las gracias, le contestaban «de nada»; de un día para otro, unánimemente, empezaron a contestarle «por nada». Algunas autoridades sitúan el misterioso cambio en 1975.

Navideño: Palabra usual en diciembre. «El Pibe de La Paternal se mandó su consabida serie de tangos navideños.» (*El Alma que Canta*, Buenos Aires, 1971.)

Negociado: Negocio en el que se benefician indebidamente los funcionarios o burócratas que intervienen en representación del Estado.

Nerviosismo: Nerviosidad. Frase clásica: «El nerviosismo de la hora».

Nivel, a: «Usted no enfoca el problema ingreso a nivel del estudiantado.» «Enfoquemos el análisis a nivel grupal.»

Nosocomial: «Apersonóse un mocito caradura, de catadura netamente nosocomial.» (*El teatro a través de representaciones estudiantiles.*)

Nosocomio: Mejor que *hospital*.

> *Como orador pico de oro*
> *le otorgamos nuestro encomio,*
> *pero al fin lo enchalecamos*
> *pa' llevarlo al nosocomio.*
>   (Estrofa oída por el lexicógrafo,
>   en el Carmen de Las Flores.)

Novedoso: Palabra fina, pero desprovista del prestigio de la novedad. «Novedosas manifestaciones de nuestra plástica.»

Novela, de: Extraordinario.

> *Navegando el Luján en barco a vela*
> *he pasado un fresquete de novela.*
>   (Basile, *Capitán pirata.*)
>   Ver Película, de.

No vidente: Ciego.

Nutrientes: Alimentos. Exquisitez que jerarquiza a médicos y enfermeras. «A la una y treinta en punto me aboqué a nutrientes en el Pedemonte.» (Enrique Octaviano Longueira, *Médico y sibarita*, Buenos Aires, 1989.)

O

Obsinmiscuir: «Que los comandantes obsinmiscuyan en asuntos ajenos a sus campos.» (Declaración de un partido político, *los diarios*, Buenos Aires, 1976.)

Obsoletizar: Verbo espantoso.

Obsoleto: Por *viejo* o *en desuso*.

Odontólogo: Mejor que *dentista* (para el exquisito, se entiende).

Oligarca: Burgués, generalmente ajeno a la política y al gobierno. «Tratábase de un miserable oligarca.»

Opción: Alternativa. «Nuestro dirigente nos hizo ver que la opción era clara: el peculado o el descrédito.» (Ruso, *La carrera de honores.*)

Operador: «La solvencia de los operadores determina las condiciones de la operatoria interbancaria.» (Rómulo Pietracupa, *Desde mi cueva*, Buenos Aires, 1990.)

Operar: «Hunt deberá esperar que se reacondicione

el chasis del fiel M23 [un automóvil], con el que este año operó en Buenos Aires y San Pablo.» (Noticia de una agencia periodística, Buenos Aires, 23 de febrero de 1977.) «Carlos Alberto Reutemann, fiel a su costumbre, operó ayer durante seis horas en el circuito Ferrari, al mando de un 312-T2.» (Noticia de otra agencia, Buenos Aires, 24 de febrero de 1977.)

OPERATIVIDAD: «No estamos contra la producción ni contra el sistema, únicamente contra la operatividad.» (Declaración sobre la provisión de remedios a precios rebajados, *los diarios*, Buenos Aires, 14 de agosto de 1971.)

OPERATIVO: El adjetivo, registrado en el diccionario de la Academia, proviene de la terminología escolástica; el sustantivo, no registrado en el diccionario de la Academia, pero infaltable últimamente en discursos y declaraciones, nos llega de la terminología policial (quizá, también, de la militar). «Ahora entiendo por qué se ha dicho que la vida del hombre casado es como la natación bajo el agua. Usted no respira. Una vez coronado con éxito el operativo licuadora, mi patrona emprendió el de la panquequera automática y sin la menor dificultad preveo que después ha de venir el operativo juego frailero para el living-comedor, en cómodas mensualidades indexadas.» (CELENTANO, *De entrecasa.*) «Voy a observar el operativo siesta, para estar al pelo, esta noche, en el velorio.» (Lo Valvo, *Idealismo al uso.*)

Operatoria: «La operatoria que encara la empresa requiere un grupo de jóvenes con auténtica vocación por las ventas.» (Aviso en un diario.)

Óptica: N. f. Punto de vista, manera de ser. «Enfocada la situación desde la óptica del Acuerdo, hasta el negro porvenir era color de rosa.» (Nicolás N. Oporto, *Desengaños de un adlátere*, Buenos Aires, 1973.)

Optimizar: 1) Mejorar superlativamente. «Este resumen ha sido confeccionado con un moderno equipo electrónico que este Banco recientemente incorpora con el objeto de optimizar sus servicios, por lo que nuestros estimados clientes disimularán los inevitables errores.» «Para optimizar el comportamiento de su niño ¿por qué no ensaya, de tarde en tarde, el coscorrón?» (Club Social, Comité de Consocios Fatigados por el Problema del Niño Ajeno, Buenos Aires, 1971.) 2) Expresión optimista. «Escalaremos el Aconcagua en tiempo récord, optimizó el doctor Botafogo.» (Reportaje a un andinista, en un diario de Buenos Aires, 1978.)

Óptimo: N. m. «Originándose diferentes niveles de eficiencia en los distintos medios con las desviaciones consiguientes en cuanto al logro del óptimo social.» (Nicolás N. Oporto, *Esquema para el* *logro de un bienestar burocrático*, Buenos Aires, julio de 1971.)

ORDEN A, EN: «En orden a la agilización de trámites.» (NICOLÁS N. OPORTO, *Reorganización burocrática.*) Del ámbito estrictamente burocrático la expresión pasó al doméstico. Un noticiario de T.V. recogió la siguiente declaración: «No lo olvidaré nunca. Yo estaba llamando a mi señora, en orden a que me cebara unos mates, cuando llegó la cuenta de la luz». (15 de septiembre de 1989.)

ORDEN DE COSAS, EN OTRO: «En otro orden de cosas, te aviso que yo te largo.» (*Cartas de Sévigné*, F. C. Roca.)

ORGANICIDAD: «Soy respetuoso de la organicidad.» (Declaraciones de un ministro, *los diarios*, diciembre de 1975.)

ORGANIGRAMA: Juguete y embeleso de funcionarios, tecnócratas, burócratas. Su auténtico significado se ignora. En un tiempo algunos escribían *onganigrama*.

OSCARIZADO: Nominado candidato a un premio Oscar de la Academia de Hollywood.

O SEA: Muletilla de significado impreciso, contemporánea a ¿Viste?, muy difundida en Buenas Aires, c. 1970. «Vi la cola de *La herencia de los Ferramonti*. O sea, por la cola nomás no podés saber si una película es gran cosa.» (VARIOS AUTORES, *Lo mejor de nuestra crítica cientificista*, Buenos Aires, 1980.) *Cf.* RECEPCIONAR.

P

Palpitante: «La realidad es siempre palpitante.» (Lagomarsino, *El pequeño filósofo actualizado*.)

Panceta: Palabra traída de afuera, para sustituir *tocino*.

> *Huevos fritos con panceta*
> *para volverse pateta.*
> (El gordo Acosta,
> *Nuevo recetario afrodisíaco*,
> Buenos Aires, 1976.)

Panel: Conjunto de supuestos especialistas que conversan en público sobre un tema.

Panelista: Miembro de un panel.

> *Le prevengo, usted ni chista:*
> *está frente a un panelista.*
> (Carlos Mujica, *La tarea específica del escritor*, Lima, 1982.)

Pantallazo: Texto más o menos literario, en cuya ejecución el autor habría renunciado a la formalidad, para alcanzar, o no, cierta rapidez. (*Nepal en nueve pantallazos*, de *Las alocadas andanzas de un académico de número*.)

Paquete: Conjunto. «El señor Ministro anunció un paquete de medidas para reducir el Estado, privatizar empresas y abrir la economía.» (*El Globo*, Buenos Aires, *s. d.*)

Parámetros: Palabra de la geometría, que usan y tal vez entienden nuestros políticos, funcionarios, etcétera. «Aunque me tenía mareado con tanta reestructuración y tanto parámetro, comprendí que me largaba duro.» (Nogueira, *Nostalgias de un postulante.*)

Pareja: Conjunto de dos personas que hacen vida conyugal. «¿Cómo vive usted su pareja?» (*Encuesta para la erección de un consultorio psico-sociológico.*) Cada una de las personas que forman la pareja. «Yo diría que el gran drama nacional es el del pobre aficionado cuya pareja no desea el triunfo del mismo cuadro.» (Aldini, *Fútbol con soda. Cincuenta años en la tribuna.*)

Parque: «Según me declararon unos escritores brasileros, el parque industrial de San Pablo es el primero de América del Sur.» (M. Polo, *Viajes.*) «Se ha tenido muy en cuenta la necesidad de incrementar el parque de viviendas de interés social dadas en locación.» (*Los diarios*, Buenos Aires, 17 de julio de 1971.) Expresión clásica: El parque automotor.

Participativo: «No falló por la elaboración de las ideas iniciales ni por la metodología del planeamiento, sino porque su estilo de conducción no era participativo.» (Cardozo, *La vida de un santo.*)

Pasionismo: «Un tema muy nuestro, como es el tango-canción, enfocado sin falsos pasionismos.»

Pauta: «Si tal situación fue presupuestada con la suficiente antelación a efectos de elaborar las pautas que permitieran su corrección…» (Comunicación de un grupo de ediles, Buenos Aires, octubre de 1975.) El pugilista-poeta Mari emplea la palabra de manera más tradicional (y convencional, si se quiere) en la inolvidable *Copla de la Plaza Lavalle*:

> *Se llama el Sátiro Angulo*
> *y siempre tuvo la pauta*
> *de plancharle[1] bien el rulo*
> *a la juventud incauta.*

Peatonal: «Seria preocupación peatonal ante el cruce de avenidas a las horas pico.» (*El Gran Rotativo*, Buenos Aires, 1º de agosto de 1971.)

Película, de: «Una casa de película, te prometo. ¡Soñada!» (Secosse, *Justiniano y las extravagantes*.)

Pensar: Verbo que suscita en quien lo emplea el incontenible deseo de añadir la preposición *de*. «Yo pienso de que.» Véase De que.

Peorar: Sinónimo refinado de *empeorar*. «De hora en hora Satán peora.»

> *Cuando el hombre peora*
> *la mujer mejora.*

Peoría: Empeoramiento. Palabra de médicos.

Perfecto: Expresión de asentimiento. Véase los

---

1. Algunas lecciones prefieren *patearle*.

sinónimos Correcto, Exacto, Regio, Fenómeno.

>—¿Puedo verte mañana?
>—No.
>—Perfecto. ¿Pasado?
>—No.
>—Perfecto. ¿Puedo llamarte?
>—No.
>—Perfecto.
>(Secosse, *Salustiano y Miss Margaret.*)

Perfil: «Estuvimos contestes en que el perfil del cargo era atractivo.» (P. Osán, *El curso de honores dentro del marco de la empresa moderna.*)

Permisolización: Palabra de creación reciente.

Permitir: Poder. Pleonasmo que algunos funcionarios no desdeñan.

Persona de color; de sexo femenino; de sexo masculino: Exquisiteces módicas.

Piloto: N. Impermeable (acepción importada del Uruguay, donde por motivos misteriosos campea la pronunciación a la catalana *pilot*; entre nosotros desbancó a *perramus.*)

Piloto: Adj. «Hospital piloto.» «Escuela piloto de doble escolaridad», etcétera. «Inauguróse Salón de Galería Piloto.» (Título de un diario porteño.)

Pivotar: «Ese pavote dijo que el deterioro de la situación pivota sobre los enfrentamientos.» (Declaraciones de un político.)

Planta: (Anglicismo.) Fábrica.

Planta tipo: Piso, en una casa en que todos los pisos son iguales.

Planteamiento: Intimaciones. «No me venga con planteamientos, don Formento.» (Lo Valvo, *Las luchas de un idealista*, La Plata, 1989.)

Plástico: N. Artista; material; cirujano. «A fuer de plástico, soy muy elástico: en agiotaje, no hay quién me ataje; si debo rebajar ¡rebajo!; si debo barajar ¡barajo!» (Erba, *Al olio o Meditaciones de un pillo*, Brazo Largo, 1978.)

Plateísta: El que ocupa una platea. «Califico de calumniosos los gritos de los plateístas. No jugamos a perder.» (Declaraciones de un jugador de fútbol, *los diarios*, Buenos Aires, 13 de julio de 1991.)

Plazos; corto, mediano y largo: Figura que se emplea para dar la apariencia de precisión a cualquier plan.

Pluridad: Más de uno. «… Arbitrar los medios a nivel nacional y en pluridad de acuerdo a nivel provincial para implementar un relevamiento [*véase*] estadigráfico…» (Párrafo citado en *El mejor de los mundos posibles* de Fernando Sorrentino.)

Poblacional: «Evitando el éxodo poblacional y revirtiendo el proceso de radicación humana.» (*Neuquén en marcha. Filosofía de la Obra Delegada.*)

Polideportivo: Lugar apto para la práctica de diversos deportes. «Complejo polideportivo.»

Polirrubro:

> En mi barrio ayer descubro
> Un quiosquito polirrubro.
>   (Requena, *No todo es tristeza*.)

Polo: «El polo nacional de desarrollo.» (*Vide* Zonal, y buena suerte.)

Ponenda: Palabra muy fina. «Oiráse en Bienestar Social la ponenda gastronómica.» (*Los diarios*, Buenos Aires, 15 de febrero de 1976.)

Por cuanto: M. adv. «Un vocero manifestó que apelaría ante las autoridades eclesiásticas para que intervengan con las medidas que juzguen necesarias por cuanto la autoría de la obra citada corresponde a personas que revisten condición religiosa.» (De un suelto publicado en un diario de Buenos Aires, el 19 de septiembre de 1978.) Los modos adverbiales son inevitables muletillas o engranajes sintácticos, a los que debemos resignarnos; llamar la atención por el uso de uno de ellos, que estaba olvidado, parece un error; *revisten*, en acepción inexacta, y *autoría*, completan esa frase ejemplar.

Posesionar: Verbo frecuentemente reflexivo. Tomar posesión de alguien o de algo. «Le parecerá increíble, pero soy una chica difícil de posesionar.»

Posibilista: «Lo que un jefe describió como gobierno posibilista y eficaz.» (*Los diarios*, Buenos Aires, diciembre de 1975.) «Nunca seas heroico; siempre, posibilista. Éste es el gran principio descubierto por los políticos argentinos del siglo XX.» (Hegel, *El comité en la Rosada.*)

Posibilitar: Hacer posible una cosa, finamente.

Posicionamiento: «Hombre preocupado por la publicidad y el posicionamiento de producto.» (Aviso en los diarios, Buenos Aires, 2 de abril de 1978.)

Posicionar: Colocar, poner.

Positivar: «Mediante un auténtico final de Norma positivó su novelita.» (Portofino y Aramis, *Acotaciones críticas*, III, 621.)

Positivo: Actitudes, reacciones positivas. «El pollerudo no produjo la única —¡y tan esperada!— reacción positiva. Me refiero al puntapié.» (C. Castro, *Teoría y práctica del psicoanálisis.*)

Postura: En sentido figurado. «Llevada nuevamente a votación, solamente compartieron mi postura, en una actitud que los enaltece, los doctores Dominó y Fantasio.» (Texto de la renuncia de un funcionario, *los diarios*, Buenos Aires, septiembre de 1975.)

Potencial: «El relevante potencial que otrora exhibiéramos, acusa merma, mucho me temo.» (C. Cross, *Melancólica imagen.*)

Potencialidad: Posibilidad, capacidad. Úsase más en plural (¿*pluralis majestaticus*?). «Se desarrollan las potencialidades.» «Su estructura surgirá de una evaluación técnica de las realidades y potencialidades de cada provincia.» (Declaración en los diarios, Buenos Aires, agosto de 1971.) «Quiero ejercer todas estas potencialidades que tengo para correr caballos.» (Declaraciones de un entrenador, «Noticias del turf», *La Nación*, Buenos Aires, 13 de julio de 1982.)

Precipitación: Lluvia. Dícese también *precipitación pluvial*. «Basta que olvide el paraguas, para que me sorprenda una precipitación pluvial.» (Kant, *Fundamentación de la metafísica de las costumbres*.)

Presentismo: «Qué querés que te diga. El presentismo del cusifai me da que pensar.»

Prestaciones: «El automóvil, con su árbol de levas a la cabeza, obtiene prestaciones brillantes.»

Presupuestos: «¿Cuáles son los presupuestos previos? Obviamente, partidos políticos organizados, padrones existentes y un clima que haga propicia en el país la convocatoria.» («Música casi celestial», *los diarios*, Buenos Aires, 28 de julio de 1971.)

Prevalencias: «Sin injustas prevalencias que vuelvan a originar, correlativamente…» («Un plan de gobierno», *los diarios*, Buenos Aires, 15 de septiembre de 1971.)

Primer Magistrado: Para periodistas, *Presidente de la República*. Ver Momo.

Prioridad: Lo que hay que hacer (en materia de obras públicas, de sanidad, etcétera). Para dar mayor énfasis conviene anteponer el adjetivo *primera*. De todos modos no se hace nada.

Prioritario: «Declárase pragmáticamente prioritaria respecto de toda elección de autoridades.» (Declaración en los diarios, febrero de 1976.)

Privatización: Acción y efecto de pasar empresas u otros bienes del dominio público al privado. «Según un portavoz oficial, encararíase la privatización de ciertas casas del Paseo de Julio.» (Nogueira, *Plan gubernativo*, 1973.)

Privilegiar: Verbo ya usado por Góngora, hoy en día casi inevitable entre profesores de universidades norteamericanas.

La doctísima Chocón
privilegia el minestrón.
(*Quién es quién en el Mundo Universitario*, entrega de 1974.)

Problema: «Tiene problemas con el personal.» «Tiene un problema de columna.»

Problemática: Problemas. «Problemática de la mujer en dos conferencias.» «Las grandes problemáticas de nuestra novelística.»

PROBLEMATIZAR:
> *Lo escribo en la pizarra, con la tiza:*
> *La Señorita me problematiza.*
> (B. GIORLITO, *Clases magistrales.*)

PROCESAR: «Necesitamos un hombre que haya procesado su actividad dentro del campo de la venta técnica.» (Aviso de un diario.)

PRODUCIDO: Producto, exquisitamente. «El producido de la siembra del mijo.» (LUMBEIRA, *La benemérita obra del Club Social de Productores y Reproductores de Cerdos*, Buenos Aires, 1975.)

PROFESIONAL: Médico, abogado, dentista, etcétera. «Mi hija casó con profesional.»

PROFESIONALIZADO: «Capté en el acto que eras el escritor por el enfoque profesionalizado de ese librito sobre Ulises.» (*Impromptu* de una señorita.)

PROGNOSIS: Previsión de algo. «La prognosis era buena, pero después, lo que siempre pasa, en el mercado se notó una contracción de la demanda, y aquí nos tiene, bastante chauchas.» (PRUDENCIO DI PEPE, *¿Por qué estamos desplatados?* en *La Voz Agrícola-Ganadera.*)

PROGRAMÁTICA: «No es incompatible con las facultades del Poder Ejecutivo la determinación de una programática en la política organizativa.» (DANTE, *Infierno.*)

PROGRESISTA: Arcaísmo. Izquierdista, partidario de

Rusia o de China. (Í. Astul, *Diccionario de lugares comunes.*)

Promocionar: Verbo que suele usarse para negar un pago debido a escritores. «Es verdad que ahora usted no recibe un peso partido por la mitad, pero el reportaje televisivo promociona.»

Propicio: Favorable, dispuesto. «Somos propicios a una solución negociada.» (Perillo, *La gran cabalgata*, Buenos Aires, 1984.)

Propuesta: «Ir hacia el público es una propuesta digna y que, además, reditúa.» (Declaraciones de un director de teatro, Buenos Aires, 1982.)

Prospectiva: «Prospectivas e incidencias del impuesto en la economía de la Nación y del pobre contribuyente.»

Prudencial: Prudente. «Te llamaré a hora prudencial.»

Psicología: Generalmente, psicoanálisis.

Pujante: Epíteto habitual de las palabras *industria*, *desarrollo*, *ciudad*, *urbe*. También se usa como adverbio. De cualquier modo levanta el tono de la frase. «A principios del siglo marchábamos pujantes a colocarnos en la vanguardia.» (Papus, *Más prosa palermitana.*)

Punto a, en: Con relación a. «En punto a producción aceitera, el panorama es negro.» (Fedrigo, *Expresionismo literario.*) Circula también el dicho: «En punto a barrabasadas, el bastonero Ferradas».

Puntual: Referido a cuestiones precisas.

Q

Quehacer: «El quehacer teatral a lo largo de la temporada porteña.»

Quemo: Vergüenza, algo que afecta el prestigio y el *snobismo* de una persona. «Se deja ver con ese librito de reproducciones de Picasso y de Braque. Es un quemo.» (Í. Astul, *Volvamos a Lessing*, Azul, 1971.)

Qué tan: Qué.

> *Ay, cariño, me hago cruces*
> *qué tan cansado que luces.*
> (Bernardo Sampaio,
> *Guía Lourenzo*,
> Puerto Mariscalito, 1983.)

Quien: Por *que*. «Bull Bolzano, quien es el representante de las balls Bollinian Argentina.» (Temis, *Mirando tenis*, Tribuna del Éter, Radio Stentor, Buenos Aires, 1985.)

R

Reajuste: Aumento de precios, de tarifas, de tasas o de impuestos. «Le prometo que esta mañana, cuando leí que estudiaban un reajuste de las tarifas del teléfono, se me atragantó el desayuno.» (Requena, *La clase media en submarino.*)

Realización: Referida a comercios o tiendas, liquidación, venta a bajos precios.

Reblandecimiento: Ablandamiento. Suavización. «Consideró que el reblandecimiento de la actitud de los Estados Unidos...» «Felicitaron al Primer Ministro por su reblandecimiento en cuanto a los reclamos...» (Noticias periodísticas.)

Recalcar:

> *Le recalco, me dijo con orgullo,*
> *que hoy un plástico mete su barullo.*
> (P. Márquez, *Picasso al desnudo*
> *y bajo mi lupa.*)

Recepcionar: Recibir, acoger. «Mi patrona, o sea mi ex patrona, me recepcionó en el comedor de diario, o sea en la cocina.» (Enrique Octaviano Longueira, *Tribulaciones de un divorciado*, Buenos Aires, 1976.) «Usted ya recepcionó su licencia habilitante actualizada.» (*Mensaje al Pasajero*, de la Dirección de Transporte de Papas, o sea de Tubérculos, Buenos Aires, 1979.)

Receptar: Recibir.

> *Por más que la encuentre inepta,*
> *algunos mangos recepta.*
> (Julio Pimp, *Balance sentimental*,
> Lanús, 1989.)

Receptuar: Más exquisitamente, *receptar*. «Cuando tengo dolor de cabeza no leo porque no receptúo.» (Una estudiosa.)

Receso: «Algunos rumores, probablemente malintencionados, dan a entender que nuestro Casanova se hallaría en receso.» (Esopo, *Fábulas*.)

Recolector de residuos: Basurero.

> *Su amigo el recolector,*
> *el guardián de la limpieza,*
> *para el año que ahora empieza*
> *y para aquel que se va:*
> *tenga un próspero Año Nuevo*
> *y una feliz Navidad.*
> (Antonio Catto,
> *Coplas del recolector*,
> Colegiales, 1990.)

Recupero: Palabra escasamente exquisita, vinculada a tripas y otros desechos de carnicería, cuando no a las finanzas y a la usura. Bocas exquisitas no la eluden.

Redimensionar: Modificar las dimensiones; mejor dicho, reducirlas. «Redimensionaremos la Administración de manera más acorde con la triste realidad del país.» (Declaraciones de un Señor Ministro, Buenos Aires, *s. d.*)

REESTRUCTURACIÓN: Actividad propia de todo nuevo gobierno. «Dejábase sentir ese habitual malestar de las reparticiones ante el primer rumor de reestructuración.» (TRABUCCO, *Vida mía*, Buenos Aires, 1966.)

REFERENTE: Que refiere o dice relación a otra cosa. (*Diccionario de la Real Academia.*)

REGIO: Término de imparcial aquiescencia, sinónimo de «lo oigo».

—¿Salimos esta tarde?
—No puedo, che. Murió mami.
—Regio.

Personas poco finas dicen también *fenómeno*. Menos finas, *fenónemo*. Ver CORRECTO, EXACTO, PERFECTO.

REGLAMENTO, TRABAJO A: Trabajo que se ajusta a las ordenanzas. «El solo anuncio de que un gremio trabajará a reglamento hace temblar a Buenos Aires.» (JULIO VILLAMIL, *Divagando en prosa*, Buenos Aires, 1989.)

RELATIVIZAR: Quitar importancia. «Ante el doctor González intenta relativizar la influencia de un sector ideológico en pugna.» (UN SOLIPSISTA ANÓNIMO, *Mi jardín zoológico*, La Plata, 1975.)

Con sofismas el gordo sutil relativiza
el flan y la empanada que engulle con
[la pizza.

(KING SALOMÓN, *No milanesas, no mayonesas:*

flans, flans, flans, Tierra del Fuego, 1975.)

Relevamiento: Inventario, estadística. Ver Pluridad.

Relevancia: «Los realizadores han ubicado al resto del elenco en un plano de escasa relevancia.» (*La crítica de cine en los grandes rotativos.*) «La señora se irritaba si no llegábamos a la mesa en el momento de mayor relevancia del *soufflé*.» (Medor, *Recuerdos de la vida en familia.*)

Relevante: Palabra que embelesa al exquisito. Pertinente, importante. «El aspecto más relevante del problema es el rápido deterioro de la economía del país.» (Del Roble, *Gritos y susurros del alma.*)

Remanido: Trillado. Palabra desprovista del encanto de la novedad pero muy grata a los críticos.

Remarcable: Notable, admirable. «El elefante, con remarcable paciencia...» (*Consejero familiar del matrimonio moderno.*)

Remarcar: Observar, advertir, señalar.

> *Para cumplir promesas, le remarco,*
> *resultó el cachafaz bastante parco.*
> (*La Historia al día,*
> Buenos Aires, 1974.)

Repetición, a: «Forúnculos a repetición.» (Doctor Samaniego, *Quirófano para toda clase de animales.*)

Reportar: ¿Rendir cuentas? ¿Depender de? «La posición a cubrir, que reporta a la gerencia, requiere un profesional...» (Aviso en diarios, Buenos Aires, 1978.) «Me espetó la gorda que ella no reportaba más que a su tata.» (Retrivier, *Frustraciones del Amo*, Biblioteca del espía moderno, Grünewald, 1978.)

Reportes: Noticias, informaciones. «No se han recibido reportes de daños ni de víctimas.»

Resalto, de:

> *El discurso lo pone de resalto:*
> *su coeficiente intelectual no es alto.*
>
> (Lo Valvo,
> *Resignación ante lo inevitable*
> en *Musa Partidaria*, 1975.)

Resignar: Renunciar, aunque los que se resignan a hacerlo no sean curas, sino ministros de instrucción pública y profesores. «Los motivos que vuestra excelencia expuso al resignar su cargo...» (*Los diarios*, Buenos Aires, mayo de 1971.)

Resignar posiciones: «Llegamos a detener nuestro impulso, resignando posiciones hasta vernos en la disyuntiva de quedarnos para siempre, culpables frente al mandato de quienes nos dieron historia, o redimirnos.» (Papus, *Prosa palermitana*, nueva entrega.)

Restauro: «Buscando el restauro que imparte la gratificante infusión…» (H. Hesse, *Mateando con el señor comisario*, Saladillo, 1975.)

Retirarse: Irse (verbo anticuado).

Reubicación: «Ardua reubicación de la separada, dentro de las asfixiantes estructuras de nuestra sociedad tradicional.»

Revertir el proceso: «Con la gripe, el gordo se vino abajo y ahora trata de revertir el proceso en el Perosio.» (*Primer anecdotario de restaurantes porteños*, Buenos Aires, 1977.)

Revulsivo: «El llamado a elecciones obrará como gran revulsivo nacional.» (Erba, *Pronóstico seguro*, 1972.)

Ribetes: «El anuncio de su llegada configura una situación alarmante, de ribetes cómicos.» No confundir con *burletes*.

Rodado: Automóvil. «La pobre quería morirse, porque me presenté a la cita en rodado de alquiler.» (Ferradas, *Farra, farándula y faroleros*, Floresta, 1979.)

Ronda, rota: Vuelta, en el estilo ornado de cronistas de carreras de automóviles. «El chango Fernandini pisa la tercera rota.»

Rotundizar: Dar a algo la calidad de rotundo, terminante, claro.

> *Rotundizó el concepto el presidente*
> *echando mano a «pautas» y a «inmanente».*
>
> (MABEL PESTALOZZI,
> *Láminas de mi escuela*,
> Buenos Aires, 1985.)

> *Solemne el niño la bandera iza*
> *y un profesor conceptos rotundiza.*
> (MABEL PESTALOZZI,
> *Cuadritos de mi escuela*.)

S

Salir: Palabra de mujeres. Copular. Ver ANDAR.

Sanatorial: «Unidad sanatorial que jalona, de hoy en más, nuestro progreso.»

Sectorizar: «Diciendo que algunos son buenos y otros son malos sectoriza la vida argentina.» (Declaración de un diputado, *los diarios*, Buenos Aires, 25 de septiembre de 1975.)

Secuencial: Úsase en sociología. En realidad el epíteto no es nuevo, ya que aparece en la *Novísima poesía hispanoamericana* (1929), en el poema «Insomne»:

> *La canilla*
> *que gotea.*

> *Una idea*
> *muy sencilla,*
> *secuencial*
> *y claustral,*
> *poco a poco*
> *vuelve loco.*
>
> (ADELAIDITA REGER SAMANIEGO.)

Véase ESPECIFICIDAD.

SECUNDIZAR: «"A mí no me secundiza nadie", declaró la licenciada.» (*El Gran Rotativo*, Agropecuarias, 1986.)

SENSIBILIDAD:

> «—Has cometido una barbaridad —dijo el asesinado.
> —No muestras sensibilidad —replicó el asesino.»
> (LUCIANO, *Nuevos diálogos.*)

SENSIBLE: Palabra que pasó del ámbito sentimental o romántico al de las disputas salariales. «El patronato no se muestra sensible.» (MARIANA DASHWOOD, *La nueva sensibilidad.*)

SEÑALACIONES: Observaciones, indicaciones. «Vistas las serias señalaciones del señor Seoane…» (Ángel Zudeida, en la Mesa Redonda sobre el Concepto de Infinito, Buenos Aires, diciembre de 1977.)

SEÑALAMIENTOS: Precisiones. «Antes de abocarnos al partido, hay que hacer algunos señalamientos sobre la nueva actitud de los directivos de Boca.» (De Gubernatis, *Mano a mano con la hinchada*, Buenos Aires, 1974.)

Señalizar: No en el sentido de poner señales, sino en el de señalar o indicar. «Como muy bien señalizó el señor Senador, usted es la vergüenza de nuestro cuerpo.» (J. D. Quitiño, *Parlamentarias*, Buenos Aires, 1985.)

Señor: Hombre.

Señora: Mujer. «Un señor y una señora me asaltaron en plena escalera mecánica.» (*Declaraciones en comisarías*, IX, 621.)

Sicología: Grafía simplificada, al alcance de quienes no pueden pronunciar *psicología*.

Significante: Sugerente, significativo.

> *¿No le parece a usted significante*
> *que tocaran la polca del spiante?*
> (R. L., *La Historia en diálogos versificados.*)

Significar: Decir. «Cuando hubo explicado que la fonda no valía gran cosa, que la higiene brillaba por su ausencia, que el servicio era malo y que el guiso, ni qué decirlo, mucho peor, me preguntó gravemente: ¿El señor interpreta lo que le quiero significar?» (Corvado Antelo, *Conversaciones con Antúnez*, quinto aporte, Buenos Aires, 1978.)

Sobreabundante: «Tal vez no sea ocioso evocar… Ni será sobreabundante recordar…» (Minos, *Fallando, fallando*, Buenos Aires, 1974.)

Sobredimensionamiento: Úsase más en plural. «Sin incidir perjudicialmente en la balanza de pagos ni provocar sobredimensionamientos.» (*Los diarios*, Buenos Aires, 4 de agosto de 1971.)

Socorrista: El que socorre (aunque en realidad la terminación *ista* correspondería únicamente a los profesionales del socorro o salvataje). «Los socorristas prestarán ayuda a unas sesenta personas, pero se ignora el número de ahogados en el naufragio del *Princesa Nochocón*.» (*El Gran Rotativo*, Buenos Aires, 20 de enero de 1987.)

Sofisticado: «La sofisticada tecnología de ciertos aporcadores.» (*La Voz Agrícola-Ganadera.*)

Subalternizar: «Yo le hice ver que no eran más que trapisondas de los contrarios. Con la mayor dignidad me reprochó afectuosamente: No subalternice, no subalternice.» (Fedrigo, *Conversando con Felice*, La Plata, 1971.)

Subsiguiente: Siguiente.

> *Aquel beso en la frente*
> *fue el premio subsiguiente.*
>> (Políticos Argentinos,
>> *Primera antología poética*,
>> Buenos Aires, 1974.)

Sumatoria:

> *Al que no sepa al tiro*
> *qué es la sumatoria*

> *le damos el birrete*
> *de burro zanahoria.*
>
> (MABEL PESTALOZZI,
> *Canciones para mis polluelos*,
> La Plata, 1979.)

SUPERMERCADISTAS: Dueños de supermercados.

SUREÑO: Del sur, surero.

> Cliente: —Usted que es tan simpática, señora, ¿por qué no le cambia el nombre al negocio? ¿De dónde sacó lo de *sureño*? Para peor lo pone al lado de *gaucho*: dos palabras que no congenian. Entre nosotros se dijo *gaucho del sur*, o *gaucho surero*. *Sureño*, nunca.
>
> Señora: —Todo el mundo dice *brasileño*.
>
> Cliente: —No por nada estamos en esta decadencia.
>
> (Conversación que J. Miranda oyó
> en Buenos Aires, en 1978,
> y transmitió al autor.)

SUSTITUCIONAR: Sustituir. «Del Mul sustituciona a Ergo.» («El fútbol de cada día», en *River for ever.*)

SUSTITUTO: Adjetivo sustantivado que frecuentemente adorna el lenguaje corriente.

T

Tareas específicas: «Podrá declararse nulo el matrimonio por incumplimiento de las tareas específicas por parte de uno, de dos o de la totalidad de los cónyuges.» (*Nuevo Proyecto de Reforma al Código Civil*, Fogón de Jurisconsultos, Buenos Aires, 1974.)

Tarifario: De *tarifa*.

> *Como ve, me vuelve otario*
> *este avance tarifario.*
> (Modesto Requena, *Sufra y aguante*, La Paternal, 1976.)

Técnotrónico: «La sociedad postindustrial y tecnotrónica...» (Sordelli, *Cacoquimia*, Santa Mónica, 1979.)

Tema: Asunto o cuestión.

Temario: «Un temario atrayente anuncia para su V Congreso la Cámara del Frío.» (*Los diarios*, Buenos Aires.)

> *Abandonó la mina al pobre otario*
> *por hallarlo carente de temario.*
> (Trabucco, *Ayer, hoy y mañana en el Bajo de la Batería.*)

Temática: Tema o conjunto de temas.

> *Redujo a Conrad y su gran temática*
> *a una perpetua pantomima acuática.*
> (T. de Tarascone, *Del Atalaya al Coliseo, paso a paso con nuestra recitadora*, Buenos Aires, 1977.)

Tensar: Ver Estresar.

Tensionado: Ver Estresado.

Tentativo: «Antes de abordar la calle Corrientes prodigaron funciones tentativas, en barriadas periféricas, con resultado negativo.» (Porto, *Trayectoria de un conjunto*, en *Historia del tango*, IV.)

Teorización: Sinónimo de *teoría*, más fino y, no se sabe por qué, más preciso.

Tercera edad: La de los viejos. «Las agencias no sirven: cuando le avisan que ya le tienen la mujer ideal, ni se le ocurra presentarse porque de fijo lo está esperando una potranquita de la tercera edad.» (Modesto Requena, *Andanzas de un viejo porteño*, Buenos Aires, 1989.)

Terminar: Acabar (que en otra época era de mal tono ante personas de sexo femenino). «Termino de llegar.» (Trilussa [h.], *Declaraciones de un ciempiés*.) «Ay, no sé qué tengo, doctor, yo nunca termino.» (Declaraciones de más de una señorita.)

Territorialidad: «Existen (creer o reventar) países que han dejado en la Historia huellas fuera de toda proporción con su territorialidad deleznable, por no decir mediocre.» (Editorial de un diario, Buenos Aires, 11 de diciembre de 1976.)

Timbre: «Ensayos de timbre polémico.» (*Exabruptos radiales*, tomo VII.)

Tipificar: «La tipificación de nuestras carnes constituye el imperativo de la hora.» (Confidencias de un directivo del Teatro Maipo.) «Mar del Plata, la Ciudad Feliz, nos impacta porque tipifica la imagen…» (Afirmación de un locutor de Radio Mar del Plata.)

Tipo: Muletilla de círculos exclusivos, que sirve para identificarse y que viste mucho. Podría traducirse por «como si dijéramos», «a eso de las». «Me tomo una aspirina, me pongo tipo bolsa de agua caliente y chau.» «Te llamo esta noche, tipo las nueve.»

Titular de la cartera: Ministro.

Título, a: Para. «Te lo digo, che, a título de que no tirés la bronca.» (Frase de una conversación entre peones de una empresa de mudanzas, oída por el autor, en Buenos Aires, en 1977.)

Tocóle: Argucia verbal por la que se procura sortear indecorosas connotaciones del verbo *tocar*. «Tocóle a nuestra querida presidenta enfrentar horas difíciles para el club.» (Memoria de un club de canasta.)

Toilé: Nombre masculino. Baño, letrina.

Toma de conciencia: «Una sólida toma de conciencia agraria por parte de todos los sectores.» (Collodi, *El campo y la ciudad.*)

Si no hay toma de conciencia
por parte de los votantes,

> *este país no será nunca*
> *la esperanza que fue antes.*
>
> (Maceira, Do ut des *o*
> *La guitarrita de los votos*.)

Tónica: «De acuerdo con esa tónica, le aplicamos Vigorón.» (Enrique Octaviano Longueira, *Medicina de choque*.)

Tope: «El problema del salario tope.» «Un besito constituiría, quizá, mi aspiración tope.» «Objeta una cámara que se incremente el tope indemnizatorio.» Recomiéndase no escribir *topo*.

Total: «Secretaria buena presencia, con total conocimiento idioma inglés, ambiente moralmente confortable, Bradomín y sus hijos, S. A.» El humilde aviso tiene su valor, porque evidencia un estilo donde las palabras, en este caso, *total*, se eligen por el énfasis que pueden dar a la frase y no por el significado, que no importa.

Tour: N. f. «Me mandé una tour por las Europas y ahora me sobra el tema para aburrir de lo lindo a la criollada.» (Javier Miranda, *Por las huellas de Enrique el Navegante*.)

Trabajadores del volante: Desde luego, colectiveros; también taximetreros y camioneros. «La medida de fuerza de los trabajadores del volante no me afecta.» (Baltasar Rodríguez, *En guerra contra propietarios e inquilinos*, volumen II de *Mi gru-*

ta es un reducto o *Memorias del encargado*, edición del autor, Buenos Aires, 1984.)

TRÁMITE: Vocablo que se usa para dar mayor realce y elegancia a las crónicas de fútbol. Dícese *partido, gol, de trámite fácil, lento*, etcétera.

TRANSITAR: «Transitaremos momentos difíciles.» (LAPALISSE, *Previsiones*, Buenos Aires, 1972.)

TRÁNSITO: Tráfico. «Hay un tránsito en el centro, que usted se me vuelve loco.»

TRANSMITIR: «Luder habría transmitido en esa conversación que el problema entorno no era capital.» (Suelto de un diario de Buenos Aires, del 28 de febrero de 1976.)

TRANSVASAMIENTO GENERACIONAL: «Pablo Casals, Pablo Picasso y Charles Chaplin, por el vivo interés que pusieron en el transvasamiento generacional, despertaban mi admiración, aun mi envidia.» (DOCTOR FRANCISCO [MONO PANCHO] BABUR, *Del doctor Voronoff a la doctora Aslan*, Pau, 1978.) Ver BRECHA GENERACIONAL.

TRASCENDIDOS: «Rumores, patrañas y demás trascendidos que se echan a rodar con el solo propósito de manchar la imagen del gobierno.» (*La Palabra Presidencial*, según la compilación del N. Raúl.)

TRASLACIONAR: Trasladar. «Traslacionó el balón al campo opuesto.»

Trasparentizar: «Se trata de trasparentizar las gestiones.»

Tratativas: Diligencias, conversaciones previas a un acuerdo o a una decisión. «Se iniciaron las tratativas con las firmas interesadas en montar nuestra red cloacal.»

Tremendismo: «Encaraba su negro porvenir sin el menor tremendismo.»

U

Ubicación: «Reclamamos la urgente ubicación del lexicógrafo dentro del generoso marco de la Literatura Nacional y de la Seguridad Social.»

Ubicar: Encontrar, situar, identificar, etcétera. «Allí se ubicó una libreta con números telefónicos y nombres de hombres.» («El caso de los estranguladores de Villa Freud», *El Diario Nacional*, Buenos Aires, junio de 1982.) «Soy la madre del chiquito, ¿me ubica, doctor?» «Ubicar el agro como una realidad permanente.» (*La palabra oficial en el torneo de Palermo.*) «Ojalá que los adversarios se ubiquen y nos dejen ser generosos con ellos.» («La palabra del vencedor», suelto en *Crónica*.)

V

Vacacionar:

>*Hasta un enclenque se entona
si en Mar de Ajó vacaciona.*
>
>(Munchhausen, *Facetiae*,
volumen II, Buenos Aires, 1989.)

Velatorio: En este país hemos dicho siempre *velorio*. «He traído a colación esta conocidísima anécdota porque ella me lleva, por natural asociación, a un velorio con Arlt. (*Velorio* y no *velatorio*, señor corrector.)» (Conrado Nalé Roxlo, *Borrador de memorias*, Buenos Aires, 1978.)

Vendepatria: Para nacionalistas, *liberal*. «Creer o reventar: a este país lo hicieron los vendepatrias.» (*Entregas del Fortín Berazategui*.)

Verificar: Cumplir. «Por aquellos años yo verificaba una intensa actividad proselitista.» (Renato Reboursin, *Qué vida la del candidato*, La Plata, 1973.) «Su principal cometido será verificar contactos con el mayor número posible de bocas de expendio.» (Gerencia de Bâton Rouge para los Labios SOPA, *Instrucciones para nuestros corredores*, Buenos Aires, 1977.)

Verosimilizar:

>*Admito que esa cara de indiscutible pavo,
me verosimiliza el fin de tu conchabo.*
>
>(F. Williams, *Paternales*,
New York, 1979.)

Vertebramiento: «Hay que trabajar dinámicamente en su vertebramiento e implementación.» (V. Oppenheimer, *Tranquila conciencia de un saber político absoluto.*)

Verticalidad: «"Convivamos en la mayor camaradería y francachela" nos exhortó nuestro jefe "manteniendo, eso sí, el principio de verticalidad".» (Ursino, *Tamaña realidad.*)

Verticalismo: «A mí no me marea el verticalismo; ni me da vértigo.» (El «Nano» Narbondo, *Desde mi planta baja*, Morón, 1975.)

Verticalizar: Imponer, o *acatar* cuando se usa en reflexivo, el mando de los superiores jerárquicos. «A la llegada de nuestro representante Saporiti, los efectivos se habían verticalizado.» (*El Gran Rotativo del Aire*, Salta, 1987.)

Viabilizar: «Reniega de una suma de alianzas y apoyos que viabilicen su sustento político.» (Roskopf, *Midamos el tiempo*, Buenos Aires, 1976.)

Vigencia: «Las reputo fiorituras carentes de vigencia.» (Coria, *Des Esseintes: examen y descomposición.*)

Vigente: «Por su íntima tesitura, la obra de Nervo todavía resulta vigente, pero la del duque de Rivas ya no vige,[1] qué le vamos a hacer.» (C. Soldano, *Literatura comparada.*)

---

1. Especialmente interrogado sobre la conjugación de este verbo, el señor Soldano contestó: «Como *regir*». (N. del A.)

Vigorizar: Mejor aún, *vigorar.*

Vino de Honor: «Después de la ceremonia, sirvióse un vino de honor.» (*Vida social cegetista*, entrega de junio de 1970.)

Virus, a: «Tiene un problema a virus.» (Giovanni Piola, *El médico de familia.*)

Visión: «Lo decimos bien alto: *Tapado de visón* es una gran película. Aconsejamos su visión.» (B. Turpin, *Cine desde la fila cero*, Buenos Aires, 1977.)

Visualizar: Ver. «Pruébese estos anteojos, y le apuesto que visualiza mejor.» (Marian Brown, *En la óptica.*)

Vivencia: «El autor nos refiere sus vivencias en la selva misionera.» (Carlota Frinziné, *Los que no se discuten* en *Glorias de varias literaturas*, Cayena, 1971.)

Vivencial: «Objetada la calidad distante, escasamente vivencial, de todo relato donde campea la ironía.» (Doña Juana Bustos, *El famoso puchero criollo.*)

Vivenciar: «Vivenciar fugacidades: he ahí la noble misión del poeta.» (Henry Coulon, *Anales.*)

Vivir: «Le preguntamos al galardonado cómo vivía su premio.» (William Rump, *Departiendo con H. Coulon* en una separata de *Anales.*)

Z

Zonal: «Se declara que el Poder Ejecutivo propugnará el afianzamiento zonal que deriva de la inclusión del Alto Valle de Río Negro en el polo nacional de desarrollo...» (*Política universitaria rionegrina.*)

*A las muchachas zonales
me las junta Renovales.*
(Tambone, letra propuesta
para el *Treues liebes Herz*
de Strauss.)

Apéndice

Últimamente se distribuyó en la Facultad de Ciencias Económicas de la Universidad de Buenos Aires un prospecto del

Generador Automático de Frases Técnicas (GAFT)

destinado a la edificación y al socorro de funcionarios y burócratas, consistente en una lista de palabras en tres columnas, como sigue:

1	modelo	crítico	paralelo
2	reequipamiento	competitivo	integrado
3	criterio	intersectorial	prioritario
4	recurso	dinámico	inelástico
5	factor	alternativo	estratégico
6	coeficiente	vegetativo	tecnológico
7	programa	lineal	compatible
8	insumo	matricial	balanceado
9	producto	marginal	flexible
10	proceso	operativo	optimizado

Toda vez que el funcionario se proponga mejorar el tono de un escrito elegirá al azar tres números, del 1 al 10. Si, por ejemplo, elige la combinación 4, 5, 8, tomará el cuarto término de la primera columna, el quinto de la segunda y el octavo de la tercera. Obtendrá así el exquisito *recurso alternativo balanceado*. Si se inclina por 9, 6, 10, dispondrá de *producto vegetativo optimizado*. Así, *ad nauseam*. El prospecto concluye que «de este modo el funcionario escribirá frases que tienen el inconfundible sonido de una versación especializada».

Unos días en el Brasil
(*Diario de viaje*)
(1991)

Non recito cuiquam, nisi amicis.
HORACIO

Acaso completen mi *Diario* del viaje de 1960, algunas referencias a un viaje de 1951. En la primera que me viene a la mente, estoy mirando desde la cubierta de un barco a los pasajeros que suben por la escalerilla. Atrae mi atención un grupo formado por un señor indio y dos muchachas de sari, que lo siguen, cargadas de valijas. Sabré después que la más joven y más linda se llama Shreela. Es delicadamente, luminosamente bella. Desde la hora que la vi no tuve ojos para otras mujeres. Menos todavía para Ophelia, que no era mujer, sino una niña: una chiquilina. ¿Quién puede prever el futuro? De un modo acaso particular, Ophelia está vinculada a mi viaje de 1960.

Una mañana en que yo desayunaba en el comedor del barco, Opheliña pasó junto a mi mesa y con asombrosa lentitud se desplomó. Me explicaron que se había desmayado «de amor por mí». Era una brasilerita dorada y rojiza, de ojos azules.

Desembarqué en Cherburgo y tomé el tren. Shreela se disponía a sentarse a mi lado, pero Ophelia le pidió que dejara el asiento; lo ocupó, me envolvió con un brazo y apoyó la cabeza en mi hombro. Desde entonces fuimos amigos con Shreela; quiero decir, nada más que amigos. Shreela era una muchacha con sentido del humor, fina, inteligente. Me disgustó que recibiera ese trato, pero no intervine, porque recordé el consejo del padre de Léautaud: que las mujeres se arreglen entre ellas.

En París, Opheliña me llamó por teléfono varias veces. Finalmente salí con ella una tarde. Me dio un trozo de papel, con anotaciones.

—Te llamé para darte esa dirección, en Río. Es la de mi casa de antes, porque si recibo cartas de un hombre mi madre me pone pupila en el colegio. El portero se encargará de avisarme, para que pase a buscarla. Quiero que me escribas.

En el Bois me besó con la boca abierta. De pronto me apartó para preguntar:

—¿No harías eso con una minina, Bioy?

Dejé que me convenciera. Sabía, sin embargo, que no era tan joven como me pareció al principio.

—De acuerdo —dije con despecho—. ¿Dónde te llevo? Se hace tarde.

Yo sentía que el despecho era una reacción grosera y ridícula, pero no lograba reprimirlo. Esto aumentaba mi enojo.

—Perdona —me dijo—. Sé que estás mal. Yo tampoco estoy bien. Estoy peor. Con gripe. Anginas. Placas blancas en la garganta.

Por poco me ahoga con sus besos de boca abierta. Ya de noche la dejé, volví al hotel, y me metí en una cama de la que no saldría antes de quince o veinte días. Fue aquélla la peor gripe de que tengo memoria. Cuando me repuse, Ophelia había desaparecido de París.

En el 57 tuve que viajar de nuevo. Aunque no pasaría por Río me acordé de mi brasilerita y le escribí. Dos o tres meses después, cuando volví a Buenos Aires, algo me esperaba en la mesa de trabajo. Una cariñosa carta de Opheliña.

A principios de junio de 1960, en una reunión de la comisión directiva del PEN Club Argentino, Antonio Aita, su presidente, me anunció:

—Ya está arreglado. Usted y yo vamos al congreso del PEN, en Río.

—¿Cómo se le ocurre? —pregunté—. ¿Para qué voy a ir si yo no hablo? Soy escritor por escrito.

—Eso no importa.

—Además tengo mucho que hacer. Por ahora no puedo moverme de Buenos Aires.

Al rato acepté la proposición. Cuando salí a la calle, pasaba un clamoroso grupo de muchachos y uno dijo:

—Quién iba a pensar que volverías a ver a Ofelia.

Recordé que entre los presagios enumerados

por De Quincey, está la frase casualmente oída en la calle. En este caso me pareció que se volvía creíble por la circunstancia de que el nombre Ofelia no es demasiado corriente.

Diario. *Sábado, 23 de julio*. Despierto a las cinco. El vuelo, con amenazas de mareo, parece largo. Conversación con el director de una buena colección de libros de una editorial porteña. Tiene algo de inteligente atleta, de apuesto Absalón; saco demasiado claro; pulcritud, satisfacción y eficacia de médico. Llego a las tres y pico a Río. Saludo a Sara Bollo, delegada uruguaya. Aita, que me espera con impaciencia, pone un distintivo en mi solapa, no me permite telegrafiar a casa ni pasar al baño. Seguirlo es la orden. Saludo a los delegados. Vuelvo al hotel. En el bar, agua mineral, queso, aspirinas, dolor de cabeza; la tierra se mueve debajo de los pies. Ducha: porque el agua fría sale caliente voy a protestar, pero recapacito y me contengo. Largo almuerzo en el hotel Miramar. Moravia; Madame Moravia: ¿cómo se llama?; Graham Greene. Aita me anuncia que se vuelve a Buenos Aires el 27 y que yo debo permanecer hasta el último día del congreso; sin pudor manda. Con relación a estas invitaciones a congresos internacionales hay que distinguir dos momentos: antes de la aceptación, cuando no hay obligación alguna y podremos hacer lo que se nos ocurra; después de la aceptación, cuando debemos comprender que estamos en deuda y debemos cumplir nuestras obligaciones.

Otro tema: noto en Aita y en algunos compatriotas una reacción airada ante el hecho de que los brasileros hablen su idioma, tengan costumbres que no son las nuestras, coman platos que no conocemos; también una contradicción en la que se manejan cómodamente: a) la Argentina es una gran nación, en un continente de pueblos inferiores y pobres; el único país europeo en América; b) los europeos tienen que bajar el cogote y reconocer la importancia de nuestra pujante América latina. En cuanto a mí: un poco abrumado en esta ciudad populosa y vertical, sin esperanzas de entenderla topográficamente. Como si el día de llegada toda una red de calles y edificios confusamente se nos cayera encima. Al que va a Buenos Aires ¿le pasa algo así? Con amor propio herido, sospecho que no. Otra observación, pero aún más nimia: aquí la cara de Caillois, porque la conozco, despierta resonancias afectivas, grito: «¡Roger!», o quizá «¡Caillois!», y si no grito es como si gritara; y, sin pensarlo dos veces, corro a abrazarlo, o por lo menos hay en mí una corrida hacia él. Bueno, hace tiempo que no lo veo, y lo conozco desde hace más de veinte años a este jodido de mierda. ¿Qué decir del renombrado Carneiro, que para explicar algo a Aita me arrincona contra una pared? Por cortesía también se dirige a mí, gritando con entusiasmo, a dos dedos de mi cara. Huelo su aliento de consumidor de colagogos y recibo sus casi ingrávidos salivazos. Lo veo borrosamente y me digo que para mirarlo de tan cerca yo debiera comprar anteojos. La mujer de Moravia se enoja cuando la llamo señora de Moravia y no por su nombre, que olvidé; pero al rato me invita a huir del congreso mañana mismo, porque siente que tanto ella como yo estamos fuera de lugar en estos congresos del PEN Club. Graham Greene, con quien tuve en 1951 un trato bastante amistoso, oye lo que le digo, pensando en otra cosa y yendo hacia otra gente. Moravia me refiere que ayer estuvo con Wilcock, que éste es más amigo de su mujer y que ya es casi un romano. *Pas de nouvelle d'Opheliña*, pero hay otras y, en último caso, están la sucia y un poco deshecha, cuyo nombre no recuerdo, y una francesa que vista de atrás es inobjetable y una rubia, o pelirroja, que ha de corresponder a mi tipo —no el de las que me gustan, sino el de que las que me tocan en suerte— ya que se parece a Diana y a… Otro tema: los brasileros me prueban que una asociación de ideas practicada por medio mundo no corresponde a la realidad. Yo creía, muchos creen, que hay cierta relación entre progreso —o, por decirlo con palabras que me avergüenzan un poco, «espíritu moderno»— y simplicidad retórica. Pues bien, aquí funciona una retórica inflamada y barroca, generosa de epítetos, de aumentativos, de expresiones extremas, junto a una fuerza de progreso como no se encuentra en ninguna parte. Para hablar del mundo brasilero hay que emplearla. Yo diría que en este país hay pujanza en todo. La gente, las casas altas, los túneles, crecen y se multiplican de una manera que apabulla a un porteño cansado. Tendré también que rever mis ideas sobre el calor. Yo creía que era deprimente. Nada de eso. Esto es una hoguera, o quizá una retorta, donde el brasilero crece, corre, grita, produce, reproduce, con celeridad pasmosa y bastante alegría. Otro punto: los brasileros resolvieron —habría que saber cuándo, o si les viene de sus padres portugueses— jugar a las similitudes y no a las diferencias. Ven el horizonte repleto de barcos rebosantes de arracimados alemanes, libaneses, japoneses y les gritan «¡Bienvenidos!», abren los brazos, los encuentran hermosos, parecidos a ellos. Con igual espontaneidad los argentinos jugamos a las diferencias y cerrando los puños mascullamos: «¡Foráneos de mierda!». Mientras avanzamos por calles de Río con prodigiosa rapidez, en un taxi destartalado, Moravia contempla los rascacielos, expresa admiración y comenta que parecen húmedos. Sus palabras: «*Des gratte-ciels pourrissant*».

Domingo, 24 de julio. Por la mañana, sesión del congreso. Estos escritores ¿no se preguntan en ningún momento si están jugando a ser diputados? Cómo les gustaría serlo. El congreso es un pseudo parlamento que *bombina* en el vacío. Almuerzo con Aita y su alegada hermana en la *Taberna Azur*. Con Aita y compañía vuelvo al congreso. A la noche, como en el *Aristón de Dino*,[1] restaurante italiano de Copacabana, con la delegación italiana completa: Elsa Morante (ahora recuerdo su nombre), Moravia, Praz, Morra, Bassani, De Santis y su futura mujer, nada fea, muy joven. Moravia, impaciente, dispuesto a guerrear con Aita, me asegura que éste escribió un artículo sobre él, que era la traducción de la solapa de su último libro. Le digo: «¿De qué se queja? Si Aita no hubiera tenido a mano esa solapa ¿imagina lo que hubiera escrito? Además, qué quiere que le diga, me parece que Aita no está fuera de lugar en la presidencia del PEN Club Argentino, en cambio usted, en la presidencia del PEN Club Internacional… Usted es un gran escritor y quizá no debiera perder el tiempo… Deben manejar estos clubs los políticos de la literatura y sobre todo los burócratas de la literatura». Impaciente e influenciable, Moravia me declara su intención de renunciar a la presidencia.

Lunes, 25 de julio. Río de Janeiro. Despierto con la mente algo despejada, pero pierdo la oportunidad de aprovecharla para escribir. Reservo un pasaje para ir a Brasilia, el 27. Sesión de congreso. No hay salvación: tengo que hablar. Balbuceo tres o cuatro palabras, en voz muy débil; quedo trému-

---

1. *Sic*: *Nino*. (D. M.)

lo y extenuado. En la calle, Aita y yo nos encontramos con Moravia. Éste no saluda a Aita, que en ese momento inicia una campaña personal, íntima, casi subjetiva, de rencor y desprecio. A Moravia le digo: «A través de interminables pantanos de oratoria, el PEN Club avanza con extrema lentitud, un centímetro por año, hacia metas que valen la pena: por eso conviene que usted no renuncie». Me agradece amistosamente. Converso con Madariaga. Almuerzo con Aita en el restaurante del onceavo piso de la tienda Melblas (?),[1] con vista a la bahía; por primera vez olvido que estoy en Río.

En algún momento converso con el viejo portero que debiera encargarse de que mis cartas lleguen a Opheliña. «*Não la lembro*» dice, pero promete su mejor voluntad para ayudarme. «¿Una que se casó?» pregunta. Cuando le digo que no sé, parece molesto o desconfiado.

En el PEN, con Graham Greene oímos una larga conferencia de Mario Praz, en favor de una causa excelente, con palabras innumerables y tediosas. Greene me pone en guardia contra el reputado *evil eye* de Praz. Con dificultad me libero de Aita y, para ocuparme en algo, voy a una fiesta, mejor dicho feria, del libro brasilero; tanto es el calor y tanta la gente, que desisto de entrar. Para recordar las escalas en Río de los viajes con

---

1. *Sic*: Mesbla. (D. M.)

mis padres, voy a comer al hotel Copacabana, que está por ahí cerca. Luego camino. Ya en mi hotel, quisiera escribir, pero la mente no está despejada.

Martes, 26 de julio. Río de Janeiro. Escribo unas pocas líneas y, en seguida, las ganas de escribir desaparecen. Estoy cómodo, viviendo sin impaciencia ni propósito. Recibo una cariñosa, vivísima carta de Silvina; después de leerla advierto cuán opacas son las que le mando. Arreglo el viaje a Brasilia. Mañana parto, casi hoy, a las seis y media a.m. Tengo tres horas de vuelo, un día corto, hasta las cinco, en Brasilia, que sin duda me parecerá largo, y otras tres de vuelta. Llegaré, no quiero pensar cómo, a comer, a dormir, a tomar el aire de la mañana de pasado mañana. Después, otro avión, a San Pablo, sin haber visto a Opheliña en Río y con pocas esperanzas de verla de nuevo. Compro accesorios para mi máquina fotográfica, juguetes para Marta. Voy al congreso. Oigo la réplica de un húngaro a Madariaga; la contrarréplica de Madariaga; las explicaciones de un húngaro desterrado, etcétera. Luego, mientras escribo este diario, ¿cómo lo diré? acaece, ocurre, al alcance de mi oído, una explicación literaria de Cecília Meireles, con dulzura de frasco de caramelo licuado. Almuerzo solo, con vista a la bahía, en el piso once del Melblas. Compruebo que empiezo a estar más seguro de mí: cuando me traen un bife con salsa, lo rechazo. Salgo a recorrer las calles, ahora en busca de una tarjeta postal de la Biblioteca Nacional de acá, para mandársela a Borges.

En el congreso, un tal Alonso o Antonio, de nuestra embajada y que según parece estuvo conmigo en el Instituto Libre, que fue peronista (me dice Aita) y en castigo lo echaron de la Universidad y en premio lo mandaron a Río como diplomático, me explica, de muy cerca, con aliento a mate, sus méritos personales, méritos ignorados por Aita, que no le permitió hablar en nombre del PEN Club Argentino, del que no es socio, pero sí delegado, por decisión de los brasileros, no de Buenos Aires. «No hablaré, pero me doy el gusto de hablar, por invitación del Instituto de Altos Estudios, en tal parte. Y me luciré, y he conseguido todo esto a pulso, a pulmón.» Qué sinceramente interesado está en él mismo. Qué odio le tomó a Aita, porque le atragantó el discurso. Al rato Aita me dice que este hombre fue delator y, como copropietario del edificio en que vivía, donde tenía fama de espía peronista, el día del triunfo de la revolución invitó a todos con *champagne*. Por lo demás carece de ese mínimo de buena educación que nos previene contra una larga y circunstanciada información de los triunfos que recoge nuestro *curriculum vitae*, ya que tal vez no entretengan al interlocutor. Para qué señalar que la inexplicable fonética del personaje y su aliento no lo ayudan. Tampoco, en mi opinión, su interés por averiguar la influencia de los *ismos* —surrealismo, dadaísmo, etcétera— en la literatura siamesa. Aparentemente su lema es: «Descartemos lo que hay de lejano; atesoremos lo que hay de Tristan Tzara y Marinetti». A lo mejor este raro afán no sea más que una concesión que me hace (me tendrá por loco y raro, como todo escritor). Creo que sabe latín y griego. En cuanto a mí, lamenté que la conferencia de un príncipe de Tailandia —muy pequeño, atareado por un grabador y un cigarro— fuera un mero catálogo de nombres poco significativos; como si compartiera mi desilusión, el papanatas este abundó en su peregrino deseo de conocer la fortuna del surrealismo en las letras siamesas. Me rescatan Moravia y Elsa Morante, que me invitan a tomar el té en el bar del último piso. Moravia comenta «el minúsculo realismo» que impulsa a Bassani a hablar de su vida cotidiana en Ferrara, ante el público del congreso del PEN en Río, entre los que hay delegados «como el príncipe Putifón de Tailandia, que no saben si Ferrara es una ciudad o una marca de automóviles». Asegura que Bassani tiene terror a las ideas generales y que sólo conoce a Croce y que no sabe francés ni inglés ni alemán. Moravia concede grandes méritos a Croce, pero dice que Bassani, como media Italia, sólo ha leído a Croce, y que una dieta de Croce, *comme tout potage*, tiene consecuencias raras. Moravia es un hombre de impulsiva impaciencia, a veces contradictoria, que quiere pagar la adición e irse de una vez, cambiar de mesa, pedir un cafecito más, irse a una parte, mejor a otra. Tiene a todos enojados aquí, porque no preside las reuniones, porque se va demasiado pronto de los cocktails o ni siquiera concurre. A quien tiene más indignado es a Aita, porque lo ignora. A pesar de su independencia e impaciencia, Moravia es bastante débil e influenciable. Porque una vez le dije del PEN, «Qué quiere, de estas organizaciones tarde o temprano se apoderan los burócratas de la literatura», me dijo que yo era un cínico, pero al rato aseguró que renunciaría a la presidencia, porque por una organización de burócratas de la literatura no debía descuidar su trabajo. Entonces le dije una vez más que los fines del PEN, hacia los que éste avanzaba con extrema lentitud, valían la pena y que yo creía que por un tiempo él debía seguir... Sonrió, me apretó el brazo y me dio las gracias. En algún momento le comenté a Elsa Morante que me asombraba ver a Moravia en el papel de presidente del club. Me contestó que por haber soportado en la infancia el despotismo de los fascistas, tal vez deseara de algún modo, con un poco de vergüenza, el ejercicio de la autoridad. De Johnny[1] señaló su egoísmo y convino en que los poemas, y aun los artículos periodísticos, suelen ser mejores que los cuentos. Con Elsa Morante y Moravia, en camino

---

1. Wilcock.

a la Academia de Letras, entramos en la agencia de una compañía de aviación, donde reservan sus pasajes de regreso. Cuando llegamos a la Academia, ya está la gente en el salón y habla Aita. Quedamos en el vestíbulo. Después habla Madariaga. Para huir de una mujer madura, de cara ancha, una mulata teñida, de ojos acuosos, que ha de estar dispuesta a todo —no me gusta su piel y tendría temor de ver sus pechos— me alejo con el representante de Australia, que me aclara que el discurso del siamés no fue sobre literatura, como yo creía, sino sobre medios prácticos para celebrar congresos en su país (o no sé dónde). A este australiano, que es húngaro y nada antipático, le impacienta la oratoria (sospecho que también la literatura); a él le interesa el lado práctico, la discusión, no enconada, la actividad parlamentaria del PEN y los viajes. Del hotel voy a la embajada argentina, en el cochecito del embajador. La embajada es una casa realmente espléndida, grande y de piedra clara; un palacio en un amplísimo jardín. En un salón, que podría ser de Versalles, sobre un piano de cola, colocados en fila, como espectadores en un teatro, están Aramburu, Rojas, Espil, Justo [Villar], un cura y alguien que no recuerdo, en fotografías, enmarcadas en *simili*-plata y firmadas. En el escritorio, una, de mayor tamaño, de Frondizi. Comemos —ay, pollo con cebolla— y el embajador Muñiz me refiere sus experiencias en Bolivia, en Brasil, etcétera. Cuando digo que los argentinos tenemos más patriotismo negativo —susceptibilidad ante ataques contra lo argentino— que positivo —disposición a sacrificarnos por el país— aplaude con demasiado entusiasmo. Me habla, un tanto contradictoriamente, de la importancia que tienen aquí los cronistas sociales, y de la libertad de las costumbres, el respeto a cada ser, que permite a la señora de Osvaldo Aranha recibir a embajadores, etcétera, en dos casas, la del marido y la del amante. Muñiz me muestra —a mí, tan luego— su galería de cuadros modernos: le oigo repetir: «Un Presas», «un Victorica», «un Pettoruti», «un Pedone», *ad nauseam*, desde luego. Hay muchos de cada uno. Después, con algún sobresalto, lo sigo hasta el propio dormitorio del rey, quiero decir del embajador, y en seguida, un alivio, a su despacho, con fotografías de todos los embajadores argentinos en Itamaratí, en recuerdo de don Ramón Cárcano. Vuelvo al hotel.

Miércoles, 27 de julio. A las cinco me despiertan. No sin dificultad consigo, a tiempo, el desayuno. A las siete en punto voy al aeropuerto, y a las siete y pico estoy volando, rumbo a Brasilia. Desde lo alto veo cerros y algunos bosques; ya sobre Brasilia, tierra roja y casas altas, unas pocas, diseminadas. El camino del aeropuerto al hotel es largo; bordea un lago y, a la izquierda, las embajadas, que por ahora son una sucesión de terrenos baldíos con letreros blancos, cada uno con el nombre de un país. Cuando pasamos frente al nuestro, el chofer grita: «¡Viva la Argentina!». Fotografío el desolado letrero. Brasilia está en una enorme meseta quebrada; no se ven montañas en la lejanía; el lugar es el valle de un río, con un lago; la tierra es roja; los árboles (no consigo saber cómo se llaman) son raquíticos y tienen, a mitad del tronco, una suerte de nido de hornero, de tierra roja (una bola de tierra, que rodea el tronco): «Ahí» me explican «viven los *tijú*», pronúnciese *tiyú*, «un *bisho* que taladra». Llegamos por fin al extendido hotel, donde firmo un papel comprometiéndome a partir antes de la noche. El hotel no deja de ser lujoso, aunque rumbo al cuarto paso por corredores que dan a cubículos abiertos, desprovistos de puerta, donde se amontona la ropa sucia. Es curioso también que en un hotel en el desierto no haya nada en venta, salvo postales y «banderines-*souvenirs*». Para comprar cualquier cosa hay que ir a la Ciudad Libre, o Núcleo Bandeirante, pueblo de cuarenta mil personas que viven en casas de madera, situado a treinta y un kilómetros del hotel. Brasilia propiamente dicha consiste en cierto número de casas en construcción, no tan pocas, advierto, como parecen desde el aire, muy distantes una de otra. Aquello tiene algo del sueño de arte moderno de un funcionario imaginativo; tal vez, de un demagogo imaginativo. Ignoro hasta qué punto la nueva capital es necesaria y cómo el consiguiente derroche afectará a la economía del Brasil; he podido corroborar que la gente obligada a mudarse de Río a Brasilia está resentida y triste. Dicen que destruir las costumbres, alterar la vida cotidiana de tanta gente, es criminal. Brasilia es una operación de sátrapa indiferente a los sentimientos de miles y miles de personas, que formaron su vida en Río y deberán truncarla, para empezar de nuevo en otra parte; pero también es una operación demagógica, porque las multitudes, por ahora no afectadas directamente, están orgullosas, exaltadas de patriotismo. Brasilia es ambiciosa, futura, pobre en resultados presentes, incómoda. Para comprar un cepillo de dientes, el huésped del hotel recorrerá sesenta kilómetros, ida y vuelta, al Núcleo Bandeirante. En el único cinematógrafo, el habitante, gratuitamente menos mal, puede ver films de propaganda, o instructivos. Fotografié, no sé con qué resultado, cosas dignas del peor (o del mejor, tanto da) Le Corbusier y a indios, con orejas de un palmo y perforadas, que hace tres años vivían como únicos pobladores en la zona.

Vuelvo a Río. Aita me reprocha el haberme ido ayer de la Academia, el haber comido con Muñiz, el no estar hoy a su lado. Es impertinente y tonto —¡quién lo ignora!— pero como yo no soy más vivo, lo invito a comer. Cuando los dejo (está con la hermana), camino un poco por la ciudad, contemplando las zaparrastrosas prostitutas. A las doce, en cama.

Jueves, 28 de julio. Escribo para el joven Timossi, de *El Mundo*, de Buenos Aires, un artículo sobre el PEN Club y este congreso. Concluyo diciendo que los escritores del club debieran recordar que alguna vez Wells fue su presidente y que Timón, el autor del *Libro de los Oradores*, nunca. Salgo de compras. Corbatas para mi padre, una pulsera para Silvina. Fotografío la Biblioteca y tranvías cariocas. Me esperan en el hotel cartas de Silvina y una nota de Aita para que lo vea, a las once y media, en el hall; pero yo debo almorzar temprano, para tomar el avión a San Pablo y, como Aita a las once y media no llegó, no lo espero y me voy a almorzar al Melblas. Al rato llega Aita, con su hermana. Me llama «volátil». Con paciencia de Job le explico las cosas: uno tiene vida propia, no es esclavo de Aita.

Antes de las dos dejo Río para San Pablo, no sin pena. Qué desilusión no encontrar a Opheliña. ¿O más vale así? Vernos tal vez nos probaría que el pasado pasó y que nos hemos convertido en otros. A pesar de algunas contrariedades, Opheliña me dejó un recuerdo poético y es bastante natural que en un viaje a Río yo trate de verla. ¿O mi propósito era llevarla a la cama? Esto me parece una simplificación, libre de hipocresía, pero que no se ajusta a la verdad.

El avión en que viajo a San Pablo, cuando vamos llegando se balancea bastante. Después de bajar advierto que olvidé la valija de mano en mi asiento. Corro trescientos metros, sudo, recupero la valija. El Hotel Comodoro —donde ahora, desvelado, a las cinco de la mañana escribo estas páginas— parece bastante «*pobrecito, che*», como solía decir un compañero de viaje. San Pablo es desmesurado, no hermoso. En estas ciudades del Brasil aparentemente no hay barrio Norte ni un Centro limpio; el Centro se mezcla con el Bajo. Camino hasta agotarme. Tomo un té medio tibio, en una confitería vienesa. Hay allí una mujer rubia, no demasiado agraciada, con un hijo. Se me ocurre que sea Opheliña. Casi estoy desdichado, porque no sé preguntar: «¿Usted es Ophelia?». Cuando esta señora se levanta, junto coraje, la sigo y le pregunto... «Siento mucho; no soy su Ophelia», me dice. Compro libros (de Eça de Queiroz y un diccionario). Sigo caminando. Al pasar por el Othon Palace Hotel pido al portero que llame un taxi —especie que, por lo visto, está en vías de extinción— y debo compartirlo con una señora y sus dos hijos. Es joven, rubia, no fea; se declara partidaria de la vida natural; enamorada de Suiza, donde iría a vivir. Ya estoy queriéndola, pero la dejo en su casa, en un barrio residencial, cuyo nombre no recuerdo y donde el diablo perdió el poncho. Nos despedimos amistosamente, sin darnos los nombres... Ya es tarde para volver al hotel; más vale ir al cocktail del Jockey, aunque mi traje es demasiado liviano y tengo frío. La casa del Jockey está en el mismo hipódromo. A los delegados nos reciben en el comedor de socios: un comedor a cielo abierto, en terrazas que dan sobre la pista (iluminada para nosotros, aunque esta noche no hay carreras). Los italianos me saludan con un «¡Salve!» y muchos «¡Holas!» amistosos; expresiones espontáneas de quienes se encuentran con un viejo amigo; pero como no soy un viejo amigo, pronto no tenemos qué decirnos y ellos mismos se desinteresan. Estoy con la doctora Erika Hansl, la delegada austríaca. Conmigo se muestra amistosa; por lo que dice de Kafka, no parece perspicaz. Con Graham Greene converso, pero como es el *literary lion*, los brasileros no lo dejan tranquilo. «¿Sabe que sus libros tienen mucha aceptación, y hasta difusión, entre nosotros?». «¿Qué me dice, Maestro, de la frase de su colega Dostoievski?»… Hablo con unos militares brasileros —¡qué corbatas!— y les explico que PEN significa *lapicera*, *caneta*, y que no es una sigla. Antes de que me aleje, alguien aclara que PEN es una sigla de *Poets, essayists, novelists*. Converso con el cónsul argentino. Sospecho que Alonso le dejó entrever mi poca simpatía por él; con el cónsul nos entendemos perfectamente. «Lo mejor son las mujeres» convenimos. El representante de *Paris Match* me recomienda dos restaurantes: el del hotel Claridge y el del hotel Excelsior. Con Pryce-Jones hablo de Borges y no encuentro más temas. Voy a comer al Excelsior. Hoy menú fijo, cerdo o hígado, que aborrezco.

Bueno, me cocinan un *entrecôte*. Llego al hotel con frío. Está en la entrada el delegado catalán Joan Mateu Ballester, que me invita a comer. «Ya comí» le digo. «Pero yo no» contesta. «¿Por qué no me acompaña mientras como?» Me asegura: «Lo que dijeron que aquí matan por amor, por honor o por política, es mentira. Por honor, al menos, nunca. Por política está prohibido. Por dinero, a veces. Por equivocación, las más. Dos personas en una taberna discuten una tontería, sobre cuál cerveza es mejor; uno se va, otro queda. Al rato vuelve el que se fue; apuñala a uno, que de espaldas puede ser el de la discusión de hace un rato, pero que es otro. Los bahienses matan por palabras. Y lo de veras peligroso, créame, son las fiestas. No vayas nunca a un bautismo, don Adolfo. Allá corre sangre». «También es mentira que aquí la gente no haga distingos. Si vas con una puta negra, pagas menos. Mejor estar muerto que ser negro. No te bañes tres días en la playa de Santos, que si te tuestas ya no eres ni señor, ni don, ni siquiera Adolfo; eres una porquería. Aquí hacen distingos, pero saben que no hay que hacer distingos, entonces dicen que no hacen distingos, que son todos hermanos. Hermanos de la puñeta.» «Acá no puedes llevar una puta al hotel. Entonces, entre tres o cuatro putas, tienen un departamentito. Mientras una está adentro, otras esperan con el cliente afuera. Antes había *zonas*; ahora, para acabar con la prostitución, las abolieron y la *zona* es toda la ciudad.» El restaurante donde comemos se llama *Papai*. Pregunto: «¿Qué significa *papai*? Vi en avisos que falta poco para el día de *papai*, del padre; pero, realmente ¿este restaurante se llama *Papá*?». «Sí; aquí dicen *papai* al padre y se llaman *papai* a sí mismos. "No le harás creer eso a *papai*."» Yo: «Como *Menda*, en España, o *Este cura*». Él: «Es verdad. También dicen *pai*». De Frondizi me dijo: «Qué cara. Esa cara no marcha». Me recomendó un amigo, un pintor catalán, que está en Córdoba, un tal Blanco Quiñones, hijo de librero, «con muchas lecturas y mucha mundología». A las doce nos separamos. Él vive en San Pablo; pero la verdad es que ahora aprovecha la invitación del PEN Club y se hospeda en el Hotel Comodoro. Me acuesto y duermo pronto.

Viernes, 29 de julio. San Pablo. Despierto a las cuatro de la mañana, y creo que son las siete. Cuando descubro que son las cuatro, me entristezco. Hace frío. Recuerdo que en otros viajes dormí mal. ¿Por ver tanta gente? ¿Por no hacer el amor? Pongo el *Diario* al día. Vuelvo a la cama, a las seis. En la Argentina, cuando hace frío, hablan de que llegó una masa de aire polar; aquí, una masa de aire de la Argentina. Vocabulario: *mucama*: esclava; *pois não*: sí; *pedestre*: peatón; *cafetão*: caften; *apurado*: elegante; *graciosa*: en portugués *agraciada*, en brasilero *cómica*. Observación: a nadie (no sólo en Brasil, en cualquier parte) interesan las noticias que de sí da el interlocutor. «¿Mañana irá a Brasilia?» preguntan. Contesto: «No. Mañana vuelvo a Buenos Aires». Al rato, se despiden de mí: «Entonces nos veremos en el avión para Brasilia». Después de contar todo esto en el *Diario* vuelvo a la cama. Me despiertan a las siete, para avisarme que «*Le car pour la Mercedes Benz part à huit heures*». Contesto furioso: «*Moi je ne pars pas. Je reste*». A las ocho y media vuelve a sonar el teléfono. «*Le car est tout prêt pour partir*». Contesto: «*Qu'il parte*» y cuelgo. Al rato suena el teléfono. Es mi amigo, el delegado catalán, Mateu, que me dice: «¿Cómo, don Adolfo, no viene con nosotros a la excursión?». «Pues no» le digo. «Quería dormir.» Como eso no es posible pido el desayuno. Traen una tetera minúscula, a medio llenar, con té clarete, apenas tibio, y una jarra de agua tibia; en lugar de jalea de guayaba, como pedí, me la traen de naranja. Bebo el vomitivo. Alecciono al mozo para mañana. Me baño, me afeito, me visto y bajo. Encuentro al belga Jacques Bolle, administrador del Centro de Estudios Africanos, de Bruselas, que pide al portero indicaciones para ir a Butantán. Digo que tengo igual intención y pregunto si puedo ir con él. Me anuncia que iremos con Goffin, otro delegado belga (pesado, corpulento, gotoso, impaciente, malhumorado, hosco, quizá estúpido, a veces gracioso, mal poeta) y con la delegada belga de habla flamenca, una buena señora, de aspecto de gallina albina, no tonta. En Butantán vemos de cerca y (yo) con horror, corales, falsos corales, cobras, boas, escorpiones, arañas. Fotografío algo. De Bolle me hago bastante amigo. Es un hombre culto, extremadamente fino y cortés, con una sola mancha en el alma: afición por el más bobo arte moderno. Quedamos tan amigos que insiste en que si algún día llego a Bruselas, pase por su casa. Almorzamos en el Hotel Guanabara, no mal, pero tampoco demasiado bien. A las cuatro, con mis belgas, voy a la Facultad de Derecho, a la sesión de clausura del congreso del PEN. El sentido general de los discursos de los dueños de casa, en especial del presidente del PEN Club de San Pablo, consiste en alabar las virtudes de «la casa» en que nos reciben: la belleza de la bahía de Río; el empuje del parque industrial de San Pablo, «¡el más importante de América del Sur!»; el misterio del Amazonas, «que es otro mundo, otro mundo». Nadie sospecha que en la actitud no hay mucha cortesía, ya que sugiere más interés en lo que tienen que en lo que podríamos comunicarles. Si extendieran la modalidad a la vida privada, en los recibos insistirían en la belleza de la esposa, en la excelencia de los manjares que ofrecen, en la calidad de la porcelana y de los cristales. El belga me comenta: «¿Hasta cuándo no se hará evidente la ridiculez del patriotismo?». Esa gente habla como políticos y «diplomáticos». El belga, Pryce-Jones, Caillois, Moravia hablan en otro nivel. Vamos luego en un ómnibus, movedizo de cucarachas, al cocktail del

Museo de Arte Moderno. El mundo oficial brasilero está entregado de pies y manos a cuanto cubista, concreto o abstracto, le proponga sus mamarrachos. Entablo amistad con la mujer de un delegado francés, rubia, pechugada, de veintitrés años, con cara de paisana, ojitos azules que risueñamente se demoran en los del interlocutor. También está su marido, mayorcito y celoso guardián. Caillois me asegura que soy uno de los escritores argentinos más comentados en Francia. Ahora me tutea. Nos abrazamos con los italianos. Morra me dice: «Si va a Roma, busque a Moravia y nos encontrará a todos». Moravia insiste en que vaya con ellos a Brasilia y a Ouro Preto. Bebo un sorbo de un *champagne* local, una suerte de sidra muy dulce. Un alemán de París me pide que le mande libros, para ver si los traduce. Como bien en el Othon Palace, apadrinado por un *maître d'hôtel* español, que vivió siempre en Buenos Aires. Me despido del catalán, que me hace firmar un manifiesto en defensa de la lengua catalana, que Franco prohíbe. En este punto me dan ganas de cerrar los ojos a lo abominable que hay en toda coacción gubernativa y comentar que a lo mejor acabarían las guerras si un gobierno universal obligara a todos los habitantes del planeta a hablar la misma lengua. Caras que podrían ser de nuestros amigos, se vuelven odiosas cuando conversan entre ellas, en la algarabía caprichosa que es cualquier lengua que no entendemos. Recapacito que de ningún modo hay que ceder al despotismo y firmo. El amigo Matheu abunda en anécdotas reveladoras del carácter brasilero y empieza a aburrir a don Adolfo.

Notas sobre maneras norteamericanas. En la puerta giratoria me hago a mi lado para que unas señoras pasen. Los norteamericanos que nasalmente charlan con ellas —por la fealdad de los trajes nadie duda de que se trata de norteamericanos o de rusos, y por el tajo trasero del saco se confirma que son norteamericanos— pasan también, sin mirarme, sin dar las gracias, como reyes de pantalones bolsudos, seguros de sus derechos. Esta seguridad no proviene de la fuerza del país, sino de la estupidez del individuo. En el aeropuerto de Brasilia, cuando camino hacia el avión, veo a un oficial brasilero, que aliviana de libros y máquinas fotográficas a un joven norteamericano. «¿Por qué me saca eso?» pregunta el joven. «Para que vaya más cómodo.» Por lo bajo, el joven explica desdeñosamente, en francés de boca abierta, a una compatriota: «*C'est la politesse*». Como quien diría: «Es una manía de estos tipos».

Sábado, 30 de julio. San Pablo. Despierto a las ocho. Me queda poca plata. Habrá que ahorrar, antes de subir al avión, a las seis de la tarde. Hoy me traen un buen desayuno, aunque el té está demasiado fuerte. Camino mucho. Almuerzo bien, en el Othon. Ya somos amigos con el *maître d'hôtel*, que se llama Fernández Rey. Es amigo de Blanco Amor, inteligente y liberal. Me explica que en Brasil hay discriminación —no por principio, sí en la práctica— contra los negros. A japoneses, árabes y judíos los reciben con brazos abiertos. En cuanto a los candidatos a presidente, cree que «para el espíritu liberal» convendría más el triunfo de Quadros, que el improbable del almirante Lott. Vuelvo caminando a mi hotel. Tengo una nota de la compañía de aviones, que dice que el mío está atrasado y partirá a las nueve y media. Me espera un largo día, sin nada que hacer. Quiero avisar a casa, pero me entero de que llamar por teléfono cuesta por lo menos cinco mil cruceiros. Me resigno a telegrafiar escuetamente *Dos madrugada*. Veo —tan de paso— a la rubia francesa. Escribo este *Diario*. Me sobra el tiempo, —todos los negocios están cerrados— pero no lo tendré para comer en el restaurante y llegar a las ocho y media al aeropuerto.

Apuntes:

Aprieta el calor, pero el portero me asegura que para fin de semana la gente huye del frío de San Pablo y corre a Santos, donde hace calor.

En cuanto a la vestimenta, no se ponen de acuerdo. Hay gente en mangas de camisa, gente con tricota abrigada, gente con tricota y saco. En las vidrieras veo ropa de invierno. Cuando se trata de grandes gastos, prima el buen sentido. En las casas no hay calefacción.

Aun el comercio aquí sufre el estrago del arte moderno. Porque en el comedor del hotel cuelga un cuadro de Portinari, bautizaron el comedor Salón Portinari.

El cónsul italiano: «Según las últimas estadísticas, en San Pablo se concluye un rascacielo por minuto». Morra: «Opino que las últimas estadísticas mienten».

Sabado, 30 de julio. En San Pablo y en vuelo. En el aeropuerto me anuncian que la partida del avión está fijada —sin confirmación— para las diez. Converso con un muchacho chileno, extremadamente rudimentario, que vino para intervenir en competencias de ciclismo. No hace un mes que está en Río y ya habla el español con palabras brasileras, que él cree españolas. Me dice:

—Todavía no se puede *ficar* el asiento en el avión.

Recuerdo otra frase memorable de este chileno. Sorprendió, con un desconocido, a una mujer casada; parece que al verlo, la mujer se ruborizó. ¿Cómo formuló esto mi interlocutor?:

—La cabra se colocó colorada al verme.

Le gusta mucho que por *cuchara* en Brasil digan *culiara*.[1] «*Culear*, en Chile, es otra cosa», ex-

---

1. *Sic*: *Colher* (D. M.)

plica. Lleva unos paraguas horribles, para vender en Chile y resarcirse de los gastos. «Aunque tenía todo pago, en un mes gasté más de mil cruceiros» me asegura. Según él, una *air hostess* porfiadamente lo llamó por teléfono, hasta que durmieron juntos. Es ignorante, pero es joven, me digo parafraseando no recuerdo qué poema. Uno sabe que está viejo cuando aparecen lunares en las manos y nota que se volvió invisible para las mujeres. A las nueve y media avisan que vayamos a comer al restaurante del aeropuerto. Subo, pensando: «Buena fonda será aquello». Estoy resignado al fiambre surtido. El restaurante resulta excelente. A las once, con cierta dificultad para despegar, partimos. Porque el avión está a oscuras, no me mareo; tampoco si leo con la limitada luz de mi asiento. Concluyo *El compromiso* de Dürrenmatt. De pie en el corredor del avión, mientras los pasajeros duermen, converso de Brasil y de Brasilia, con uno de los oficiales de a bordo. Avisan que llegamos a Porto Alegre, que nos pongamos los cinturones. La llegada es larga, inquietante, movida, con intentos fracasados, subidas empinadas, círculos que duran desde las doce hasta la una. Sudo. Me mareo un poco. Hay mujeres que rezan y un gordo que lloriquea. Tomo una píldora contra el mareo; pero lo que me repone, aunque no del todo, es la tierra firme y el aire fresco de Porto Alegre. En un barcito del aeropuerto, por si acaso trago, con agua mineral, mi segunda pastilla contra el mareo. Con unos marinos (de Marina Mercante Argentina), compañeros de viaje, converso. Se mofan de los brasileros, remedan sus modales e idioma, sin preocuparse de que los oigan. Espero que los brasileros crean que hablamos en portugués, no en burla. Retomamos el viaje. Ahora duermo. Cuando despierto, tengo frío. Anuncian que la temperatura en Buenos Aires es de tres grados (ayer la de San Pablo fue de veintinueve). Vista desde el aire, Buenos Aires de noche es menos imponente que San Pablo, menos hermosa que Río. En Río diríase que hay una pedrería azul, roja, amarilla, blanca, verde, esparcida por montes y valles. Son las cinco cuando encuentro a Silvina en Ezeiza. Qué vacío parece Buenos Aires. En casa, me acuesto.

Vocabulario: *briga, brigar*, pelea, pelear. De donde, *brigante*.

Se ruega a los señores pasajeros *não fazer barulho* después de las once horas.

Averiguar qué es el idioma *caipira*.

Me aseguran que la isla de Bananaria,[1] la más grande isla fluvial del mundo, será pronto la Brasilia del turismo.

El mejor recuerdo del viaje: sentirme solo en Brasilia, a muchos kilómetros de toda persona que sabe quién soy. Probablemente juego a los

---

1. *Sic*: do Bananal. (D. M.)

riesgos de la aventura y de la soledad, sin correr riesgo.

La gran desilusión del viaje: no encontrar a Opheliña. Una pena romántica. Tantas veces imaginé una conversación con ella que me había acostumbrado a la idea de que la vería.

En mi mesa de trabajo me espera un sobre, franqueado en Río, dirigido a Adolpho B. Casares. Lo abro y hallo un trozo de papel, en el que no sin dificultad leo una frase y una firma escritas con lápiz: *Viejo verde, corruptor de menores, no me tendrás. Ophelia.*

De las cosas maravillosas
(1999)

De las cosas maravillosas

Mientras recorre la vida, el hombre anhela cosas maravillosas y cuando las cree a su alcance trata de obtenerlas. Ese impulso y el de seguir viviendo se parecen mucho.

Nuestro mundo es implacable, pero abunda en cosas maravillosas. Haré, al azar, una lista: un rostro de mujer; la libertad para quien está preso; la salud para quien está enfermo; algo que ve un chico en una juguetería; un cambio de luz después de la lluvia, que infunde intensidad en los colores de la tarde; una música; un poema; un premio inesperado; para algunos, por increíble que parezca, la esperanza de escribir una buena historia… Son tantas las cosas maravillosas, y tan variadas, que su enumeración resulta siempre insatisfactoria. Por si fuera poco abarcarlas todas, intentaré una clasificación.

Hay cosas que son maravillosas antes de la posesión, cosas que lo son durante y cosas que lo son después. A lo mejor esas tres modalidades podrían combinarse con cuatro más: cosas que lo son antes y durante; antes y después; durante y después; antes, durante y después.

De las enumeradas en el párrafo anterior, las primeras suelen ser nada más que ilusiones, pero no cabe ignorarlas porque promueven la mayor parte de la actividad humana y porque, antes de la posesión, realmente son maravillosas. Daré unos ejemplos.

Alguien piensa que si lo aprueban en tal examen, o si consigue tal título, o tal puesto, ya está seguro.

Un muchacho soñaba con poner una hostería al borde de una ruta. Encontró un socio y pudo convertir el sueño en realidad. El socio robó, el personal robó, se enredó en pleitos, finalmente lo asaltaron y por poco lo matan.

Durante años una casa rodante fue para mí la solución universal en materia de vivienda y turismo, hasta el día en que la compré y emprendí el más engorroso viaje de que tengo memoria.

A un consocio del club de tenis le llegó la hora de premiar con un viaje a Europa su larga vida de trabajo. Se daría por fin el gusto de conocer el prestigioso mundo de que tanto le habían hablado... Para ese hombre de carácter alegre, parejo y animoso, aterrizar en Francia, en Cannes, y entristecer fue todo uno. Se armó de coraje e inició el trayecto planeado, pero a escasos kilómetros, en San Remo, se deprimió aún más y comprendió que le quedaba un solo camino: el del regreso a Buenos Aires. Cuando me encontré con él, le pregunté qué le había pasado.

—Te explico —me dijo—. No me hallaba.

A esas tres palabras, repetidas en tono quejoso, redujo la explicación. Alguien que estaba oyendo comentó después que probablemente lo peor para nuestro amigo fue no encontrar en Europa gente que le dijera, como en el club, «Buenas, don Carlos».

Una situación análoga, pero auténticamente dura, suelen atravesar quienes emigran. Antes del viaje, el país al que irán es la imagen de la felicidad y de la abundancia, donde el que se deja llevar por la corriente hace fortuna. Parece probable que sufran más de una desilusión. En todo país hay xenófobos que piensan como el de los versitos:

> *Que al pan lo llamen* pen
> *y al vino,* ven
> *está bien,*
> *pero al sombrero* chapó:
> *la p... que los p...*

Entre las cosas maravillosas que se manifiestan en la posesión algunas duran toda la vida, otras un instante. Durables: la lectura, el estudio, la investigación científica, la composición literaria, la composición y la ejecución musicales, la pintura, la escultura, la práctica de juegos como el ajedrez, y los deportes. Fugaces: luego de una larga ausencia, en el primer despertar en el campo, la luz del día en las hendijas de la ventana; en medio de la noche, despertar cuando el tren para en una estación y oír desde la cama del compartimiento la voz de gente que habla en el andén; al cabo de días de navegación tormentosa, despertar una mañana en el barco inmóvil, acercarse al ojo de buey y ver el puerto de una ciudad desconocida; el olor de ciertas pelotas de tenis; el olor del pan que tuestan a la hora del té; el olor del pasto recién cortado. Si recuerdo que la muerte significará no volver a pasar por ninguno de estos momentos, moriré con desconsuelo.

Ocasionalmente la nostalgia refuerza la fascinación de estas cosas. Años atrás, una noche, en una calle de Londres, vi a un individuo de galera y traje de cola, que bailaba, tocaba la guitarra y cantaba *Buttons and Bows*; todavía, cuando oigo esa música, siento un particular encanto. Nadie se extrañe. Una muchacha que, entre sollozos, me dijo que había perdido al padre, valientemente se sobrepuso para agregar:

—Por suerte pudimos cumplir su voluntad. Como teníamos el disco, mi padre murió oyendo *C'era una volta un piccolo navio*.

Creo que el viaje es un buen ejemplo de cosas maravillosas antes y después de la posesión. Los habrá, sin duda, maravillosos antes, mientras y después, pero la verdad es que el viaje propiamente dicho mantiene, a través de los años y a pesar de tanta invención extraordinaria, algo de su prístina dureza. No por nada viajes y trabajos fueron sinónimos (como en *Los trabajos de Persiles y Sigismunda*). Es claro que en el recuerdo, las corridas, las fatigas, las ansiedades, las esperas y más de un mal momento se convierten en risueñas aventuras de las que fuimos protagonistas.

No todas las cosas maravillosas lo son para todo el mundo. Hay coleccionistas para quienes las estampillas, los automóviles viejos, las pequeñas botellas de muestra de bebidas alcohólicas, son maravillosas; las cajas de fósforos, los objetos de arte de particular fealdad, los huacos, pueden serlo para exquisitos. Cuando yo era chico acompañé a mi padre a visitar a un vecino que nos mostró su colección de monedas y medallas. Casi todas eran de bronce oscuro o de algún metal blanco (no sé si plata) sin brillo. Espero que el señor aquel no haya notado hasta qué punto su preciosa colección me pareció triste.

Existen individuos a quienes los más dispares objetos se les vuelven maravillosos a lo largo de la vida. Conocí a uno que en la infancia tuvo por maravillosas las aventuras de Dick Turpin y luego se pasó a las tarjetas postales de barcos; en la adolescencia volcó un apasionado interés en los automóviles Auburn y, ya hombre, introdujo en la serie a una generosa media docena de señoras y señoritas.

Me gustaría creer que esta reflexión sobre las cosas maravillosas nos ayuda a conocernos mejor o siquiera nos recuerda a qué grupo humano pertenecemos: al de quienes buscan lo que deja de ser maravilloso en la posesión o al de quienes buscan lo que es maravilloso en la posesión, y continúa siéndolo después. El afán de los primeros puede construir o destruir, pero en definitiva favorece a la sociedad; el de los segundos también puede construir o destruir, pero ante todo es una fuente de dicha para el individuo. Más vale que de esto no se enteren los del primer grupo, el de los hombres de acción. En su carrera tras el fascinante espejismo de las ilusiones —comparable, por el desenlace, con el vuelo del zángano— erigieron, piedra sobre piedra, nuestra civilización de Occidente. Sea o no la mejor, sospecho que por estar cifrada en la actividad, conviene a muchos que sin afanes y ocupaciones tal vez aguantarían mal esta vida cuyo sentido no siempre parece claro.

Repercusiones del amor

En un momento de irritación contra las ideas románticas, me pregunté si la pareja de enamorados realmente merece el lugar que le acuerdan tantas novelas, películas y obras de teatro. Quizá habría que llevar un poco la atención a las personas que rodean a los enamorados. Al fin y al cabo, los actores de reparto suelen ser mejores que los protagonistas.

En la vida, el papel de actores de reparto corresponde a los amigos, a los padres y, no pocas veces, a los hijos de los integrantes de la pareja.

Los amigos fueron siempre víctimas en tales situaciones. Cuando llega el amor, se los deja caer.

Los padres, que tradicionalmente se inmiscuyeron en los amores de los hijos, en este siglo pagan las culpas de muchos años de poder omnímodo. Con una frase donde la expresión popular refuerza la expresión jurídica, Jean Cocteau ha observado: «El padre de familia es capaz de todo». Hoy en día, no; el padre ya no manda a los hijos: les da consejos; funciona como un coro admonitorio, que nadie escucha.

El enamoramiento de un padre o de una madre casi nunca alegra a sus descendientes. Lo desaprueban en defensa propia, pero con buena conciencia, porque lo consideran vergonzoso.

Parientes y amigos tienen sobrados motivos de queja. Al enamorado apenas le queda tiempo para ello (tampoco para cumplir como es debido en su trabajo o en sus estudios). Más grave aún: salvo la persona querida, para él todo el mundo es secundario.

Lo que no se le perdona fácilmente es que pierda su libertad de tomar decisiones. Por ejemplo, si le preguntan: «¿Mañana vamos al cine?», dice: «Te contesto dentro de un rato». El interlocutor piensa: «Después de consultar», y también: «Yo creí que nos entendíamos, pero vean lo que ahora trae a casa». Para peor, no basta aprobar; hay que aceptar en la familia a la persona extraña que el enamorado impone. A causa de los divorcios y de los nuevos casamientos, la persona extraña cambia sucesivamente de cara.

La literatura es partidaria del amor. La opinión pública suele apoyar a los enamorados, pero considera el amor como una enfermedad o poco menos. La familia lo ve con malos ojos.

Cowley comparó el corazón del enamorado con una granada de mano. Siembra la destrucción. Admitiremos, sin embargo, que pasado el amor, pasan los malos efectos y a lo mejor se ofrece la posibilidad de recuperar la situación de antes, como en el tango *Victoria*:

¡Volver a ver los amigos!
¡Vivir con mama otra vez!

La resistencia que el enamorado encuentra en la familia, a veces lo echa en brazos de la persona amada y fija su destino. Walpole dijo que el casamiento siempre es un error considerable, pero que el casamiento por amor es el peor de todos. ¿Convendrá más uno por despecho?

Para quienes rodean al enamorado la regla de oro probablemente sea no inmiscuirse. Nunca habría que inmiscuirse en la vida ajena; pero la de un hijo, ¿es ajena? ¿Debemos cruzarnos de brazos y dejar que se tire por la ventana? No, desde luego, pero ante una situación así tendríamos que analizar hasta qué punto la decisión del enamorado es comparable con un suicidio y preguntarnos en qué medida la contrariedad de que no obre como queremos influye en nuestra apreciación de las cosas.

No siempre la gente se demora en tales consideraciones. Contaré tres o cuatro historias ilustrativas.

Conocí a una española, llamada Juana, que tenía un hijo de veintitantos años, al que solía prevenir: «Recuérdalo, Nicolás. A esta casa tú no traes mujeres». Un día la señora pudo pagarse el viaje a España y visitar la aldea natal. Nicolás, entretanto, conoció a una muchacha, el amor de su vida, y se casó con ella. Cuando Juana llegó de vuelta, preguntó: «¿Quién es ésta?». «Mi mujer», afirmó Nicolás. Juana contestó resueltamente: «La sacas de acá». Nicolás dejó a su mujer en la parada del tranvía y se volvió a la casa.

Hacia 1870, una pareja de enamorados, una chica de quince años y un chico de diecisiete, debieron vencer la dura oposición de los padres (del novio, según creo) para casarse. Cuando finalmente cumplieron su propósito, abrieron una fonda en algún pueblo sobre el Camino Real a Cañuelas. Maravillaba a la gente que esos muchachitos tuvieran siempre limpio el local y prepararan comidas tan variadas y abundantes. Un día, una vecina mal pensada se metió en la casa y subió al altillo, donde encontró a un par de viejos, en estado francamente lastimoso: los padres que se habían opuesto al casamiento. A la noche y a la hora de la siesta, cuando la fonda estaba cerrada, los viejos lavaban, fregaban, cocinaban, vigilados por los muchachitos.

Referiré ahora una conversación que tuve con una amiga llamada Isabel. La muchacha vivía en las afueras, en el confín de un barrio que se prolongaba en casillas precarias.

—Mi suegra consiguió novio —me contó—. No sabés cómo se disgustaron los hijos.

—¿Tu marido también? —pregunté.

—También. En ese punto piensa como los hermanos. Para mí que es por los ladrillos.

—¿Qué ladrillos?

—Unos que la señora tiene apilados en el fondo del terreno. Si se casa, no le queda más remedio que agrandar la pieza. Es muy chica para los dos. Me parece que los hijos pueden despedirse de esos ladrillos.

Para concluir recordaré una historia de familia: mi abuela era una persona afable, que defendía, con la autoritaria desenvoltura habitual de aquella época, las buenas costumbres de quienes trabajaban en su campo de Pardo. A dos parejas que vivían «arrimadas», las llevó ante el cura, para casarlas. Concluida la ceremonia, mi abuela les pidió que dieran gracias a Dios porque desde ese momento podrían vivir con la conciencia tranquila. El más avispado del grupo le contestó: «Así nomás ha de ser, doña Luisa, aunque nos casó cruzados».

Las mujeres en mis libros y en mi vida

A la hora del té, en el club de tenis, preferí siempre la sociedad de las mujeres. Por aquellos años me dio por clasificar al prójimo en dos grupos, históricos y filosóficos. Entre los hombres abundaban en el club los históricos, propensos a referir, punto por punto, los cinco «sets» que habían jugado a la tarde; las mujeres, en cambio, eran filosóficas: decían por qué les había gustado o disgustado una película, una novela o el proceder de una amiga. Desde luego, para querer a las mujeres no me faltaron mejores razones.

Mucho antes de ser escritor me puse a escribir una novela para enamorar a una mujer. No conseguí ni lo uno ni lo otro, pero sospecho que ese primer intento dejó en mí algo que me encaminó a este oficio de escribir, en el que trabajo desde hace mucho y que me parece el mejor de todos.

Al comienzo de mi vida me aterraban sueños que yo confundía con realidades. Bastó que una mujer ocupara el centro de mi atención para que los terrores desaparecieran. Muy pronto una mujer ocupó el centro de mi atención.

Las mujeres me revelaron que algunos lugares

comunes, corrientemente aceptados entre los hombres, son moneda falsa; me educaron, ampliaron mi comprensión, me afinaron el tino y me ayudaron a distinguir lo que es auténtico de lo que no lo es.

Como siempre las quise, quedé bastante preocupado cuando una amiga, después de leer uno de mis libros, me reprochó la mala opinión que yo tenía de las mujeres. Quedé preocupado y hasta me pregunté qué podía esperar de mí, como escritor, si no lograba que hubiera coherencia entre lo que sentía y lo que expresaba. De tales perplejidades me sacó una novelista, al asegurar que en mis relatos me manifestaba como firme partidario de las mujeres. Esta gratificante aureola no duró demasiado, porque otra novelista, muy amiga mía, me explicó que las mujeres de mis relatos son tontas o «no existen», con la excepción de una de mis heroínas, una tal Clara, «que es querible, pero no tiene alma de mujer». Para reponerme un poco me dije, no muy convencido pero con el necesario coraje, que el escritor debe esperar tantas interpretaciones como lectores y que de nada vale aferrarse a la más adversa. Pensé también que la gente no lee, ni tiene por qué leer, todo lo que uno escribe.

Cuando la amiga mencionada en primer término me reconvino, yo había publicado una miscelánea sobre el amor. Mi libro incluye algunos poemas, numerosos fragmentos y diez o doce relatos donde las mujeres propenden a la sensatez y los hombres a la bobera. Por cómo la amiga habló, deduje que debió de leer alguno de los fragmentos, quizá uno muy desagradable, donde digo, en broma desde luego, que entre el amor y el opio hay que elegir el opio, porque no trae aparejada una mujer. Evidentemente, después de leer eso, nadie creerá que soy amigo de las mujeres, salvo quien, por conocer un poco el resto de mis escritos, recuerde que mi actitud hacia ellas es otra. Yo escribí el párrafo en un diario íntimo, tras referir una situación del momento. No se equivocaba otra amiga cuando me dijo que todos llevamos nuestro diario como libro de quejas.

Debo confesar ahora que precisamente porque el párrafo me pareció agresivo, lo transcribí en la miscelánea. Yo quería componer un librito de tono ameno, desilusionado y epigramático; pero, como dijo C. S. Lewis, nunca están lejos del humor «la rabia, la exasperación y algo parecido a la desesperanza». En realidad, esas líneas equivalen a un improperio y tienen igual intrascendencia. En mi libro, este fragmento no es el único en su estilo; por fortuna, los otros son más afables. De todos modos algo mucho más gracioso encontré en una novela de un señor Gébler: «No sólo los homosexuales aborrecen a las mujeres; todo el mundo las aborrece». Frases como ésta logran ante nuestros ojos una feliz metamorfosis. Lo que era animosidad se convierte en humor. De la sana costumbre de reírnos los unos de los otros fluye una comedia que vuelve más llevadera la vida.

Para concluir citaré palabras de una amiga feminista: «Cuando ya nadie interprete como nostalgia por la servidumbre de las mujeres los ataques contra ellas, voy a saber que nuestra lucha ha concluido y que la liberación es del todo real».

Las cartas

De los géneros literarios, el más difundido es el de las cartas. El número de sus autores ha de acercarse bastante al de los hombres y mujeres que habitan el mundo, incluyendo, desde luego, a los analfabetos, pues parece improbable que sean muchos los que no dictaron siquiera una a lo largo de la vida. *Una carta escribidme, señor cura...*

Alguien observó que nunca fueron buenas las cartas que halagan al destinatario o que dan información. Lo primero parece probable; no diría lo mismo de lo segundo. He leído muchas (de Byron, por ejemplo) informativas y excelentes.

Casi todos, al escribir sobre nosotros mismos o sobre cosas que nos atañen, lo hacemos con gusto, pero cuando por deferencia dirigimos nuestra atención al destinatario de la carta, decaemos y recurrimos a frases hechas, a lugares comunes, a una formalidad ostensible. Ha de ocurrir esto porque, en un caso, quien escribe habla de lo que sabe y, en el otro, de lo que no sabe o, por lo menos, de lo que no sabe tanto. Me pregunto si las mejores cartas no fueron escritas por gente interesada en sí misma.

La experiencia me enseñó algo que nadie ignora: es más fácil escribir por íntimo impulso que por compromiso. Yo escribí por compromiso mi primera carta. Para un cumpleaños alguien me mandó unos libros que debieron maravillarme: *Ella* y *La isla del tesoro*. El regalo me pareció doblemente deficiente: no eran juguetes y eran libros sin ilustraciones. Mis padres me dijeron que debía escribir una carta de agradecimiento. No creo que me ayudaran en la tarea; en todo caso, de aquel episodio me ha quedado un recuerdo imborrable: el de mi contrariedad. Aparentemente bastó ese mal comienzo para que yo siguiera, hasta hoy, escribiendo cartas por compromiso. La pereza me lleva a postergarlas y, cuando por fin las escribo, debo disculparme por la demora y rogar a mi corresponsal que de ninguna manera la atribuya a un menosprecio de su persona, ya que, por el contrario, siempre me ha merecido la más alta consideración, etcétera, etcétera. Así nadie escribe cartas atractivas.

En los años de colegio, por mal estudiante que fuera, pude admirar la concisión de la prosa latina. Sucesivamente leí la *Vida de Aníbal*, de Cornelio Nepote, la crónica de *De bello civili*, de Julio César, el epistolario de Cicerón (*Marcus Tullius Cicero, Terenciæ suæ salutem plurimam dicit*).

Todo error, como un imán, trae otros. En las cartas procuré remedar la concisión de los autores latinos. Por lo general, quienes entonces las recibieron no intuyeron que detrás de mi laconismo había modelos clásicos; antes bien, se preguntaron por qué me había enojado. Cuando Carlos Frías, editor y viejo amigo, me devolvió una carta, comprendí que era hora de introducir cambios en mi estilo epistolar.

En relación con la literatura, de joven tuve por turno dos personalidades: la humillada, de un escritor laborioso pero pésimo, y la soberbia, de un recién venido a la cultura. A imitación de Henríquez Ureña, pero con menos derecho, leía textos ajenos armado de lápiz rojo. Una tarde, mientras corregía la puntuación, la ortografía y la sintaxis de la carta de una amiga, fui descubriendo con estupor que por la naturalidad, por la gracia, era muy superior a cuantas yo había escrito o podría escribir. También me maravillaron algunas de Silvina Ocampo y algunas de Juan Rodolfo Wilcock.

Mis desventuras de redactor de cartas debieron de malquistarme con el género: durante demasiados años no leí epistolarios e imaginé que las novelas epistolares me aburrían. Borges opinaba que los epistolarios eran «un poco desesperantes por las innumerables referencias a cosas conocidas por los corresponsales, que uno ignora». Hice mío el dictamen, hasta que leí las cartas de Byron. A pesar de los puntos oscuros, no aclarados en las notas de la edición de que dispongo, me pareció que en esas páginas Byron estaba más vivo que en la mejor de las biografías; en esas páginas entablé amistad con él, esa forma de amistad a que se refiere Quevedo en un soneto famoso.

Podríamos decir que a lo largo de la literatura hay dos líneas de escritores: la de quienes habitualmente logran en las cartas su mejor nivel y la de quienes en ellas habitualmente no lo alcanzan. En la primera están Madame de Sévigné, Walpole, Voltaire, Chesterfield, Stendhal, Byron, Balzac, George Sand, Musset, Flaubert, Proust, Nabokov, Evelyn Waugh; en la otra línea no quisiera incluir a nadie sin explicar por qué… Hemingway —en quien admiro la limpidez de la prosa— a menudo escribió sus cartas con impaciencia, después de un día cansador, y en alguna dejó ver el fanfarrón que tal vez fuera, pero que raramente aparece en lo mejor de su obra trabajada: *Las verdes colinas de África, Al otro lado del río y entre los árboles, París era una fiesta*. John Updike, en un espléndido artículo, «Hem enfrenta la jauría: gana, pierde», nos refiere cómo Hemingway pidió a las personas en que más confiaba, su mujer, su editor y Baker, su biógrafo y amigo, que después de su muerte no permitieran la publicación de ninguna carta suya y cómo esas personas se aunaron para publicarlas. No equiparo este caso con el de Max Brod y la obra de Kafka. Estoy seguro de que Max Brod hizo bien en desobedecer a su amigo.

Con resignación incluiré en esta lista a uno de

los autores que más admiro y quiero: Italo Svevo. Sus cartas con frecuencia transparentan una ansiedad disimulada entre bromas; la encontramos en las escritas a su mujer, a lo largo de toda la vida, y en las de sus últimos años, a periodistas y colegas.

Sin duda recurre a las bromas para que la ansiedad no sea amarga. En las cartas a periodistas y a colegas se muestra interesado en la suerte de su obra, en que se escriba sobre ella, en recibir recortes de prensa, con notas y gacetillas. Motivos no le faltaban: durante muchos años fue ignorado por críticos y lectores; la consagración le llegó tarde, cuando sentía próxima la muerte. Una observación: no entiendo muy bien por qué su ansiedad, que en las cartas me desasosiega un poco, en los relatos, atribuida a personajes, me divierte y deleita.

Las cartas de amor son un género difícil. Los enamorados, escritores fecundos, raramente dejan epistolarios de grata lectura. Quien escribe a la persona amada siente que nunca es bastante expresivo: el tercero, que un día lee esas frases, las encuentra exageradas y huecas; resultan acaramelados los apodos íntimos, la misma ternura, los encabezamientos al estilo de «mi adorada cabecita loca»; evidentemente, el amor es un sentimiento privado. Contra todo lo dicho, son famosas las *Cartas de una monja portuguesa*.

Descubro en mucha gente un prejuicio parecido al que yo tuve contra las novelas epistolares.

Bastaría que leyeran *Las relaciones peligrosas*, de Choderlos de Laclos, para que se libraran de él. Aunque probablemente los prejuicios no se desarraigan con pruebas ni con razonamientos, sino con otros prejuicios, tal vez impuestos por un cambio de modas... Como en las novelas en que diversos personajes refieren los hechos —estoy pensando en *La dama de blanco* y en *La piedra lunar*, de Wilkie Collins—, en las novelas epistolares, cuando son varios los corresponsales, hay diversos puntos de vista que dan mayor interés a la relación de la historia y proponen interpretaciones cambiantes, a veces contradictorias, sobre las situaciones y los personajes. Como bien logrados ejemplos del género citaré las novelas *Aline et Valcour*, de Sade, y *El Epistolario de Fradique Mendes*, de Eça de Queiroz, sin olvidar tal vez el eficacísimo cuento cómico de Ring Lardner, «Algunos los prefieren fríos».

Las cartas persas, de Montesquieu, donde un supuesto viajero persa comenta con satírica ingenuidad las costumbres de la sociedad francesa, dieron origen a no pocos libros similares. Hubo así cartas chinas, siamesas, peruanas, etcétera. En mi juventud leí con agrado las *Cartas marruecas*, de Cadalso, y últimamente unas anónimas *Cartas de un marciano*, de las que recuerdo esta observación sobre los hombres: «Cuando envejecen pierden total o parcialmente la capacidad de oír. No imagines que entonces descartan las orejas, como nosotros. Por el contrario, las agrandan. Esas orejas grandes, inútiles, me parecen un buen símbolo de la imbecilidad humana».

Mi amistad con las letras italianas

No creo equivocarme al afirmar que, de una forma o de otra, las letras italianas estuvieron siempre a mi lado. En mi infancia, Collodi y su *Pinocho* —y sobre todo sus secuelas sospechadamente espurias pero no menos apasionantes, escritas por un español y publicadas en la colección Calleja (*Pinocho en la luna*, *Pinocho en el país de los hombres flacos*, etcétera)— alimentaron mi fantasía. Supongo que le debo, en alguna medida, mi afición por la literatura fantástica.

Después, en mi juventud, leí con fervor adolescente la obra del primer Papini, antes de su doble conversión al fascismo y al catolicismo; me gustaba su *Diccionario del hombre salvaje* y, algo menos, *Un hombre acabado,* sus prematuras memorias. También, con esperanzado entusiasmo, procuré admirar a Marinetti: conocer su obra fue el rápido remedio.

La primera vez que leí la *Divina Comedia* lo hice en 1933, en la traducción muy anotada de Manuel Aranda y San Juan; por aquel entonces estaba convencido de que no se podía leer el *Quijote* sin las miles de notas de Rodríguez Marín. A medida que leía, a las notas del propio Aranda agregaba otras, de mi cosecha.

Pirandello, de visita en Buenos Aires, comió en más de una oportunidad en la casa de mis padres; lo acompañaba una actriz, su amante. Lo recuerdo inteligente, oscuro y no demasiado alto ni demasiado delgado. De sus escritos, todavía celebro sus cuentos y especialmente su drama *Enrique IV*.

Además de Papini, Dante y Pirandello, Croce fue otra de las lecturas de mi adolescencia. En cuanto a Vico, el consejo de algún profesor de Filosofía me dio ganas de leerlo, aunque con el tiempo y ya no sé muy bien por qué, fui postergándolo.

Con los años, fui haciéndome amigo de escritores italianos. En 1960, durante mi asistencia a una reunión del PEN Club, en Río de Janeiro, me sentí muy amigo de la delegación italiana: más de una noche comí en el restaurante italiano de Copacabana junto a Moravia y Elsa Morante, Morra, Bassani y otros. Después tuve amistad con Guido Piovene y, por medio de Silvina, con Italo Calvino.

A Moravia lo visité en Roma. Su estilo oral era tan preciso como la prosa del mejor de sus libros; por su infalible perspicacia y por señalar el lado cómico de las cosas ejercía un pesimismo grato. Generosamente me dijo alguna vez que él era un escritor famoso y que Wilcock era un gran escritor.

El caso de Wilcock es en realidad extraordinario. De joven fue un excelente escritor argentino y, en su edad madura, un excelente escritor italiano.

En mi relación con Bassani ocurrió una situación propia de un film cómico, en la que me tocó el papel desairado. En los días del congreso del PEN Club entablamos una camaradería amistosa; años después, cuando nos encontramos en Roma, tuve la impresión de que me trataba con cierta distancia, como si yo pretendiera hacer valer un mutuo sentimiento de amistad que nunca había existido. Algo más: en un acto público intentó descolocarme con preguntas hostiles. De todos modos, me niego a creer que el simpatiquísimo Bassani de Río y de San Pablo fuera una invención mía.

Sus colegas italianos lo acusaban de una supuesta incapacidad para situar historias fuera de la Ferrara natal; pero, como anotó un kantiano, el imperativo categórico funciona libremente en ámbitos cerrados, lo que equivale a decir que en Ferrara o en cualquier otro paraje caben toda suerte de observaciones y verdades universales. La mejor prueba de ello es su espléndida novela *El jardín de los Finzi Contini*.

En 1981, una editorial húngara reunió en un mismo volumen un libro de Calvino (*Las ciudades invisibles*) y uno mío (*La invención de Morel*). Esta circunstancia nos fue gratísima y fue confirmada por otra, no menos agradable: en 1984 los dos recibimos —él como autor italiano, yo como autor extranjero— el Premio Mondello de Sicilia. Siempre pensé que Calvino era un escritor prodigiosamente inventivo y que los comienzos de muchas de sus narraciones eran excelentes pero que, como las de Stevenson, a veces decaían hasta malograrse en un final impreciso.

A Buzzati no lo conocí personalmente. Era, como yo, uno de los autores de la colección Pavillions, de Laffont. Georges Belmont, que la dirigía, solía hablarme de él y alguna vez me dijo que encontraba afinidades entre nosotros. Por entonces de Buzzati yo sólo había leído la espléndida novela *El desierto de los tártaros,* así que no presté mayor atención. En 1973, en París, más precisamente en un banco de la Place des États-Unis, leí en la edición francesa *Las noches difíciles* e *Il Colombre* (si es el libro que en francés se titula *Le Rêve de l'escalier*) y comprobé que Buzzati y yo muchas veces hemos coincidido en la invención de argumentos. Sin duda compartimos la obsesión por los médicos, los hospitales y los enfermos, y me agrada pensar que a lo mejor hay influencia suya en mi cuento «Otra esperanza». Si nos hubiéramos encontrado probablemente hubiésemos sido amigos; pero no hay que atribuir mi admiración por él a la alegría de hallar las mencionadas coincidencias. Lo admiro por su estilo directo, por su imaginación tan inventiva y porque sus libros son hospitalarios para mí.

Hacia fines de los setenta, Italo Calvino me aconsejó que leyera *La conciencia de Zeno*. Al poco tiempo partí con el libro a una ciudad termal. Ese libro espléndido me enseñó a no ser pretencioso. A mí, que creo entender de libros y que creo en mi criterio, las primeras páginas de *La conciencia de Zeno* me parecieron insoportables. Me irritaba que el protagonista, para dejar el cigarrillo, se hiciera encerrar en un sanatorio y después pensara que todo era un plan de la mujer para tener amores con el médico… Pero como en las librerías de aquella ciudad sólo encontraba libros pornográficos o guías de turismo gastronómico, retomé la novela y pronto llegó el día en que descubrí su fascinación. *La conciencia de Zeno* es un libro que siempre releo y a Svevo lo siento como a un hermano.

Para felicidad de los lectores, la literatura es una biblioteca inagotable. Yo no sé si leí mucho o poco; de lo que estoy seguro es de no haber sentido nunca el hastío que supone la frase «leí todos los libros». De tanto en tanto, casi diría con regularidad infalible, descubro libros y autores que abren nuevos horizontes a mi vida. Así un día descubrí a Sciascia. Desde entonces, leo todo libro suyo que esté al alcance de mi mano.

Sciascia cuenta sus historias en un tono muy grato, en una prosa descansada, libre de las rigideces que a otros nos impone el afán de concisión: tiene riquísimas novelas de menos de cien páginas, como *Una historia simple*. No quisiera que la mención de ese librito admirable sugiera que en mi opinión son inferiores *El Consejo de Egipto*, *Puertas abiertas*, *El capitán y la bruja*, *1912+1*, *Todo Modo*, *El teatro de la memoria* y algunos otros que tal vez en este momento no recuerde.

Finalmente, no quiero olvidar a Casanova, cuyas extraordinarias *Memorias* he releído últimamente con gran placer, y, sobre todo, a Lampedusa, de quien he leído y releído su maravilloso *Gatopardo* y sus cuentos, en especial «La sirena y el profesor».

El humor en la literatura y en la vida

La inteligencia, con la ayuda del tiempo, suele transformar la ira, el rencor o la congoja, en humorismo. Aunque hoy nadie se declare desprovisto del sentido del humor, los que miran con desagrado el humorismo no son pocos. En su fuero interno, buena parte de la sociedad tiene la convicción de que sobre ciertas cosas no se toleran bromas. A muchos, el humorista, sobre todo el satírico, les altera el estado de ánimo. «El mundo no es perfecto, pero prefiero que no me lo recuerden», asegura esa gente, y envidia a los necios «porque a ellos les está permitida la felicidad».

Desde luego hay humoristas que fomentan la irritación contra el humorismo. Son los de fuego graneado, de broma sobre broma. Las mujeres tienen poca paciencia con ellos; yo también.

En mi aprendizaje —qué digo, toda la vida es aprendizaje—, en mi juventud, arruiné algunos textos por la superposición de bromas. Una amiga, docta en psicoanálisis, me previno: «El humorismo enfría. Interpone primero una distancia entre el autor y la situación y después entre la situación y el lector». Tal vez alguna verdad haya en esto. Para peor, la intensidad es una de las más raras virtudes en literatura. No muy importante, pero rara.

Italo Svevo, minutos antes de morir, pidió un cigarrillo al yerno, que se lo negó. Svevo murmuró: «Sería el último». No dijo esto patéticamente, sino como la continuación de una vieja broma; una invitación a reír como siempre de sus reiteradas resoluciones de abandonar el tabaco. Al referir el hecho, el poeta Umberto Saba observó que el humorismo es la más alta forma de la cortesía.

Yo acepté en el acto la explicación de Saba, pero cuando trataba de explicarla no me mostraba muy seguro. Después de un tiempo la entendí. Un periodista amigo me había preguntado cuál era el sentido de mi obra. Acusé el golpe, como dicen los cronistas de boxeo, y alegué que tales aclaraciones no incumbían a un narrador; que si mis libros justificaban una respuesta, ya la darían los críticos, bien o mal. No habré quedado del todo satisfecho, porque esa noche, antes de dormirme, de nuevo pensé en la pregunta del periodista y me dije que un posible sentido para mis escritos sería el de comunicar al lector el encanto de las cosas que me inducen a querer la vida, a sentir mucha pereza y hasta pena de que pueda llegar la hora de abandonarla para siempre. Entonces recapacité que yo quizá no lograra comunicar ese encanto, porque el afán de lucidez con frecuencia me lleva a descubrir el lado absurdo de las cosas, y el afán de veracidad me impide callarlo. Mientras analizaba todo esto comprendí que el humorismo es cortés porque al señalar verdades recurre a la comicidad. Si muestra lo malo, mueve a risa, y cuando alguien recuerda la amarga verdad que dijimos, sonríe porque también recuerda cómo la echamos a la broma.

Un escritor, al que en cierta época traté asiduamente, era muy compañero de su madre. Cuando ésta murió quedó tristísimo y años después solía comentar cuánto extrañaba las conversaciones con ella. Sin embargo, en el momento en que la madre murió, ese hombre tuvo una visión cómica. Me refirió, en efecto, que a un lado y otro de la cama de su madre aparecieron, con trajes de etiqueta, su padre y el médico de la familia, que era un viejo amigo. Verlos ahí le conmovía, pero también le hacía gracia pensar en cómo se habrían ingeniado para echar mano de tan solemnes sacos negros y pantalones a rayas, y en la rapidez que tuvieron para vestirse. En ese instante, en que se abría para él un abismo de tristeza, no pudo menos que sonreír, porque esas dos personas tan queridas le recordaban a un tal Fregoli, un artista de variedades de los años veinte, famoso únicamente por su velocidad para cambiar de ropa. El escritor estaba preocupado por haber tenido esos pensamientos en aquella hora y me preguntó si el hecho no sugería que algo muy perverso había en él. Le contesté lo que pensaba: si uno se acostumbra a ver el lado cómico de las cosas, lo descubre en cualquier ocasión, aun en las más trágicas.

En tal sentido, si mis fuentes son veraces, Buster Keaton, el actor cómico, tuvo una muerte ejemplar. Alguien, junto a su cama de enfermo, observó: «Ya no vive». «Para saberlo —respondió otro— hay que tocarle los pies. La gente muere con los pies fríos.» «Juana de Arco, no», dijo Buster Keaton, y quedó muerto.

Existe una rama del humorismo, proficuamente renovada año tras año, sobre la que no estoy informado como quisiera: la de los cuentos cómicos, las más veces políticos o pornográficos, de transmisión oral. Los hubo de Franz y Fritz, los hay de gallegos, de judíos, de argentinos... ¿El fenómeno ocurre en todos los países? ¿Desde cuándo? Si empezó en tiempos lejanos, ¿cómo eran, digamos, los cuentos de la época de las Cruzadas? ¿Quiénes son los autores? (Algo sabemos: los autores no son vanidosos, no firman sus trabajos.) Como ejemplo del género recordaré el conocido cuento de la receta. Me dijeron que la versión uruguaya es así: «Mezcle bien, en porciones iguales, barro y bosta, y obtendrá un uruguayo; pero, atención: por poco que se exceda en la bosta, le sale un argentino». En la Argentina circula el mismo cuento, pero referido a radicales y peronistas.

En una prestigiosa revista literaria leí la reflexión, apócrifa o auténtica, de una vieja señora que se había enterado de la teoría de Darwin.

«¿Entonces descendemos del mono? Mi querida amiga, espero que no sea verdad, pero si es verdad espero que no se sepa.» Todavía más grata me parece la respuesta que, según refiere Baroja en sus *Memorias*, dio un andaluz cuando alguien le preguntó si era Gómez o Martínez: «Es igual. La cuestión es pasar el rato».

Para concluir citaré palabras de un personaje de Jane Austen: «La gente comete locuras y estupideces para divertirnos y nosotros cometemos locuras y estupideces para divertir a la gente». Un buen ejemplo de humorismo y una muy compasiva interpretación de la Historia.

Índice

La otra aventura (1968)

Nota preliminar	9
La Celestina	11
Agudeza y arte de ingenio	24
Ensayistas ingleses	28
Cécile o las perplejidades de la conducta	69
Lo novelesco y *La novia del hereje*	75
Los manuscritos del Mar Muerto	83
Vincent Cronin, el Padre Ricci y el Celeste Imperio	87
Las cartas de Santayana	92
Una vida de Kipling	97
El diario de Léautaud	104
Memorias de Frank Swinnerton	111
David Garnett y el amor	116
Una novela de Hartley	120
Una novela de Julien Green	123
Una novela de Mary McCarthy	128
Un tomo de la *Enciclopedia de la Pléiade*	132
Letras y amistad	138

Memoria sobre la pampa y los gauchos
(1970)

Memoria	157
Fotografía de G. Mendivil	183

Diccionario del argentino exquisito
(1971)

Prólogo	187
Apéndice	296

Unos días en el Brasil (*Diario de viaje*)
(1991)

Diario	301
Apuntes	327

De las cosas maravillosas (1999)

De las cosas maravillosas	335
Repercusiones del amor	341
Las mujeres en mis libros y en mi vida	346
Las cartas	350
Mi amistad con las letras italianas	357
El humor en la literatura y en la vida	363